U0013813

為一般人
而戰

Andrew Yang
楊安澤 著

林添貴 譯

我們正處於人類發展史上最危險的時刻……人工智慧
的興起可能將工作破壞延伸到中產階級，只有最關
心、最具創意或最具監督性質的角色才能留下來。

——史蒂芬‧霍金（Stephen Hawking）

人類也是動物，管理一百萬個動物讓我很頭痛。

——郭台銘，富士康創辦人

第三部　解決方案與人本資本主義

推薦序
以人為本

朱偉人

　　我與楊安澤都是海外華人，定居美國，我是先留學後移民定居，與楊安澤的父母親一樣，都是第一代移民，並且在上個世紀 60 年代先後在加州大學柏克萊分校求學。安澤出生在美國，有資格做美國總統的參選人。

　　海外華人的歷史悠久，幾百年來累積相當豐富的基礎，人數超過兩千萬，遍及世界五大洲。不論是在人文及經濟發展上，華人在僑居地都有極大的貢獻。但可能是文化特質與尊重統治者的慣性，華人較容易逆來順受，華僑群眾很少參與當地的政治活動，當一個族群沒有政治地位，他們很容易被欺負或被利用後再被遺棄。僑居地的成就很大部分是華僑貢獻的，然而成果的管理分配卻往往輪不到他們。更可悲的是華僑多已落地生根，下一代子女已不適合回祖藉地 。我一直很遺憾老一代的華僑沒能站出來為自己的兒女鋪更長遠的路，楊安澤能在 2018 年勇敢的積極競選世界第一強國——美國的總統，這是全世界華僑最大的鼓舞及啟示。

　　我從五歲離開出生地上海後，基本上過著四海為家

的僑居生活。小學時，我居住在殖民地意識還是相當濃厚的香港，初中搬到越南，經歷當時的戰亂與宗教衝突，在多次政變和大規模示威和罷課潮中渡過懵懂的少年時期，高中回到香港又碰上大陸文革延伸的暴動及恐怖活動。大學到美國柏克萊大學親歷學生自由表達反戰運動、華人認知歸屬運動及釣魚台等風潮。70年初我與越南華僑們在政府崩潰中人心惶惶的在夾縫中求生存，之後再經過大逃亡。75年到美國努力於難民安頓工作與再求學。這些流離遷徙的痛苦經驗也促成我日後追求一個安居樂業的社會的願望。

1978年我在矽谷創業時，遭受到的種族歧視是很難受的，幸虧同時得到許多華裔創業前輩的照顧，使我勇敢的面對龐大的社會歧視與各種主觀及壓力。這些前輩因堅持而成功，他們的榜樣對我是那麼的寶貴。這個教訓促使我於1979年在矽谷成立「亞傑商會」（AAMA），希望亞裔創業者能把各自擅長的本事與關係互相扶助及交換，讓亞裔們都能發揮潛能往高處發展，更重要的是提升生活品質與增加高就業的機會，為社會進步做出貢獻。後來「亞傑商會」延伸到北京及上海各地，顏漏有先生在北京發展非常成功的「亞傑商會」的搖籃計畫後，又把「亞傑商會」帶到台灣。

儘管華裔人士在學術上、職業上和商務上都有傑出的成就，卻是不夠的。1995年美國發生李文和事件，下

載一個普通科研文件本是李文和服務的研究中心許多科學家都常做的事，為了製造美國總統的話題，李文和卻蒙冤入獄。美國華人雖然分頭到處伸冤，可惜當時華人在國會裡的關係太淺，在政府各部門中也沒有足夠的華裔參與者，自己群眾又是散沙一堆，凝聚不起力量對付龐大的壓迫。這個教訓使我與許多關懷人士參與發起「展望新美國」（Vision New America）、Civil Leadership USA 及 APAPA 等機構，無非是想鼓勵年輕人到年老人都能加入選舉行列，進入政府部門，做社區委員或競選民意代表。20 多年來，我們有些成就及進步，但是社區推動者都期望能跑得更快，走得更遠。這次楊安澤參選美國總統是給華人社區一個無比的禮物，這是可以加快華人團結的進展，加強僑居地美國的美好將來。我很高興去年就能組織同道人加入楊安澤的競選團隊。

假如讀者們是在 2019 年到 2020 年間看到這本書，我建議大家看 yang2020.com，大家可以看到楊安澤用「以人為本」的主題來競選美國總統。他在政策欄內有上百個方案，正視一般老百姓即將面臨的生活挑戰。無論在家庭關係、兒女成長、教育醫療、經濟發展及國際外交上都有他前瞻性的獨特解決策略。許多社會輿論也認為楊安澤是現在美國總統競選人中最有智慧及最關心一般老百姓的候選人。楊安澤從 2011 年開始創辦「為美國創業」（Venture for America）,把重點放在競爭落後地區的城市一般民眾 。他對老百姓民生問題的重視及密切度遠遠超過大部分的政客。

我在網路上及 YOUTUBE 上看到廣大民眾對安澤的優異評價,大家對他不用政治術語、不談過去恩怨,只談民生挑戰與解決方案都很贊同。楊安澤不回頭惋惜已被淘汰的過去輝煌,而要使所有大眾都平安過渡到第四次工業革命後(人工智慧與機器人)的將來。楊安澤的支持者包括主流大眾、有色人種、保守派及先進派,我覺得解決民生困境是不應有派系分別的,最好的國家需要最佳的人選,我願意再度強調楊安澤是天上掉下來的最佳禮物。

薪火相傳,無私的奉獻,是中華民族的美德,這也是擔任公僕的基本原則。楊安澤的競選主題是「以人為本」,這主題深具前瞻性,它不是要回到已被淘汰的舊社會,而是要應付第四次工業革命的不可阻擋,把尖端科技人士所創造的財富協助其他一般民眾共同渡過社會大蛻變,順利到達這次工業革命所產生的美麗境界。

這不是右,這不是左。這是前進。

朱偉人

美國橡子園創投公司合夥人

展望新美國Vision New America 董事長

Civil Leadership USA 董事長

推薦序
英雄造時勢與時勢造英雄

張小彥

　　去年 12 月在矽谷的一個亞裔社區領袖會議上，正在競選美國總統的楊安澤贈我一本他的書《為一般人而戰》。他當場簽名，並希望聽到我的回饋。

　　這本書深入的闡述了楊安澤對美國現狀的認識並提出解決方案，也是他的競選綱領。該書核心旨在警告美國民眾正視以資訊科學、大數據技術（人工智慧、虛擬實境、擴增實境）為代表的資訊技術革命已經且持續改變美國社會的各個層面。其中直接影響每個家庭生活的就是人工智慧取代傳統工作職位，造成大規模失業。其後果是兩極分化、貧富懸殊，一般大眾生活水準降低和喪失生活意義，導致社會動亂。楊安澤認為：走出這一惡性循環的方法是實施全民基本收入（每月每個成人一千美元），保證一般民眾有穩定的收入並分享技術革命的紅利。因此「全民基本收入」（Universal Basic Income）又名「自由紅利」（Freedom Dividend）。在理論上稱之為「人本資本主義」（Human Capitalism）。

　　在美國當前的政治環境下，全民基本收入的理念很

容易被其他政客用「社會主義」的高帽來譏諷和批判。然而，針對當代不可阻擋的科技革命之現實和後果，楊的競選綱領是目前唯一提出的解決方案。其他競選人仍然在套用 20 世紀的方法，試圖解決 21 世紀的問題，但楊安澤已經走在前面。

楊安澤競選總統的意義遠遠超出這本書中的方案。

首先，華裔二代出來競選總統，並參與美國主流媒體主辦的辯論，與其他民主黨總統競選人同台演講，本身就是亞裔在美國社會參政的里程碑。一個年輕有為的亞裔後代敢於出頭，向美國主流社會展示領導者的遠見和能力，必然會激起華人和亞裔民眾的參政熱情。這就是英雄造時勢。同時，如果沒有歷代華人和亞裔對美國社會貢獻的鋪墊，亞裔人口比例從 1980 年的 1%（350 萬）到 2016 年的 5%（2,200 萬）的激增，以及美國正在經歷的社會結構（進入沒有主體種族的多元社會）的大變遷，就不會出現一個亞裔問鼎美國總統的氣勢。這就是時勢造英雄。

其次，不管你是否支持他的政策和觀點，也不論最後的結果如何，楊安澤的競選正在改變亞裔的「啞裔」形象。每個華人和亞裔都會直接或間接分享到水漲船高的效益，我們應為他的勇氣而自豪。楊為下一代做出了榜樣，也使第一代移民看到了希望。是否投他的票是個人選擇，但如因他的出現而能提升亞裔 2020 年大選的投票率，則

是族裔的勝利。

　　楊安澤的競選使我想起當年的李小龍。他在美國傳揚中國武術時，曾被一些華人視為「傲慢和狂妄」，甚至三藩市老一輩講究門戶的武術界要出來教訓一下這個破壞門規，外傳國術，自創新拳，與各國武術取長補短的年青人。結果正是大逆不道的李小龍改變了華人「東亞病夫」的形象，在美國確立了中國武術的地位，並將「中國功夫」寫進了英文字典。直至今日，當提到李小龍的名字時，有哪個國人不引以為豪的呢？

　　我真誠邀請每位華人都認真讀一下楊安澤的書，了解他的競選綱領並深思他競選美國總統的意義。我也希望各地華人和亞裔社團聯手借楊安澤競選的東風，積極推動華裔和亞裔全方位參與美國政治和選舉。我們要用關注、參與和投票的實際行動行使公民的權利，使華裔和亞裔成為美國政治中不可忽視的力量。我們有激情、有能力、有資格坐到桌邊參加決策並成為美國主流社會的一部分。

2019 年 7 月於美國賓州匹茨堡

張小彥 博士

美國華人聯合會主席（United Chinese Americans）

美國Idea Foundry公司創業指導企業家

美國匹茲堡大學客座教授

中文版自序

大家好，感謝你買了這本書！這對我意義重大。

我寫這本書分析美國經濟當中勞動力的趨勢，但是事實上，分析也延伸到世界其他地區。全世界各地的工廠、辦公室和企業都有許多人遭到汰換，亞洲的經濟體——它已經成為世界工廠——目前也感受到此一效應。廉價勞力大體上已不再像過去是競爭優勢，因為機械在供應鏈和生產方面承擔越來越多的工作。

相對於世界其他國家，美國具有某些優勢：龐大的資源，以及某些領域掌握先進的知識經濟。但它也存在某些劣勢：高成本的結構意味著以自動化取代人類勞力的誘因相當高。有時候，從高處摔下要比慢慢爬升更慘重。

亞洲經濟體面臨的挑戰也類似——隨著科技進展，許多人將越來越難找到前進的路徑。這將不只影響到工廠工人和生產設施；許多需受高度教育培訓的專門職業，如放射科醫生和會計師，將是最有可能遭到科技進步的衝擊之行業。

投資家李開復曾經預測，亞洲和其他經濟體在未來15年，將有數以百萬計的工作被人工智慧和其他科技取代。我相信他是百分之百正確，各個國家必須採取引人注

目的行動防止社會動盪擴散，並確保持續進步。

這些挑戰將非常巨大且具有歷史意義。唯一的好處是，它將促使許多社會提出重要的問題：「為什麼我們在做目前的事？」以及「經濟進步的目的是什麼？」唯有提出這些問題，我們才能在智慧機器的年代為大家找出前進的路徑。我們可以為自己界定更美好的生活方式，但是我們必須盡快從資源匱乏的心態轉化成以人為本和富足的心態。

我相信，亞洲人的心態將比西方人更好，但可能也更壞。更好，是因為亞洲有很大的取向邁向集體行動和社會福祉；更壞，是因為資源匱乏的心態更普遍。我盼望這本書能使人性往更光明的方向進展。

就個人而言，我很驕傲、很高興我的書能翻譯為中文——它代表我的思想將傳遞給更多的人群，包括我一些不太懂英文的台灣親戚。

祝福大家共同以人為本。

楊安澤

2019年7月10日

導論
勞工大汰換

　　我正坐在科技泡沫中撰寫這本書,目的是讓你知道人工智慧即將搶走很多人的工作,其中也包括你。

　　我最近在曼哈頓和一對老朋友碰面小酌。其中一位是在紐約一家軟體公司服務的高階主管。他們公司用人工智慧軟體取代客服中心(call center)的工作人員。我問她是否相信她的工作會導致許多人失業。她誠實的回答我說:「我們在很多方面越來越有改進,使得大量工人變得無關緊要。我們會成功的,但是未來勞動力會需要進行劇烈的重新培訓。對許多人來說,這並不實際,無可避免的,將來會出現一個崩落的世代。」她信心十足的對我提出這樣的評估後,我們的談話立刻轉向比較愉快的話題。

　　之後我又遇到一位朋友,他是在波士頓上班的風險投資家。他告訴我,他對投資軟體公司和機器人公司感到「有點不安」,如果成功的話,它們會消滅掉大量的就業機會。他指出,「但是它們是很好的機會」,他估計他所看到的新創公司有 70% 將導致其他行業人員失去工作。

　　然後,我在舊金山和一家大型科技公司的營運經理共進早餐。他告訴我:「我剛剛幫某公司建立了一家工廠,

它比起前幾年才設立的工廠可以減少七成的人力，其中大多數都是使用筆記型電腦的高端技術人員。我不知道幾年後一般人還能做些什麼工作。」

一般人。70％的美國人認為自己是中產階級的一員，有很大的機率，你也是中產階級的一員。現在，美國有一些聰明絕頂的人正在想方設法找出如何利用海外工人、薪資更便宜的人力，或是越來越多的小部件、軟體程式或機器人來取代你。他們沒有心懷惡意，因為市場獎勵企業領袖提高效率，但是效率不愛一般人，它只喜愛以最具成本效益的方式完成工作。

自動化和失業的浪潮已不再是未來反烏托邦的恐怖想像——它正在順利推進。而且已有相當長一段時間，數字一直在告訴我們這些故事，但是直到現在我們還忽視這個事實。越來越多的青壯年勞動力正退出勞動市場；越來越多的人遭到永久性的取代；加速的自動化程度很快就會威脅到我們的社會結構和生活方式。

專家和研究人員估計，伴隨著人工智慧、機器人、軟體和自動化的發展，前所未有、破壞工作的浪潮馬上就會襲捲我們的社會。2016 年 12 月，歐巴馬總統主持的白宮發布一份報告，它預測有 83％平均時薪不到 20 美元的工作將會變成自動化或遭受取代。隨著自動駕駛汽車的出現，估計美國將有 220 萬至 310 萬個汽車、公共汽車和卡車司機的工作消失。

請再讀一遍最後一句話：**我們深信，在未來 10 到 15 年內，有 200 到 300 萬以駕駛車輛為生的美國人將失去工作。**卡車司機在 29 個州中是最常見的職業，自動駕駛汽車是最明顯將會破壞工作的一項科技，但是未來也將會有類似的創新取代收銀員、速食店工作人員、客戶服務代表、行政助理，甚至財富管理人員、律師和保險代理人等高薪白領工作崗位。這些事情都將在短短幾年內出現，數百萬人突然失業，他們將很難找到一份新工作，尤其是處於低階技能職位的人特別難找到工作。

　　自 2000 年以來，自動化已經在美國淘汰了大約 400 萬個製造業工作機會。許多人並不是找到新工作，而是離開勞動隊伍然後再也沒有回來。美國現在的勞動參與率僅為 62.9％，幾乎低於其他所有工業化經濟體的水平，與

勞動參與率（1950～2017年）

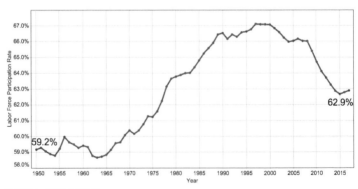

資料來源：美國勞工統計局

薩爾瓦多和烏克蘭在伯仲之間。部分原因是出於人口年齡老化——人口老化本身就是一個重大問題，但是絕大部分原因是出於自動化和勞動力需求下降所致。

勞動參與率每下降一個百分點，就等於大約 250 萬個美國人退出職場。這表示美國的工齡人口中變成非勞動力的人數飆升至 9,500 萬人。美國從金融危機中復甦已過十年，工齡人口卻屬於非勞動力的人數竟高達 9,500 萬人——我把這種現象稱為「勞工大汰換」（The Great Displacement）。

缺乏社會流動性和經濟成長也為政治敵對和社會弊病創造了溫床。高失業率和低度就業與一系列社會問題有關，包括藥物濫用、家庭暴力、虐待兒童和憂鬱症。今天，有 40％的美國兒童不是出生在已婚家庭，其中很大部分是由於成年人勞工階級的結婚率下降所致；過量服藥和自殺已經超過汽車事故，成為導致死亡的主要原因；全美國已有超過一半以上的家庭必須依靠政府取得某種形式的直接收入。美國有某些地區，20％的成年工齡人口正處於殘疾狀態，越來越多的人以情緒障礙為由申請殘疾補助，很多找不到工作的美國人面臨絕望。如果你關心社區和我們的生活方式，就要關心人們必須要有工作。

這是我們這個時代最急迫的經濟和社會問題。我們的經濟發展方式，已經使得教育程度較低的人越來越難找到工作和養活自己。很快的，這些困難將侵蝕到白領世

界。這是個一次上升一度的滾水鍋，而我們就是鍋裡的青蛙。

我是「為美國創業」（Venture for America）非營利組織的創辦人，我花了六年的時間和全美各地數百家新創公司並肩工作，它們遍布底特律、紐奧爾良、辛辛那提、普羅維登斯、克里夫蘭、巴爾的摩、費城、聖路易、伯明翰、哥倫布、匹茲堡、聖安東尼奧、夏洛特、邁阿密、納許維爾、亞特蘭大和丹佛等城市。其中某些城市在 19 世紀末和 20 世紀是繁華的工業中心，但是隨著 20 世紀步入尾聲，它們面臨著人口流失和經濟轉型。

「為美國創業」培訓年輕有抱負的創業家，在這些城市的新創公司工作，以促進就業增長。我們取得了很多成績，創造的工作種類往往非常具體；我與每一家合作的企業都會聘請最優秀的人才——特別是新創公司。當創業家創辦公司和擴張時，他們通常不會雇用一個不得志、企盼東山再起的人。他們要招聘具有正確特質組合、能有最強大貢獻的人員，以幫助初創階段的公司取得成功。新創公司的大多數工作基本上都需要大學學位，也因此一下子就排除掉 68％的人口。另外，其中有些公司會進一步降低體系內的低效率——在雇用新員工時，也會減少其他地方的工作。

班・霍洛維茨（Ben Horowitz）的著作《艱難事情的真相》（*The Hard Things about Hard Things*）中有一個場

景，他描述一家公司的執行長和兩位副手的談話。執行長對其中一人交代說：「你要竭盡全力使這筆交易成功。」然後他對另一人說：「即使他做的一切都正確，也可能不會成功。你的工作就是把問題解決。」這就是我們今天美國經濟的處境。前所未有的進步正在實時（real-time）全速推進，並對全美各地的生活和社區造成嚴重破壞，特別是那些最不能適應和調整的人受傷最重。

我們必須竭盡全力降低「勞工大汰換」最壞的影響——在可預見的未來，它應該成為企業、政府和非營利組織的首要任務。我們應該投資於教育、職業訓練和就業安置、學徒制、搬遷、創業和稅賦獎勵——任何有助於雇用和留住工人的吸引力。然後我們應該承認，對於數百萬人來說，它仍不會起作用。

在美國，我們當然希望相信市場機制能夠解決絕大部分的情況。但是就這方面而言，市場機制不會解決問題——而且還背道而馳。市場被驅使要降低成本，它要尋找最便宜的方式來執行工作，市場不是為失業的卡車司機或收銀員服務。Uber 想方設法要盡快擺脫司機，它的職責不是雇用很多人——它的職責只是盡可能有效的運送客戶。隨著自動化和科技的進步，市場將繼續把數以百萬計的人趕出勞動市場。當數以千萬計的美國人沒有工作時，為了讓社會繼續運行和繁榮，我們需要重新思考工作與能夠支付基本需求之間的關係。然後，我們必須確定以其他

方式傳達工作的心理和社會利益。

實際上只有一個實體——聯邦政府——可以務實的改造社會，以防止大片國家成為廢棄建築物和破碎人口的失業地帶。非營利組織將處於抵禦衰退的最前線，但是它們大部分的活動像是在受感染傷口上貼 OK 繃一樣。此外州政府通常受限於預算必須收支平衡的要求，而且資源有限。

許多科技專家自己也擔心會出現反彈，即使他們不會公開談論。我在矽谷的朋友雖然抱持積極心態，但是許多人為了預防萬一而購買掩護體和逃生艙。即使我最樂觀的朋友也認為解決方案難求，其原因之一是，雖然他們所處的美國經濟的高科技部門正在蓬勃發展，但是很少有人設法把從自動化所獲得的利益分配出去，並且扭轉就業機會下降的狀況。要做到這一點，需要一個積極、穩定、充滿活力、團結一致的聯邦政府，願意放手一搏。不幸的是，我們沒有這樣的聯邦政府。我們的國家債台高築，充滿了內鬥、功能失調和過時的觀念，以及跟不上時代的官僚體系，而且老百姓對於投票總數或氣候變遷等基本事實也無法達成一致見解。我們的政客提供沒有建設性的解決方案，最多只能搔到問題的邊緣。勞工部每年的研發預算只有區區 400 萬美元，我們有的是一個 1960 年代的政府，拿不出解決 2018 年問題的辦法。

如果我們要持續我們的生活方式，這一切必須改變。

我們需要一個全新心態、充滿活力的政府來應對人類歷史上最大的經濟轉型帶來的挑戰。

以上聽起來可能像是科幻小說。但不要忘了，你可能正利用口袋裡的超級電腦讀這篇文章（或者在超級電腦上讀它）。而且唐納‧川普已經當選美國總統。醫生可以用雷射為你的眼睛開刀，但是你家附近的購物中心才剛關閉。我們生活在前所未有的時代，一個沒有工作的未來，若不是像《星艦迷航記》（Star Trek）的培養善行義舉，就是像《迷霧追魂手》（Mad Max）瘋狂爭奪資源。除非有戲劇性的路線大修正，否則我擔心我們未來會走向你爭我奪。

俾斯麥（Bismarck）說過：「如果將要發生革命，那麼我們寧可去推動它、不要去忍受它。」社會在革命之前或之後都會發生變化，我選擇在革命之前就先改變。

我剛踏進社會之初從事律師工作，然後就不斷自行創業。在「為美國創業」之前，我和夥伴共同創立一家互聯網公司，在一家醫療照護軟體的新創公司工作，也經營一家全國性的教育事業公司，它在 2009 年被人併購。我在新創公司和經濟發展方面工作了 17 年。我知道公司如何營運，以及如何創造和減少工作機會。我也是一個熱忱的資本主義者，完全相信要改變制度才能繼續我們的生活方式。

由於科技的進步，我們的社會已經受到經濟大規模變化的影響。事實證明，由於缺乏有意義的工作機會，美國人已經越來越不結婚，也變得越來越沒有用。這裡頭根本的訊息是，我們已經處於反烏托邦的邊緣，數十萬家庭和社群已經被推到遺忘的角落去。

　　教育和再培訓解決不了差距；球門柱現在已經移動，許多受影響的工人早已經過了他們的巔峰期。我們需要建立一種更新版的資本主義形式——我稱之為以人為本的資本主義（human-centered capitalism）或人本資本主義（human capitalism）——來修正目前的「體制資本主義」（institutional capitalism），它將引導我們走向不斷增加的自動化，伴隨著社會毀滅。我們必須讓市場為人類服務，而不是讓人類繼續為市場服務。作為一個社會，我們必須同時變得更有活力，更有同情心。我們必須改變，並以比大多數人認為的可能、更快的成長。

　　當下一次經濟衰退來襲時，成千上萬的人醒來想做他們的工作，卻被告知職場已經不再需要他們。他們任職的工廠、零售店、辦公室、百貨商場、公司行號、卡車站或代理商都將關閉。他們想找另一份工作，可是這次卻永遠找不到了。他們會強顏歡笑，努力保持勇敢的面貌，可是日子一天天、一週週過去，他們越來越挫敗。他們總是埋怨自己的命運不佳，他們會說：「我真希望自己當初在學校裡多學點東西」，或是「我應該選擇另一份工作的」。

他們會燒光微薄的積蓄，他們的家庭生活和社區將受到影響，有些人轉向濫用藥物或猛看電視。他們的健康狀況將會每下越況——他們努力想要克服的疾病似乎有兩倍痛苦。他們的婚姻會失敗，他們會失去自我價值，他們的實質環境會在他們周圍敗壞，他們的親人將成為提醒他們是失敗者的人。

相對於每一個失業的工人，另外會有兩、三個工人的輪班和工作時間被削減，福利也減少，他們已經岌岌可危的財務狀況被推到邊緣。即使他們對未來的希望黯淡，他們仍會認為自己很幸運。

與此同時，在曼哈頓、矽谷和華盛頓特區，我和我的朋友們將比以往任何時候都更加忙碌，以便在我們自己的超級競爭環境中保持最佳狀態，繼續攀升。我們將閱讀關注未來的文章，並且思考如何將我們的孩子導向更有前途的職業和生計。我們將會透過推特轉發一些東西，偶爾捐獻。我們有時會反思別人的命運，搖頭嘆氣，並且下定決心要在新經濟模式中成為贏家之一。

績效掛帥的菁英邏輯正導致我們走向毀滅，數以百萬計的人被自動化和創新的磨輪推向經濟困境，我們卻集體忽略他們的聲音，認為他們的抱怨或痛苦是因為他們是失敗者。

我們需要在為時已晚之前擺脫這種市場邏輯。

我們必須重塑和加速社會，把我們帶到更高的地方。

我們必須找到新的方式來組織自己，獨立於市場分配給我們每個人的價值觀。

　　我們不僅僅是薪水條上的數字──而且我們必須非常迅速的證明這一點。

第一部

工作受到的衝擊

第一章
我的成長歷程

　　我是在紐約州北部長大的一個瘦弱的亞裔小孩，經常被人忽視或被找麻煩——就像一個來自科幻驚悚電視影集《怪奇物語》（Stranger Things）的孩子，但是更加書呆子，朋友也更少。我迄今記憶猶新，永遠忘不了小時候被疑慮和恐懼所困擾，以致於產生身體上的痛苦，讓我的胃部一直感到噁心，感覺自己像個外星人，被人忽視或遭人嘲笑。我不認為我可能忘記這一切，但事實證明，我們大多數人都能跳脫過去。在電影中，它們描述孩子們在家裡的成長經驗，主角們後來回到他們原來的地方，讓家鄉變得更好。在現實生活中，我們沒有人回到過去。

　　我的父母親非常重視教育，父親從台灣移民來美國，在奇異公司（GE）和 IBM 的實驗室工作。他從柏克萊加州大學獲得物理學博士學位，在職業生涯中獲得 69 項專利。他念研究所時，結識也來自台灣的母親。她擁有統計學碩士學位，並且在成為藝術家之前，在我們地方上的大學擔任電腦服務行政主管。我哥哥成為一位大學教授，可謂克紹箕裘。身為在這個國家出生的第一代人，使我強烈熱愛美國，也感受到必須努力適應以求融入。

　　我是我們住家當地公立學校罕有的亞裔學生之一，因此這逃不開大家的注意。同學們經常提醒「我是誰」。

　　「怎麼啦？清客！[1]」

　　「嘿……你……想要幹架嗎？」說者張著嘴，但沒有發出聲音，模仿一部憋腳的功夫電影。

　　「慶空、慶空。」

　　「嘿，你知道中國人用什麼當眼罩嗎？牙線！」

　　「你看到了嗎？」亮出一張面無表情的臉。「這就是老東笑的方式。」

　　「嘿，小楊，你餓了嗎？你想不想吃一個『古基』

---

1 譯注：Chink，又譯「中國佬」，意指小眼睛的老中，帶有濃厚的種族歧視意味。

（gook-ie）？」[2]

「嘿，小楊。我看到你往哪裡打量，休想跨族把妹喔！」

「嘿，小楊，『弟弟』這麼小，你有什麼感覺呀？每個人都知道中國人雞雞小。你需要鑷子才能打手槍嗎？」

這些事大部分發生在中學時期。我有一些很自然的反應：我變得非常內向。我開始懷疑我的「弟弟」是不是真的很小。最後，我變得非常、非常生氣。

或許因此，我總是為了與弱者或小個子男孩、女孩有交情感到自豪。隨著成長，我總是試圖和那些似乎遭到排擠或被邊緣化的人攪和在一起。我成了「大都會隊」[3]的粉絲。我參加派對，會找一個看起來最孤單或最不安的人，跟他交談。類似這種事情，我在大學裡做得太多了。

長大後，我發現自己的熱情延伸到了我的職業生涯。我喜歡小型公司，並且幫助它們成長。擔任公司法律師五個月之後，我在 2000 年 25 歲時和友人共同創辦一家互聯網公司。公司失敗之後，我在一家醫療記錄軟體公司工作，後來又幫助一位朋友哲奇·范德霍克（Zeke

---

2 譯注：gook 有種族歧視意義，泛指東方人。此處用「古基」諷刺東方人英語發音不準確，講不出「餅乾」（cookie）。
3 譯注：Mets，紐約職業棒球隊。

Vanderhoek）經營他的 GMAT[4] 準備公司，他剛起家時是利用星巴克咖啡館、一對一教學的補習老師。後來他邀請我接任執行長，在我們兩個人率領工作團隊努力下，把公司發展成為全美第一名。

到了 2010 年，我可以說是天之驕子。我們的公司——曼哈頓考試準備公司（Manhattan Prep）已被《華盛頓郵報》旗下的卡普蘭（Kaplan）部門以數百萬美元的價格收購。那時我才 35 歲，是我所喜愛的一家全國性教育事業公司的負責人，和家人、朋友住在紐約市，而且已經訂婚，預備次年結婚。我站在世界的巔峰。

可是有些事情讓我很困擾，無法釋懷。我培訓了數百名年輕人——身為曼哈頓考試準備公司的執行長，我曾在高盛（Goldman Sachs）、麥肯錫（McKinsey）、摩根大通（JP Morgan）、摩根史坦利（Morgan Stanley）和其他許多公司開過分析師課程。這些大學畢業生經常對自己的職業生涯沒有熱情；他們打算去念商學院，休息一陣子，再尋找下一步。其中許多人來自美國其他地區——密西根州、俄亥俄州、喬治亞州，他們來到華爾街尋求更好的機會。我在課後和他們交談，他們似乎正在尋找一些不

---

4 譯注：GMAT 英文全名 Graduate Management Admission Test，意即管理學科研究所入學考試。這是一項專門用於測試商學院申請學生能力的標準化考試，重點在於測試應試者在一般商務環境中的理解，分析和表達能力。

曾有過的更高目標。他們使我想起了十年前的我,才剛出道當公司法律師,卻不快樂。

我心想:「哇,我們有這麼多聰明的人才,困在少少幾個同樣的地方,做同樣的事情。」我在思考他們的才能應該用在什麼上面最有貢獻。有一個週末,我回到布朗大學的校園,遇到普羅維登斯的一位創業家查理·克羅爾(Charlie Kroll),他在本地創辦了一家公司,雇用一百名員工,都不是前往華爾街。我看到了一個願景:一群聰明、富有進取心的畢業生,在底特律、紐奧爾良、普羅維登斯、巴爾的摩、克里夫蘭、聖路易等社區建立企業,這些地方需要助力。過去 20 年來,新公司提供國內所有的就業增長。越來越多人在有需要的地方建設,將會注入活力,創造機會,並且幫助區域經濟變得更有活力。像底特律和紐奧爾良這樣的城市,在我看來,是最弱的地方。

我知道建立一家新公司,對於才剛畢業的任何人來說,都是非常艱鉅的任務。但是我曾經追隨有豐富經驗的企業執行長和團隊,學到了很多東西;我相信這種學徒模式是最好的發展方式,因為我在 20 多歲的階段就是這樣學到很多東西。無論輸贏,他們都會變得更加強壯。他們也可能反思從一個新興城市的新創公司工作幾年,所學到的不同的價值觀。

我開始關注培訓數百名有雄心壯志的大學畢業生,把他們送到美國其他城市的新創公司,在全美各地區促進

就業增長和創新的想法。我們將提供加速器和種子基金，幫助他們在兩年後創業。我們的目標是，到 2025 年，在美國幫助創造十萬個新的就業機會。我把這個組織命名為「為美國創業」，人們喜歡這個主意。許多人表示，如果當年他們大學畢業時有類似「為美國創業」的組織存在，他們也會做這樣的事情。

我在 2010 年第一次到底特律，看看當地是否有些企業要用人才，同時幫助他們成長。這座城市剛剛開始陷入破產——我記得冷清清、空蕩蕩的街道讓人有遭到遺棄的感覺。我跟一個朋友開玩笑說：「我一到這裡，就感覺像是在闖紅燈一樣，它太空空蕩蕩了。」自那些低潮點以來，這個城市已經走了很長的路。我遇到幾位當地的創業家，他們說他們一有機會就要雇用附近大學畢業、精力充沛、不怕吃苦的員工。普羅維登斯、紐奧爾良和辛辛那提也都如此。與這些城市的創業家會面後，我確信自己走在正確的軌道上。

2011 年，我捐了 12 萬美元，辭去我的工作，開辦「為美國創業」，這個組織的宗旨是通過創業活動，重新振興美國的城市和社區。第一年我們的預算約為 20 萬美元。

2018 年，我們的預算高出 25 倍以上，我們從來自全美各地、成千上萬的申請人中，召募和培訓數百名年輕有志的創業家。我們的支持者包括企業執行長、名流、創業

家、大公司、基金會，甚至俄亥俄州政府。我們的努力在18個城市幫助創造了2,500多個就業機會，我們的校友也已經開辦了數十家公司。我們最近這班的學員有43％是女性，18％是有色人種。我寫了一本很受歡迎的書、拍了一部紀錄片叫「世代新起」（*Generation Startup*），追蹤我們培育的六位創業家在底特律創辦事業的心路歷程。

我看過數十位深具理想主義的22歲年輕人，演變成為富有創造力的年輕公司的創辦人和執行長，影響數千人的生活。我看過、也幫助過數百家小型新創公司成長為成熟的公司，擁有數百名員工。我看過處於破敗邊緣的社區，又充滿了人潮和新企業。我和一些在這個國家最具理想主義和最高尚的人一起工作，在不可能的地方開創大事。我在「為美國創業」的工作開啟了新的大門，而人們在創新和創業方面徵詢我的建議。下面這張照片就是我在2012年向歐巴馬總統說明「為美國創業」的工作。

我可以說是春風得意。這些年來，我的個人生活也有很大的進展。我和我的妻子結婚，現在有兩個兒子，他們占據了我們醒著的大部分時間。身為父母，比我想像的要困難得多，但是卻帶來了相當的滿足感。

　　然而在 2016 年，有些事情開始困擾我——這種感覺我似乎一直甩不掉。我在全美各地穿梭出入時，經常發現有些地方似乎處於長期衰退的困境。

　　我在餐館吃飯，我是他們一整天才看到的極少數顧客之一；開車經過櫥窗用木板封上的店家、掛出「求售」的標誌；走進廢棄的建築物和工廠，看到人們臉上放棄希望的無奈表情。整體的感覺就是被打敗了、垂頭喪氣。在這樣的背景下，「冒風險」和「失敗也無妨」的創業精神似乎挺荒謬。這種感覺就好像許多地方的水位上升，淹沒了整個社區。我經常在旅行後飛回曼哈頓或矽谷，然後會想：「我不敢相信我還在同一個國家裡。」我和朋友們坐下來一起吃飯，覺得自己像一齣戲裡的角色，吃得好、睡得好，可是全世界卻在起火燃燒；我拚命想要理解，要把我看到的景象分享給大家。

　　令我擔心的不是建築物和周遭環境，而是人。他們似乎沮喪又氣餒，彷彿他們的前景已經低到勉強擦地而過一樣。

　　至於我，已經從一個弱雞變成一個有了答案的傢伙，從在房間裡尋找最邊緣化或被排斥的人，變成尋找最富有

的人，並且讓他或她感到自己是個了不起的要人。發展非營利組織的機制使我成為一個既有體制的機構之負責人，它反過來使我對資源豐富的機構和人們更加敏感。我花了很多時間和已經是贏家的人在一起，但這可不是我原先所想像的那樣。

我開始看到當時在創業、非營利和政府部門出現的局限。我被邀請參加高階層會議或設計會議，卻聽到同僚——甚至是被公認為此一領域最成功的人物——向我坦承，他們不相信自己有意義的解決他們原先設定要解決的問題，他們需要十倍、百倍或甚至千倍的資源才有機會解決問題。人們拍拍我們肩膀，祝賀我們的成就，我們卻在想：「你在祝賀什麼呀？問題並沒有解決、反而變得越來越嚴重了呀。」

這種不安的感覺困擾著我，我被兩個不舒服的根本問題所困擾——「美國究竟發生了什麼事？」和「為什麼我會成為這樣的一個工具？」我開始覺得我的生活更加類似泡沫中的夢想生活，而不像一般美國人的經歷，而且我們有太多的人力和財力資本流向少數幾個地方，做一些加快機器速度的事、而不是解決人的問題。我也從想要修理機器的人演變成機器的附件。我喜愛「為美國創業」，這是我一生工作的高潮。但它需要變得更大、更大，才能遏止當今的潮流。

我開始深入研究勞動力市場的趨勢，並與朋友交談，

以便更加了解美國經濟發生的長期變化。我想知道有哪些挑戰。唐納・川普在 2016 年底的當選增強了我的急迫感——感覺必須呼叫求救。

我的發現更讓我震驚，也證實我在各地觀察所得到的經驗。12 年前開始，美國每年減少十萬家公司行號，而且主要由於科技進步，美國正在減少數百萬個就業機會。我們的經濟引擎在許多地方停滯不前，自動化正在全美各地消滅數十萬最弱勢的人民之生計。新工作的數量偏少，而且大半是在遠離受到最沉重打擊的城鎮創建的，並且它們需要的技能遠遠不同於那些失去的工作。科技即將達到一個不僅僅是內地居民受到威脅的地步，也會威脅到許多白領和知識工人。

我記得它終於徹底打進我心裡那一刻。我正在閱讀有線電視新聞網（CNN）的一篇文章，它詳述自動化如何在 2000 年至 2015 年間消滅了數百萬個製造業就業機會，是全球化造成失業的四倍。我走過許多曾經是這些工作所在的城市——克里夫蘭、辛辛那提、印第安那波利斯、底特律、匹茲堡、聖路易、巴爾的摩及其周邊地區。我知道我的朋友正在做什麼，以及將要發生什麼狀況。當我覺得這一切拼組起來時，我的心沉了下去，我的思緒也隨之奔騰起來。沒有任何東西可以阻止我們，我們已經摧毀這些地區的經濟和文化，並且準備對其他許多地區如法炮製。

美國人的生活和家庭也因此正在崩潰中，猖獗的財務壓力是新常態。我們正處於人類歷史上最大的經濟轉變的第三局或第四局，可是似乎沒有人在討論它或做任何回應。

　　過去六年，我一直試圖透過幫助成長型公司在不同地區創造就業機會，並且培訓創業家來解決這些問題，我過去六年的工作就是創造就業機會。然而，我即將失敗——我們全部都將要失敗——而且是史詩般的巨大規模。我現在相當確定這個浪潮——勞工大汰換——已經到了，並且它的影響比起絕大多數人認為的更大、更快。關於這波浪潮最厲害的一點是，當它磨碎人們和社區時，你還不知道它真正傷害到誰。

　　我決定改弦易轍。我現在的目標是讓每個人都理解即將發生什麼事，然後讓大家有所準備，為我們想要的未來版本一起奮鬥。這將是一個巨大的挑戰。這取決於我們，市場不會幫助我們。事實上，它即將修理我們。解決方案還在我們的能力範圍內，但是天色已黑，時間越來越不夠了。我要你仔細看我所看到的。

第二章
我們怎麼走到今天這個地步

　　「大失業潮」並非一夕之間發生。隨著科技進步、金融化、企業規範的改變和全球化的發展，經濟和勞動力市場發生了變化，而且已經醞釀了好幾十年。

　　1970 年代，當我父母親在紐約州北部的奇異公司和藍十字保險公司（Blue Cross）以及藍盾保險公司（Blue Shield）工作時，他們公司提供了優渥的退休年金，並期望員工都能夠待上幾十年。社區銀行是沒什麼野心的企業，願意放款給本地公司，換取適度的回報。當時 20% 以上的工人加入工會，社會有一些經濟問題存在——成長不均衡，通貨膨脹三不五時會升高，但是所得不均的程度不高，就業提供福利，小市鎮主要街道的企業就是經濟的驅動力。全美國只有三家電視網，在我家裡，我們透過帶有天線的電視機觀看節目，還得不時挪動它以使影像更清晰。

　　這一切看起來都非常古怪有趣。幾年前，民營企業員工的養老金消失了。

　　大多數社區銀行在 1900 年代被超大型銀行吞併——到今天，五家銀行控制了全美 50% 的商業銀行業，而這

些銀行本身已經迅速發展到金融業占整體企業利潤總額的25%左右的地步。工會會員人數減少了50%。2005年至2015年期間創造出來的就業機會，有94%是沒有福利的臨時工或承包商工作；人們必須兼好幾份工作才能維持生計也越來越成為常態。實質工資一直持平、甚至下降。1990年出生的美國人獲得的收入高於其父母的可能性降至50%；對於1940年出生的美國人來說，這個數字是92%。

拜米爾頓‧傅利曼（Milton Friedman）、傑克‧威爾許（Jack Welch）和其他企業鉅子之賜，大型公司的目標在1970年代和80年代初期開始發生變化。

他們所鼓吹的觀念——公司只為最大化其股價而存在——被全美商學院和企業界董事會奉為圭臬。公司被迫將股東價值視做唯一的衡量標準。敵意收購、股東訴訟和後來激進的對沖基金成為提示，確保管理者不惜一切代價追求獲利。另一方面，企業執行長首次獲得配股選擇權，把個人收益與公司股價掛鉤。執行長與工人工資的對比，從1965年的20：1，上升到2016年的271：1。員工福利被簡化和減少，公司與員工之間的關係減弱，雙方變得更具交易性質。

與此同時，隨著區隔消費者貸款和投資銀行業務的經濟大蕭條時期法規的廢除，各大銀行逐步成長和演變。雷根（Ronald Reagan）總統在1980年開始放鬆金融管制，

柯林頓（Bill Clinton）總統 1999 年頒布的《金融服務現代化法案》（*Financial Services Modernization Act*）達到高潮，銀行業實質大鬆綁。從 1980 年到 2000 年代，證券業占國內生產毛額（GDP）的比重增長了五倍，而普通銀行存款的占比從 70％ 縮減到 50％。金融產品成倍增加，因為即使是主要街道的小企業也被迫追求金融工程來管理他們的事務。

奇異公司是我父親的老東家，曾經是製造業的燈塔，到了 2007 年成為全美第五大金融機構。

憑藉科技的進步和進入全球市場的新途徑，美國公司意識到他們可以將製造、資訊科技和客戶服務，外包給中國和墨西哥的工廠，以及印度的程式設計師和呼叫中心。到了 2013 年，美國企業把 1,400 萬個就業機會外包並移轉到國外，其中包括許多之前由本國工人以較高工資擔任的就業機會。這的確導致物價降低、效率提高和產生一些新機會，卻也對美國工人增加了壓力，他們現在不得不與全球大量的勞動力競爭。

自動化在本世紀初開始出現在農場，農民使用拖拉機，然後在 1970 年代前進到工廠。隨著工資增長開始下降，製造業就業人數在 1978 年左右開始下滑。

中位數工資通常與生產力和國內生產毛額增長保持同步上升，但是在 1970 年代急劇背離。自從 1973 年以來，相對於一般工資所得者的每小時薪資，生產力巨幅上升：

生產力與時薪增長比較（1949～2017年）

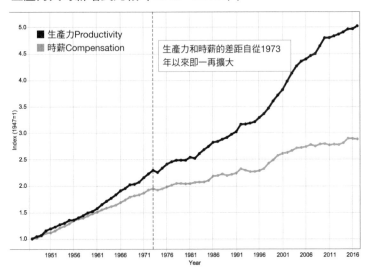

資料來源：US Bureau of Labor Statistics, Business Sector : Real Compensation per hour and Real Output per hour of All Persons, retrieved from FRED, Federal Reserve Bank of St.Louis.

　　工人如何計薪和他們公司的績效表現如何，在同一時期不再同步連結。即使企業獲利飆升至歷史新高，工人的收入也會減少。國內生產毛額與工資的比重從1970年的將近54％，下降到2013年的44％，而企業利潤的比重則從4％左右，上升到11％。做為股東，公司獲利大，非常有幫助。做為工人，恐怕就未必。

　　今天，所得不均已經飆升至歷史水平，由於資本集中在頂層，而且贏家通吃的經濟日益盛行，紅利越來越多流向收入最高的1％和20％群組。自從2009年以來，所得居於前1％尖端的人士已累計占美國實質所得成長的

52％。其中，科技是很重要的一個因素，它也往往只導致一小撮贏家。研究顯示，在一個不平等的社會中，每個人都比較不開心——即使是那些位居頂層的人士亦然。在不平等的社會中，富人經歷更高程度的沮喪和懷疑；顯然當你不覺得有任何罪惡感時，處於高位會輕鬆多了。

平均稅後所得累計增長情形，以所得群族計（1979～2007年）

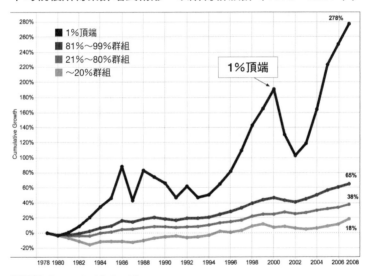

資料來源：Congressional Budget Office.

工作不像過去那樣成長

公司現在無需雇用許多人或增加工資，就可以繁榮、成長和創造空前利潤。自從 1970 年代以來，就業創造和工資增長都比最高層級的經濟增長所提示的要弱。在過去

的幾十年中，經濟創造了較低比例的新就業機會，包括
2000 年至 2010 年因經濟大衰退（Great Recession）而沒
有新的淨就業增長。

美國就業增長情形（1976～2015年）

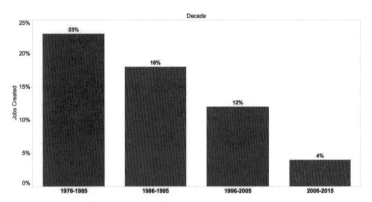

資料來源：Economic Data, Federal Reserve Bank of St. Louis

　　從過去幾次經濟衰退恢復所需的時間長短，可以看
出勞動力角色的變化。自從 1980 年以來，美國經歷幾次
重大經濟衰退。每次經濟衰退都剝奪更多的就業機會，也
比上一次經濟衰退需要經歷更長時間才能復甦。

　　當新公司的確繁榮和成長時，他們不會像過去那樣
雇用許多人。今天的大公司雇用的工人比過去的主要企業
少得多：

大型公司員工人數（今天與去年比較）

公司	員工人數（2017年）	公司	員工人數（年分）
亞馬遜	341,400	沃爾瑪	1,600,000（2017）
蘋果	80,000	通用汽車	660,977（1964）
谷歌	57,100	AT&T	758,611（1964）
微軟	114,000	IBM	434,246（2012）
臉書	20,658	奇異	262,056（1964）
Snap	1,859	柯達	145,000（1989）
Airbnb	3,100	希爾頓大飯店	169,000（2016）

　　未來的公司根本不需要像早期公司請那麼多的人，而且他們的員工大多擁有專業技能。

　　我們如果看一下這些數字，它們清楚顯示這個經濟體越來越難以從前的水平創造新的就業機會。它們還顯示中位數工資停滯，企業獲利能力高，勞動報酬低，以及高度不平等。如果科技和自動化已經從基本上改變經濟，這一切都是人們可以預期到的現象。麻省理工學院教授艾瑞克·布萊恩喬夫森（Eryk Brynjolfsson）說：「由於科技進步極快，我們的技能和組織跟不上，人們就落後了。」

　　贏家通吃的經濟已經替我們決定了未來的發展。但是，我們不去承認經濟價值越來越偏離人類時間和勞動的程度，卻從本質上不斷假裝現在還是 1970 年代。透過大量舉債和廉價資金，以及推遲履行未來義務，我們已經藉

著這種虛偽逃避好幾十年。現在科技真正起飛，使得我們的勞動力更加過時，特別對於一般美國人而言是如此，它的惡果效應已經出現。

　　你可能想知道我為什麼選擇使用「一般美國人」這個字詞——我們接下來會探討。

第三章
在美國誰是一般人

「未來已經來臨——它只是分配不均。」

——威廉・吉布森（William Gibson）

當我和我的朋友分享這本書時，有些人不喜歡這個書名。其實「一般」（normal）這個字詞意味著某種觀點或生活方式。

當我說「一般」時，我指的是一般平常人。如果你把美國人依據某些品質、特徵或分類——譬如教育、收入、儲蓄、住家是否靠近城市等等——排列，位於中間的人就是一般人。因此擁有博士學位並不尋常，初中輟學生也不尋常。

去年我到紐奧爾良旅行時，和 Uber 司機有一番對話，讓我難以忘懷。蘿瑞（Laurie）年齡坐四望五，是一個讓人愉悅的女人，長相就像一個典型的郊區媽媽。當她發現我在創業界工作時，驚呼出來：「那太棒了——我也是一名創業家！」前幾年她創辦一家廚房改裝業務公司。我們聊了起來，原來她的生意已經面臨絕境，她只好靠開 Uber 汽車維持生計。她有兩個兒子，其中一個有特殊需

要，當她談到試圖為兒子尋找合適的學校時，不禁潸然落淚。她和她的家人靠著她丈夫申請到的部分殘疾救濟金勉強過日子，而他在前幾年過世了。她說：「我不知道當時沒有救濟金的話，我們要怎麼辦——我們就靠它勉強過活啊！」她情不自禁哭了。我快下車時，她已經克制住自己，但是當我們說再見時，她似乎有點尷尬。

我也有點尷尬，但是原因不同。我當時心想：「小伙子，跟她的問題相比，我的問題算什麼，完全沒有任何意義嘛。」我所交往的圈子中並沒有許多人像她一樣，擔心下個月付不出帳單。但是，我在紐奧爾良碰到像這位單身媽媽一樣依賴開車維持生計卻是很尋常的事。另一位從伊拉克退役後在底特律擔任保全，跟我聊運動的這位也是很一般的人；他說他回到家、看到幾個朋友死於非命，就覺得能找到一份安全的工作很幸運。而在克里夫蘭和我聊天的調師酒告訴我，她想存錢去護理學院念書也是正常的；她是為了存錢暫時從學校休學。

我發現跟不同地方的美國人做這樣對話很有啟發性，但是我在紐約和舊金山大多數的朋友和同儕輩都沒有機會到中部的城市參觀或旅行。即使像紐奧爾良、底特律、克里夫蘭、匹茲堡、伯明翰、巴爾的摩、聖路易和辛辛那提這樣的城市，與它們周邊地區和全美國大部分地區相比，也是商業、教育和繁榮的相對支柱，他們也不會去。

我們大多數人的周遭都住著和我們同樣的人。每個

人所感覺到的一般是基於環境脈絡而定。在美國這樣一個大國家，想了解真正的普通或一般的意義，還真需要費一些功夫。以教育為例──如果你正在讀這篇文章，你可能是大學畢業生或在學生，而你認識的大多數人也從大學畢業。這使得你、你的朋友和家人大概排在美國人口的前1/3。如果你擁有研究所或專業學位，則以教育程度而言，更可以排名在前12％。一般美國人的教育程度大概屬於修過大學學分和副學士學位之間；25歲及以上的美國人有60.25％上過大學，43.51％的人至少有得到副學士學位。年輕人中這些數字略有上升。但是，如果說一般美國

美國人民教育程度（25歲〔含〕以上，依性別及種族分類）（2016年）

特徵	高中畢業或以上	上過大學	副學士或以上	學士或以上	高等學位
性別					
男	88%	58%	41%	32%	12%
女	89%	60%	43%	33%	12%
種族					
白人	89%	59%	43%	33%	12%
非西語裔白人	93%	64%	47%	36%	14%
黑人	87%	53%	32%	23%	8%
亞裔	89%	70%	60%	54%	21%
西語裔（任何種族）	67%	37%	23%	16%	5%

資料來源：Congressional Budget Office.

人不是大學畢業生，可以說是完全正確。設想一下你最好的五個朋友。如果你對美國人進行隨機抽樣，這五個人都是大學畢業生的機率大約是 3.6 。四人或四人以上是大學畢業生的可能性僅為 4% 左右。如果這個描述符合你的狀況，你就屬於受過教育的階級（即使你不一定知道；但是就你的狀況而言，你是完全正常的）。

上面說的是教育方面的正常狀況。財富和收入方面的狀況又是如何呢？

2016 年全美中位數家庭所得為 59,309 美元。然而，每個家庭通常由多個家庭成員組成。2016 年美國中位數個人所得為 31,099 美元，平均值為 46,550 美元。要看大多數人如何生活和工作，相關的統計數據是中位數，因為平均值會被頂尖的一小撮人一賺就是數百萬美元給拉升上去。如果你按收入讓所有人排列，那麼中位數就是中間點。一半的美國人賺不到 31,099 美元，另一半人賺得更多，有 70% 的人賺了五萬美元或更少。

以下是按教育程度排序的中位數所得：

我們不妨再說一遍，如果你正在讀這篇文章，70% 你所認識的人不太可能賺不到五萬美元。在大學畢業生群組中，平均所得為 55,000 美元；若是具有碩士學位或專業學位，平均所得更分別高達 61,000 美元和 91,000 美元。

美國勞工統計局得到的中位數時薪為 17.40 美元，這意味 50 週內每週工作約 35 小時。這與經濟合作發展組

按教育程度排序的中位數個人所得（2015年）

教育程度	中位數所得	教育程度	中位數所得
9～12年級（沒有畢業證書）	$16,267	學士學位	$55,071
高中畢業	$17,116	碩士學位	$49,804
上過大學（沒有學位）	$25,785	專業學位	$61,655
副學士學位	$30,932	博士學位	$91,538
學士學位或以上	$35,072	不足九年級	$79,231

資料來源：U.S. Census Bureau, Current Population Survey, 2016 Annual Social and Economic Supplement.

織（OECD）報告的平均 34.4 小時一致。因此，美國一般工人的教育程度低於副學士學位，每小時薪資約 17 美元。

上一次的美國人口普查顯示，80.1％的美國人住在城市地區，19.9％即使是最偏遠的郊區也是如此。線上房地產網站 Trulia 最近一項全國性調查發現，只有 26％的人認為他們居住的街坊是城市，有 53％的人認為他們住的是郊區，21％認為是農村。一般的共識是，大約一半的美國人住在郊區，這仍然是大多數美國人最常見的住家類型。

各州、各區的人均所得也都不一樣。2016 年，華府哥倫比亞特區人均所得最高，為 50,567 美元，而密西西比州最低，為 22,694 美元。排名第 25 和第 26 名的州是俄亥俄州和緬因州，人均所得分別為 29,604 美元和

29,164 美元。這說明我們的首都人均所得最高。

你可能已經讀到一些關於美國人財務不健全的故事。2017 年 Bankrate 有一項調查發現，59％的美國人沒有五百美元的積蓄可用來支付發生意外時的費用，他們需要刷信用卡、向親友求助或節衣縮食幾個月才能處理它。聯邦準備銀行 2015 年有一份類似的報告說，75％的美國人無法從支票戶頭或儲蓄戶頭中支付四百美元的緊急費用。

對於領有高中畢業證書或曾經上過大學的一般美國人來說，中位數財產淨值徘徊在 36,000 美元左右，這裡頭包括房屋淨值——63.7％的美國人擁有自己的房屋，比起 2004 年的 69％高點，已經降下來。但是，如果不包括房屋淨值，他們的淨資產卻下降到只有 9,000 美元至 12,000 美元之間。如果再剔除掉汽車的價值，更只剩下 4,000 美元至 7,000 美元之間。

不幸的是，種族的差異極大，黑人和拉丁裔家庭的資產普遍低很多，白人和亞裔的資產高出他們 8 ～ 12 倍，同時比起他們擁有房屋的比例也高出許多（白人和亞裔分別有 75％和 59％擁有房屋，西語裔和黑人擁有房屋者分別為 48％和 46％）。

種族差異的統計數據讓我傷心、也傷腦筋。

男女之間的差異也相當一致。女性主導的家庭財富淨值比男性主導的家庭少了 12％，女性平均比男性所得少了 20％。這一點也很讓人痛苦。然而，在教育方面，

家庭資產中位數價值（以年齡及教育程度區分）（2013年）

特徵	淨值	存在金融機構的資產	股票與共同基金	不計自用住宅的淨值
年齡				
35歲以下	$6,936	$2,330	$8,000	$4,138
35至44歲	$45,740	$2,800	$16,000	$18,197
45至54歲	$100,404	$3,500	$28,000	$38,626
55至64歲	$164,498	$4,650	$50,000	$66,547
65歲（含）以上	$202,950	$8,934	$73,300	$57,800
65至69歲	$193,833	$6,749	$62,000	$66,168
70至74歲	$225,390	$9,817	$75,000	$68,716
75歲（含）以上	$197,758	$10,001	$78,575	$46,936
教育程度				
高中以下	$5,038	$560	$28,153	$1,800
高中	$36,795	$1,500	$20,200	$9,380
上過大學	$36,729	$1,800	$20,500	$12,119
副學士學位	$66,943	$3,000	$21,000	$22,905
學士學位	$147,578	$6,900	$30,000	$70,300
研究所學位	$325,400	$15,500	$50,000	$200,071

資料來源：U.S. Census Bureau, Survey of Income and Program Participation, 2014 Panel. Wave1（available on line June 2017）.

家庭資產中位數價值（以擁有資產型態及種族區分）（2013年）

特徵	淨值	存在金融機構的資產	股票與共同基金	不計自用住宅的淨值
白人	$103,963	$4,600	$35,000	$34,755
白人（不含西語裔）	$132,483	$5,500	$37,500	$51,096
黑人	$9,211	$1,000	$9,000	$2,725
亞裔	$112,250	$7,600	$25,000	$41,507
其他	$13,703	$1,300	$15,000	$4,270
西語裔（任何種族）	$12,460	$1,380	$10,000	$5,839
非西語裔	$99,394	$4,500	$34,000	$33,699

資料來源：U.S. Census Bureau, Survey of Income and Program Participation, 2014 Panel. Wave1（available on line June 2017）.

女性比男性領先——這一點下文會有更多討論。

我們往往將股票市場的表現作為國家福祉的簡易指標。然而，股市投資的中位數水平接近於零。只有52％的美國人透過股票共同基金或自主的401（k）[5]或個人退休帳戶（IRA, Individual Retirement Account）擁有任何股票，而所得底層的80％美國人所擁有的股票、只占全體股票的8％。是的，所得居於前20％的人所擁有的股票，占了全體股票的92％。這代表股市上漲，讓富人能花更多錢、經濟更有活力所產生的財富效果，對一般美國人的受惠卻很低。

那麼什麼叫做「一般」？一般的美國人沒有從大學畢業，也沒有副學士學位。他或她可能上過一年大學或是高中畢業。她或他的財產淨值約為36,000美元——若是不包括房屋和汽車淨值，只剩下6,000美元左右——過的是「月光族」的生活。她或他的彈性儲蓄不到500美元，投資在股票市場的資產很少。這些是中位數統計，50％的美國人還低於這些水平。

如果你正在讀這篇文章，這可能並不吻合你的生活

---

5 401（k）退休福利計畫是美國在1981年創立的一種延後課稅的退休金帳戶計畫，聯邦政府將相關規定明訂在國稅法第401條K款之中，因此簡稱為401（k）計劃。美國的退休計畫有許多類，像公務員、大學職員是根據法例供應退休金，而401（k）只應用於私人公司的職員。

或你的朋友和家人的生活。你可能會感到震驚，但在統計上這竟然是完全合理。由於我過去幾年來的旅行和工作的經驗，我倒沒有那麼驚訝。

　　當就業機會由於科技進步而開始大量消失時，一般的美國人沒有太多退路可以依恃。

第四章
我們依賴什麼為生

　　我最近發了一封電子郵件給一位朋友大衛（David）安排會面。大衛回信時，也把副本傳給另一個收件人艾美・英格拉姆（Amy Ingram），我以為她是他的助理。隔不久，我收到艾美發給我的電子郵件如下：

艾美・英格拉姆 <amy@x.ai>1 月 12 日

安澤你好，
很高興替大衛安排你們的會面。
1 月 17 日（星期二）美東時間上午 8：30，方便嗎？
或者，1 月 17 日（星期二）下午 2：00，
或是 1 月 18 日（星期三）上午 10：30，大衛也可以。
大衛建議在布魯克林焙燒公司（Brooklyn Roasting Company）喝咖啡。它的地址是：紐約市布魯克林區傑街 25 號（25 Jay St,Brooklyn, NY 11201, USA）。

艾美
艾美・英格拉姆／大衛的機要助理
x 人工智慧公司（x.ai）—負責安排會議行程的人工智慧助理

　　我回覆後，從行事曆上得到邀請。隔了幾天，我才發覺「艾美・英格拉姆」是聊天機器人，而 x.ai 是一家科

技公司。大衛笑著告訴我，他曾經與某人安排約會，而對方也使用相同的服務，兩個機器人彼此反覆通過電子郵件敲定時間。

當然，助理所做的不僅僅是安排會議。他們起草信函、進行研究、提醒你最後期限、旁聽參加電話和會議也參與其他許多任務。但是，越來越多這一類任務將成為雲端人工智慧的領域。

長期以來，大家都以為機器興起會淘汰人類的工作只是科幻小說罷了。今天，這是我們所面臨的現實。雖然情況的嚴重性尚未達到社會主流，但是一般美國人已經深陷困境。由於自動化，許多美國人現在面臨失去工作的危險。這不是 10 年或 15 年之後的事，這是當下的危機。

以下是美國人就業工作的標準產業：

美國最大的職業群組（2016年）

職業群組	員工總數	占勞動力比例	平均時薪	中位數時薪
全部	140,400,040	100.00%	$23.86	$17.81
辦公室與行政支援	22,026,080	15.69%	$17.91	$16.37
銷售與零售百貨	14,536,530	10.35%	$19.50	$12.77
食物準備和服務	12,981,720	9.25%	$11.47	$10.01
交通運輸與貨品搬運	9,731,790	6.93%	$17.34	$14.78
生產	9,105,650	6.49%	$17.88	$15.93

資料來源：Bureau of Labor Statistics, Department of Labor, Occupational Employment Statistics（OES）Survey, May 2016.

全美國 1 億 4,000 萬勞動力當中有 6,800 萬人（占 48.5％）在這五大部門之一上班。現在這些勞工群組，每一個都會被取代。

文書和行政人員

這是最常見的職業群組。麥肯錫說，在行政管理部門常見的資料蒐集和處理的工作，有 64％～ 69％ 是可以自動化的。Google、蘋果和亞馬遜正在投資數十億美元開發人工智慧行政助理，它們可以取代這些工作。這些工作大多存在於大型企業，在下一次經濟衰退來臨時，它們將藉由軟體、機器人和人工智慧的組合取代部分員工。

文書和行政類別中有 250 萬個職位是客服人員。他們通常高中畢業就在客服中心上班，每小時薪資 15.53 美元，即年薪 32,000 美元。

我們都有過碰上語音識別軟體的不爽經驗，我們一再敲擊電話鍵，好不容易才有活人出現在線上對話。但是人工智慧的經驗即將改進到我們無法辨別差異的程度。現在有好幾家公司採用混合方式，將錄音與在菲律賓的員工結合，讓員工按鍵，這樣子就成為菲律賓人「打電話」給你，因為你聽到了預先錄製的語音，你以為你正在與母語人士交談。這就是所謂的「腔調除消軟體」（accenterasing software）。很快的，將變成由一個人工智慧敲擊鍵盤，而我們區分來自機器人和活人撥打電話的能力將會

消失。

　　羅布・洛卡希歐（RobLo Cascio）是「活人」公司（Live Person）創辦人兼執行長，公司替數千家企業管理客戶服務，他發明網絡聊天技術，是客服中心這一行的重要權威之一。「活人」公司剛開始替蘇格蘭皇家銀行（Royal Bank of Scotland）等客戶推出「混合機器人」，視客戶問題性質，由機器人和活人相互支援予以回答。羅布估計，依據現有科技，由客戶服務中心執行的工作有40％～50％已經成熟，可改用自動化。他預計將來會出現「自動化海嘯」，導致「數千萬工人陷入困境，就業前景黯淡……好幾代人會一直感受到經濟困難世代沿襲的衝擊波」。他指出，大多數受影響的人「屬於低收入階層，沒有時間接受重新訓練……也沒有積蓄可投資於再教育」。當一家取名為「活人」公司的執行長談到他這一行的人類員工的前景如此時，這是一個非常可怕的現象。

　　我遇到一位與某家主要金融機構合作的技術專家，他估計，這家銀行總部後勤系統30％的工作人員——超過三萬名員工——從事文書工作，把資訊從一個系統轉移到另一個系統，而他相信他們的角色將在未來五年內實現自動化。我與另一家銀行的朋友也有類似的談話，他告訴我，他擔任志工的舊金山無家可歸者收容所所收容的許多人過去通常擔任文書職務、現在這些職務已經不需要，而且他任職的銀行同樣大量削減後勤和文職工作。

有些人認為，每個人的工作只有一部分可能自動化。但是，如果你有一個部門雇用一百個文職人員，你發現他們50％的工作可以自動化，你會解僱其中一半，並告訴剩下的員工要調整。然後你明年還會再做一次。文書工作幾乎一向都是成本中心，它不是驅動成長的部門。隨著辦公室變得越來越自動化和高效率，辦公室和行政支援工作將有成千上萬會消失在雲端中。

銷售與零售百貨

大家都去過住家附近的 CVS 藥局，受到一台自助掃描儀的招呼歡迎。店裡只有一名員工，負責回答疑難雜症，但過去大多有兩、三個收銀員。這是仍存在的地方商店的情況——很多商店都已經關門大吉了。

美國工人大約 1/10 從事零售和銷售工作，其中 880 萬人從事零售百貨業的銷售工作。他們的平均收入為每小時 11 美元，即年薪 22,900 美元。許多人還沒有從高中畢業，但他們的年齡中位數為 39 歲，60％的的百貨商店工人是女性。

2017 年標誌著所謂「零售業啟示錄」（Retail Apocalypse）的開始。2016 年 10 月至 2017 年 5 月期間，十萬個百貨商店員工遭到解僱，這個數字超過全美國煤炭業員工的總和。《紐約時報》2017 年 4 月表示：「零售業的失業可能產生意想不到的社會和政治後果，因為大量

低工資零售業員工在經濟上頓失所恃，就像近幾十年製造業工人的遭遇一樣。」

華爾街分析師認為整個行業都處於不可投資的臨界線。數十家、很快就是數百家購物中心正在關門——因為它們的主力商店，如潘尼（JCPenney）、施樂百（Sears）（即將宣告破產）和梅西百貨（Macy's）關掉了數十個分店。最近宣布破產的連鎖店包括 Payless（4,496 家商店）、BCBG（175 家商店）、Aeropostale（800 家商店）、Bebe（180 家商店）和 Limited（250 家商店）。截至 2017 年，處於倒閉邊緣的業者包括 Claire's（2,867 家商店）、Gymbore（1,200 家商店），NineWest（800 家商店）、TrueReligion（900 家商店），以及在你閱讀這篇文章時可能破產或解散的其他業者。瑞士信貸（Credit Suisse）估計，2017 年將有 8,640 個主要零售點關閉，這是歷史上的最高紀錄，更超過 2008 年金融危機期間的巔峰數字。瑞士信貸還估計，2017 年將有 1 億 4,700 萬平方英尺（約 408 萬多坪）的零售空間關閉，這是另一個歷史新高。給大家當個參考，「美國購物中心」（Mall of America）是美國最大的購物中心，有 280 萬平方英尺的零售空間（將近 78,000 坪）；換言之，相當於 52 個「美國購物中心」將於 2017 年關閉，亦即每週關掉一個。

商業不動產公司 Costar 估計，2017 年全美國 1,300 個購物中心中約有 310 個處於高度風險，意即將失去一

家主力商店，通常這是購物中心業績急劇下滑的前兆。另一位零售業分析師預測，未來幾年將有 400 個購物中心失敗，其餘 900 個購物中心有 650 個只能勉強營業。以下是梅西百貨、施樂百和 K 商場（Kmart）預定在 2017 年關掉營業據點的地圖：

在成長過程中，我常到我家附近、紐約約克鎮高地（York town Heights）的購物中心閒逛。它代表當時我在商業、文化、自由、地位等等許多方面的最高點。我會先相中幾件衣服，然後等它們降價促銷時再去買，買一兩個東西讓我很快樂。不曉得是好是壞，我還常在購物中心遇到同學。對於這個國家而言，那個美好時光已經永遠成為過去式。

當一家購物中心關閉或價值調降時，對當地社區會產生許多不好的事情。首先，許多人會失去工作。每個購物中心關閉代表大約一千人失業。每人平均收入 2.2 萬美元，整個社區的薪資損失約為 2,200 萬美元。當地企業通常也會失去 300 個就業機會，它們是購物中心的供應商、或是出售貨品及服務給予購物中心員工的公司行號員工。

情況還會更糟。購物中心是區域預算的重要支柱之一。營業稅直接繳交到縣和州政府。不動產稅也是如此。當不動產大幅調降價值時，社區就會失去很大一部分稅收。這代表市政府預算縮減，學校預算削減，和地方政府工作員額減少。平均而言，一家梅西百貨商店每年營業額

施樂百、K商場和梅西百貨預定關店地圖（2017年）

約 3,600 萬美元。以目前的銷售稅和不動產稅稅率估計，關掉一家梅西百貨，州和縣政府將有數百萬美元的預算缺口要傷腦筋。

如果你曾經去過一個死去或垂死的購物中心，你就會知道情況既令人沮喪、又讓人毛骨悚然。這代表社區不能支持一個商業中心，而且可能是時候應該離開了。不只是你應該離開，垂死的購物中心成為犯罪的淵藪。孟菲斯（Memphis）地區一家沒落的購物中心，短短幾年內就舉報了 890 起犯罪事件。一位當地居民說：「購物中心停車場的汽車被宵小隨機撬開，沒有足夠的安全措施提供一家人在購物中心採購時所需的安全水平」。阿克倫（Akron）一個垂死的購物中心，有一名男子因為企圖竊取銅線，觸電死亡，另一名無家可歸的男子因為住進一家空置商店而

被判入獄。阿克倫市長最後指示居民，在購物中心成為拆遷目標之前，「遠離該地區」。

幽靈購物中心就是我稱之為負面基礎設施的一個例子。如果有商業活動，購物中心的實體結構具有巨大的價值；如果沒有，它很快就會成為社區的一個禍害。這讓我想起在它們淪於衰退谷底時，我第一次訪問底特律及其周邊郊區的記憶。你可以看到在這個曾經繁榮的經濟體中，人們生活的所有標誌——美髮沙龍、托兒所、咖啡店等。但是隨著經濟衰退，人們離開了，企業也關閉了，這些建築物、店面和住宅的價值從高度正值跌入高度負值。未使用的基礎設施迅速敗壞，也給予周遭環境一個黯淡的反烏托邦氣氛，就像殭屍電影場景一樣。但我很高興，自從2011年以來，底特律已經變得好很多了。

一直有人在努力以英勇的方式重新利用購物中心——把它改造為教堂、辦公園區、娛樂中心、醫療辦公室、體驗式零售店，甚至是公共藝術空間。聖安東尼奧市（San Antonio）郊區有一個巨大的購物中心，網絡公司Rackspace已經把它改造成為公司總部；去參觀它，實在太棒了。但是，相對於每一個成功的改裝，總有十個其他購物中心廢棄空置，並成為犯罪淵藪，降低周邊數哩範圍的不動產價值。

為什麼這麼多購物中心和商店關門？或許是開發商蓋了太多購物中心，但主要原因是電子商務的興起，特別

是亞馬遜的飛躍進展。亞馬遜現在控制全美電子商務總量的 43％，它的市值為 4,350 億美元。自從 2015 年以來，整體電子商務每年增長四百億美元，正在逼迫傳統零售業滅亡。亞馬遜剛買下了 Whole Foods，加快他們進入日常雜貨交貨的速度。我認識的大多數人都在亞馬遜上買很多東西。任何實體零售商幾乎不可能在價格上與亞馬遜競爭，因為亞馬遜不需要投資店面，只需要專注於建立高效率的送貨系統，並把最大量的商品送達客戶手中。

他們還有另一個優勢——亞馬遜甚至不需要賺錢。亞馬遜股票上市已有 20 年，經常沒有盈利。前幾年，一些金融投資機構注意到這個現象，開始賣空它的股票，並且說：「亞馬遜不賺錢。」亞馬遜創辦人傑夫‧貝佐斯（Jeff Bezos）的回應是，一年內停止投資任何新項目，衝刺獲利能力，結果看空亞馬遜股票的人賠慘了。現在，沒有人看空亞馬遜股票，它的股票價格超過每股九百美元，使得傑夫成為世界首富。傑夫每年都捐贈十億美元的個人財富給他的太空探險公司 Blue Origin。他的一位朋友向我開玩笑說：「有一天，我們要讓傑夫關心這個星球上發生的事情。」

亞馬遜以它強悍的競爭作法聞名，有些人甚至可能會說它的作法殘酷無情。2009 年，他們試圖逼 Diapers.com 走向談判桌，因此他們將尿布售價打折至血本無歸、沒人賺錢的地步。這一招奏效，他們不久後以 5 億 4,500

萬美元收購 Diapers.com。

我不認為傑夫‧貝佐斯刻意出手打擊各地購物中心。但是，仍有成千上萬的人受到亞馬遜等電子商務鉅子造成零售業衰退的影響，這些人包括購物中心的工作人員，喜歡在購物中心採買的人們，需要靠購物中心財產稅支付薪水的縣政府員工，購物中心附近的房地產業主等。進步的科技在我們周遭炸開了大洞，數百個社區將會受到影響，這些大洞擾亂每個社區數千個家庭的生活和生計。受害者可能是勞動力市場中最弱的一環——零售業工作人員的薪資低於大多數其他行業的工人，而且通常缺乏大學學位。他們能往哪裡去？

不僅僅是購物中心受到衝擊——到處都可以看到小商店和餐館關門。很可能你現在就看到居家和工作的地方附近有不少空蕩蕩的店面。

《紐約時報》2017 年 4 月言論版刊登一位經濟史學家撰寫的文章，題目為「主街神話」（*The Myth of Main Street*），它詳細介紹紐約州北部及其他地區城鎮零售業陷入衰退的困境，並就員工如何針對新的經濟現實重新調整，提出一些建議：

主要街道……存在，但是僅能做為奢侈的消費體驗……如果解決人口從農村流出的答案是將每個人變成軟體工程師，那就沒有希望了……今天，拜互聯網之賜，美

國小城市第一次可以從華爾街（以及一般的大城市）取回資金。譬如，透過像 Upwork 這樣的全球自由兼差平台，農村和小城鎮的美國人可以利用他們已經具有的能力和才智從世界任何地方找到工作。一位接待員可以從她在紐約手指湖（Finger Lakes）的家中，歡迎舊金山的辦公室訪客。透過像 Etsy 這樣的電子商務網站，阿帕拉契山區（Appalachian）的木工可以創造客製化商品，銷售到世界任何角落。

　　我認為，這篇文章是針對一般建設性思維的一個很好的總結。它認識到零售業即將萎縮，樂於揭穿荒謬的「讓每個人變成程式工程師」的想法，因為這只對於極小一部分失業工人才具有實現的可能。不過，如果你深入研究作者對工人的另類建議，它們同樣不切實際，只能說是由沒有實際嘗試過的人所提供。Upwork 主要是在全球範圍內為開發人員、設計師和創意人員尋找工作。要求來自美國小城鎮的零售業工人登錄上網，並且在上面找到工作，這是假設他們有技能可以兜售、招攬工作。這些全球平台上有人從海外提供服務，即使是大學畢業生，也只索價每小時四美元。要在這些平台上找到工作，需要具有很強的競爭力，收入並不高，也沒有任何福利。

　　舊金山的辦公室要麼使用 iPad，要麼雇人擔任接待員。在數百哩之外的小城鎮，它們不需要用人類擔任其

化身。在 Etsy 上銷售木製作品是一種僅適用於少數人的事情，也不太可能養活你一家人。平均而言，賣家來自 Etsy 的收入僅占其家庭收入的 13％，用意只是增補傳統工作的收入。Etsy 有 41％的賣家專注於他們的全職工作，透過配偶或夥伴獲得醫療保健；39％的人依賴聯邦醫療保險或醫療補助（Medicare or Medicaid），或其他由國家資助的計畫。

零售商店垂死的城鎮的某些工人，有可能會在電腦上找到瑣碎的工作，譬如電話推銷員、電話賣春接線員，為中國小孩教英語，或是當圖像分類員，幫助培訓人工智慧。不過，這並不是一個前途遠大的工作——長途距離、低技能的工作最受自動化影響，並且客戶會競相尋找最低價的提供商。以前大多數零售業員工至少還有不必離家太遠，能與同事和顧客交談，獲得商店折扣，以及身屬社會成員的好處。

甚至一些善意的評論家都建議這是越來越不可行和薄弱的謀生方式，其原因在於，他們陷於傳統的思維中，還抱殘守缺的認為「人們必須將他們的時間、精力和勞動換成金錢」為唯一的生存之道。你絞盡腦汁尋找答案，實際上根本沒有答案，勉強餬口和匱乏模式正在煎熬越來越多的人。我們該放棄的第一件東西就是死守舊思維。

食物準備和服務

這是美國第三大主要職業，中位數時薪為每小時十美元，即年平均薪資為 23,850 美元。這個行業大多數工人沒有上過大學。食品服務和食品準備業工作人員遭到立即替換的危險，雖然不會像客服中心工作人員和零售業工作人員那樣迫在眉睫。家庭餐館的作業方式不會太快改變，食品服務業員工一般薪資也相當便宜，因此更替他們的誘因並不大。餐飲業面臨逆風是因為許多地方的人流量減少，更多人在辦公桌邊吃午餐，競爭激烈，中等價位餐館減少，以及像 Blue Apron 這樣送餐到府服務流行所致。但是人們預計餐飲業的前景比起傳統零售業好。

不過，變革也正在醞釀之中。我在舊金山與一位風險投資家朋友共進早午餐。她告訴我一個重要的故事：「有一家公司帶著一種軟體產品來見我，這種軟體可以更有效的安排速食店員工在多個工作地點輪值上班。任何一位員工都可以在鄰近幾個分店之間進行最佳分配。這似乎是一個好主意。但是，我拜訪了幾家速食業者，請教他們是否會使用這種軟體時，他們的反應是：『我們沒有要更有效的安排員工排班出勤。我們要的是完全取代他們。』所以我沒有投資那家公司。反過來，我投資幾家使用機器人和送貨系統製作冰沙和披薩的公司。」

她不是唯一這麼做的投資家。現在舊金山某個大廳裡有一個機械化咖啡師，它的名字叫戈登（Gordon）。

您可以發簡訊預訂咖啡，並且這種機器人幾乎可以在大多數地點設置。我試過一次，美式咖啡很可口，價錢比星巴克便宜了約四成。戈登提供咖啡更有效率、更便宜，同時品質不差，甚至超越真人咖啡師特調的產品。每天早上，當你上班快要遲到，你只想要趕快拿到一杯咖啡，這些優點將變得非常有價值。戈登首次亮相後，星巴克被迫發表聲明，公司並未計劃更換旗下 15 萬名咖啡師。

有些員工會比其他人員更容易取代。譬如，我們都喜歡速食店得來速窗口的效率，不介意這種消費方式的人際互動很有限。事實上，美國 50 ～ 70％ 的速食交易是透過得來速窗口——麥當勞是我們大多數人都熟悉、過去也都喜歡的速食店。每家分店有一至二名工作人員通過擴音機接收客戶點餐——他們戴著那些很酷的耳機。未來五年內，許多分店的這些工作人員將被軟體取代。股票公開上市交易的速食連鎖店將最積極調適，採納提高效率作法，因為它們具有規模、資源和每季要最大化股東投資報酬率的收益壓力。麥當勞剛宣布一項「體驗未來」的計畫，一出手就是預備在 2,500 家分店撤換掉收銀員。麥當勞前任執行長表示，大規模自動化即將來臨。他在替目前普遍速食業員工時薪 8.9 美元辯護時說出：「要跟花時薪 15 美元雇用一個效率低的員工把薯條裝進袋子裡相比，花 3.5 萬美元買一隻機器人手臂便宜太多。」機器人手臂只會變得更便宜、更有效率，而速食業工資卻只升不降。目前大

約有四百萬人在速食業工作。

如果你最近經過機場，可能已經注意到有些餐廳已經用 iPad 取代服務人員。Eatsa 是一家新近開業的連鎖餐廳，它有一整排 iPad 供你輸入訂單，然後又有一系列儲物櫃，你可以循號碼從裡頭找到你點的食物。它們已經擺脫了所有的前台工作人員。Eatsa 最近被評選為餐飲業最具影響力的品牌之一，它將繼續存在下去。少數幾家連鎖店只要願意咬緊牙關，就享有不需要勞工的效率，其他人很快就會跟進。麥肯錫估計，73％的食品準備和服務活動是可以自動化的。

在生產端，你現在可以使用 3D 印表機在五分鐘內製作熱披薩，還可以根據特定訂單製作客製化披薩。BeeHex 的機器人號稱「3D 大廚師」，將於今年稍後一些特定主題公園和體育場中亮相。就像機器人咖啡師一樣，3D 大廚師比起真人廚師動作更敏捷、更乾淨、更可靠，只需要一個人就可以操作機器，它可以在一分鐘內調配好組合物，並且放下醬汁和餡料，很顯然它的味道不錯。再也不需要有人在後頭烤箱邊製作披薩，有些公司最近推出了堪稱是「裝上車輪的」機動披薩店，它們在前往你指定地點的途中，使用特殊的卡車製作披薩，以滿足你的訂單需求。

最後一哩路，華府特區和舊金山已經出現配送食品的機器人。它們基本上是裝在車輪上的冷藏盒，以大約

一美元的價格將食物送到你家門口。華府特區已經正式核准自動駕駛機器人在人行道上行走，一家名為 Starship Technologies 的公司已經部署大約 20 台機器人，它們已經熟悉華府特區的地形。這些機器人將消除掉對許多送貨員的需求。

我的朋友傑夫・祖羅夫斯基（Jeff Zurofsky）已經經營一家連鎖三明治店好幾年。他對我說：「我們最大的營運問題是，有時候員工神隱、沒來上班。我們付出比最低工資高出許多的薪資，但是員工的可靠度卻仍一再重複的出現問題。」

由於成本低和產業分散，食物準備和服務工作的職缺將在未來一段時間內保持相當大的數量。但是從根本上說，大多數工作都是高度重複性和可以自動化的。有豐富資源的公司將會繼續試驗新方法以求降低成本，隨著時間的推移，我們會看到許多餐館的工人越來越少。另外，隨著區域經濟的衰弱，這些地區的餐館將會掙扎求生、然後關閉。

文職工作、零售工作和食物服務工作是美國最常見的工作。每個類別都處於嚴重危險之中，將會急劇萎縮。然而，它們還不是最令人擔心的行業。自動化故事中最重要的一項工作——即使是最頑固的觀察者也感到害怕的——是第四項工作類別：貨品搬運——也稱為卡車駕駛。

第五章
工廠工人與卡車司機

　　過去幾年你若是沒有注意到製造業就業機會已經大量消失，你一定是睡著了。2000 年，美國仍然有 1,750萬個製造業工人。然後，數字從懸崖上下墜，暴跌至不足 1,200 萬人，直至 2011 年才開始略有回升。

美國製造業就業情況（1970～2017）

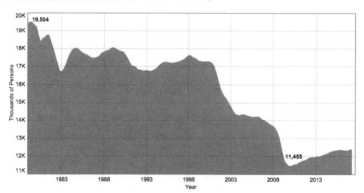

資料來源：Economic Research, The Federal Reserve Bank of St. Louis.

　　2000 年以後，超過五百萬製造業工人失業。流失的就業機會，超過 80%——即四百萬人——是由於自動化造成的。男性占製造業工人的 73%，因此這對工人階級

的打擊特別沉重。美國大約 1/6 的工齡人口男性現在脫離勞動力市場，這是已開發國家中最高的比例之一。

這五百萬工人怎麼了？一個樂觀的經濟學家可能會想像他們找到了新的製造業就業機會，或者為了不同的就業機會進行再培訓，重新學習新技能，或者他們可能搬遷到另一個州尋找更加綠色的牧場。

但實際上，他們當中許多人離開了勞動力隊伍。2012 年勞動部的一項調查發現，2009 年至 2011 年間，41% 被汰換的製造業工人在失去工作的三年內仍然失業或者退出勞動力市場。印第安那大學的另一項研究發現，在 2003 年至 2014 年期間，印第安那州 20 萬名流離失所的運輸設備和初級金屬製造工人中，有 44% 在 2014 年之前完全沒有工資紀錄，這段期間只有 3% 在印第安那州的公立學院或大學畢業。研究指出，「很少人回到學校，而且似乎滿少人會利用政府許多幫助失業工人的計畫」。

由於工廠變得更加先進和自動化，仍然存在的製造業工作需要更多的教育和技術技能。2000 年以後，擁有研究所學位的人在製造業就業的人數增長了 32%，儘管此一部門的整體就業人數急劇下降。當然，正如我們所看到的，大多數人沒有研究所學位，甚至沒有學士或副學士學位，而且盼望許多人獲得這些學位並不符合現實。

「經濟創新集團」（Economic Innovation Group）執行長史蒂夫‧格里克曼（Steve Glickman）說：「經濟衰

退導致僅靠一個產業的城鎮——尤其是那些嚴重依賴工業或製造業經濟的地方——大規模消退。我們要問：他們即將遇上什麼情況？而我們十分震驚的發現，在美國這些地區出現新企業、成為新雇主的機率甚低。」

四成的製造業失業工人沒找到新工作，他們如何生存呢？簡短的回答是，許多人變成一窮二白，申請殘障福利。從 2000 年開始，殘障人數暴增，增加了 350 萬人，俄亥俄州、密西根州、賓夕法尼亞州和其他以製造業為主的州增加之勢特別兇猛。在密西根州，自 2003 年至 2013 年期間離開勞動力隊伍的 31 萬名居民中，約有一半申請殘障福利。許多流離失所的製造業工人基本上陷入一個新的底層階級，跟不上社會，依賴政府存活。

**工作年齡層人口受雇就業和領取殘障保險補助之比例
（1994～2015）**

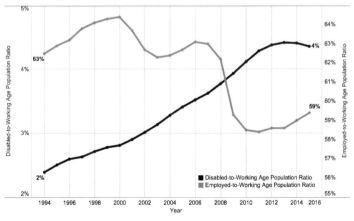

資料來源：U.S. Bureau of Labor and the Social Security Administration.

這是卡車司機失業時會發生什麼狀況的一個很好的指標。卡車司機的平均年齡為 49 歲，94% 是男性，他們通常是高中畢業生。駕駛卡車在 29 個州是最受歡迎的工作——全美國有 350 萬名卡車司機。

自動駕駛的卡車已經在全球各地出現。自動駕駛卡車於 2017 年在內華達州和科羅拉多州已經成功完成交貨任務。澳洲力拓集團（RioTinto）擁有 73 輛礦區自動卡車，每天 24 小時運輸鐵礦石。歐洲在 2016 年出現第一批自動駕駛卡車車隊穿越大陸。2016 年，Uber 以 6 億 8,000 萬美元收購自動駕駛卡車公司奧圖（Otto），目前雇用五百名工程師來完善這項技術。Google 則將集團旗下自動駕駛汽車公司 Waymo 獨立出去，它正與大型卡車製造商戴姆勒（Daimler）和富豪（Volvo）合作開發自動駕駛卡車。

馬文創業投資公司（Maven Ventures）的風險投資家吉姆·薛恩曼（Jim Scheinman）曾經支持自動駕駛卡車和汽的新創公司，他表示，自動駕駛卡車將在自動駕駛汽車之前大量出現，因為高速公路駕駛已經非常容易。高速公路是大貨車的領域，其複雜程度遠低於城市地區，交叉路口較少，道路標示更清晰。圍繞著貨運卡車的經濟誘因遠遠高出一般客用車。

摩根史坦利（Morgan Stanley）估計，自動化貨運每年節省燃料費用（350 億美元），降低勞動力成本（700

億美元），降低事故損失（360 億美元），提高生產力和設備利用率（270 億美元），效益高達驚人的 1,680 億美元。這是一個非常高的誘因可以讓公司要求司機回家吃自己——實際上，付給司機年薪四萬美元，請他留在家裡別來上班，業者每年仍然可以節省數百億美元。

改用自動駕駛卡車不僅可以節省數十億美元，而且還有可能挽救數千人的性命。根據美國公路交通安全管理局（National Highway Traffic Safety Administration）的統計，2014 年全美涉及大型卡車的車禍造成 3,903 人死亡，另有 11 萬人受傷。九成以上的事故部分可歸咎駕駛員的過失。七個致命事故中大約有一個是駕駛員疲勞所致。我們許多人初學開車時，被教導在高速公路上要避開卡車，這是有原因的。

因此，採用自動駕駛卡車的誘因非常巨大——每年可以節省數百億美元，又可挽救數千人的性命。它們是如此之大，以致於人們可能會認為就國家競爭力和人類福祉來說，越快發生越好。另外還有些小誘因：許多貨運公司宣稱勞動力短缺，他們找不到足夠的人願意接受數百個小時坐在狹窄空間裡、要求極大體力又極度辛苦的工作。卡車司機每年要離家 240 個晚上，住在卡車停靠站和汽車旅館裡，每天花 11 個小時在路上奔馳。肥胖、糖尿病、吸菸、活動不足和高血壓是常見的狀況。一項研究顯示，88% 的司機至少有一種慢性病危險因子。

然而，許多人會主張保留卡車司機，因為他們意識到如此大量又未受過太多教育的男性工人快速失業，會出現極大的問題。

即使只讓全美 350 萬名卡車司機中的一小部分人失業，也會產生既遠又大的漣漪效應。我們無法再誇大卡車司機對全美各地區經濟的重要性。多達 720 萬名勞工在各地卡車停靠站、餐廳、汽車旅館和其他企業，服務卡車司機的各項需求。全美各地有超過 2,000 個卡車停靠站，每天為卡車司機提供專門的旅舍、餐館、雜貨店和娛樂中心之服務。假設每個卡車司機每年在路上僅花費 5,000 美元（每週約 100 美元），折算起來對各地社區的經濟影響將達到 175 億美元。除了數十萬個人額外失業之外，許多社區可能因為每天沒有數千名卡車司機經過，失去一種「目的」感。譬如在內布拉斯加州，每 12 名工人中就有一名——共 6 萬 3,000 名工人——在卡車運輸業工作，或為其提供支援。

卡車司機沒有看到這個趨勢發展。實際上，2017年彭博委員會詢問卡車司機他們對自動化即將取代他們的工作有多擔心時，他們幾乎一致表示不關心。但我可以向你保證，自動化現象正在出現中。伊隆‧馬斯克（ElonMusk）最近宣布，特斯拉（Tesla）將於 2017 年底推出一款貨運卡車。馬斯克還宣稱，到 2019 年，所有新款特斯拉汽車都將是自動駕駛。馬斯克宣稱：「你的車

子會送你去上班，然後它會去載送其他人，整天幫你賺錢，直到下班時間再來接你。百分之百，這將會發生。」很顯然，特斯拉的卡車最後將與該公司的汽車具有相同的自動駕駛能力。其他自動駕駛汽車公司也提出類似的時間進度表，2020 年將是大規模採用的第一年——並不只是卡車司機處於危險之境。有一家主要的共乘公司的一位高階主管告訴我，他們的內部預測，到了 2022 年，公司半數乘載將由自動駕駛汽車提供服務。這有可能影響到美國約 30 萬名的 Uber 和 Lyft 司機。

取代卡車司機將是自動化和人類工作者之間最引人注目、最鮮明的戰場之一。公司可以用最輕微的暴力和爭吵來淘汰客服中心工作人員、零售業店員、速食業員工等人的工作。但是卡車司機可不然。

目前，聯邦政府已經表示，只要任何一州允許自動駕駛汽車上路，它都會核准。有一份產業報告指出：「（聯邦）交通部正在全力支持自動駕駛汽車的開發，以提高我們的道路安全……」2016 年，卡車運輸業花費 910 萬美元用於遊說，俄亥俄州政府已經承諾投入 1,500 萬美元在哥倫布郊外建立一條 35 哩長的高速公路，用於測試自動駕駛卡車。亞利桑那州、加利福尼亞州和內華達州都已經開始在他們的州內允許自動駕駛汽車上路試驗，其他州也將跟進。

卡車司機和這個行業會反擊嗎？回溯到 1950 年

代，卡車司機已經高度工會化了，大卡車司機工會（Teamsters）的侵略性成為傳奇故事。但如今，只有大約 13% 的美國卡車司機加入工會，90% 的卡車運輸行業由擁有十輛或以下卡車的小型企業經營。大約 10% 的卡車司機、35 萬人是擁有自己卡車的個體戶；貨運公司一直在推動司機購買或租賃自己的卡車以減少經營成本。

影響將分階段發生。首先，自動駕駛卡車將配備活人司機以防萬一。這種技術將使卡車司機每天在路上奔馳可超過目前的 11 個小時，因為司機在這一段長時間內可以休息和做其他事情。這將提高卡車和設備的生產力，並可能隨著薪資幅度的變化，降低卡車司機的薪資。下一階段將出現卡車車隊，其中前導卡車配備司機，其他自動駕駛車輛跟隨在後，以此降低了風阻和燃料成本。在行程的最後十哩，司機才在市區外的休息站停下卡車。

隨著這個行業變得越來越自動化，卡車司機到了某一時間點將會意識到，更高效率的運載行程、加上對勞動力的需求降低，他們的整體就業機會將大大萎縮。那些有其他選擇的人會趕快逃離這一行，但是對於許多人來說，他們在卡車司機之外的工作機會很有限，而且他們也心知肚明。許多人是退役軍人，大約 5% 打過海灣戰爭（Gulf War）的老兵、八萬人在 2012 年從事交通運輸工作。他們有強烈的自豪心理，卻又陷入絕望。35 萬個購買或租賃自有卡車的美國卡車司機失業、生氣時，會發生什麼狀

況？35 萬人當中只要有人出頭振臂一呼，可就不得了了。你不需要太豐富的想像力，就可以假想大規模的抗議會阻塞高速公路，扼殺經濟命脈，並造成嚴重破壞。

　　一般估計這個情勢將發生在 2020 年到 2030 年之間──不到兩年後就要開始了。

第六章
白領工作也會消失

以下是 2017 年一篇關於史穆克（J.M. Smucker）果醬公司收益報告的文章：

過去一個月史穆克的每股盈餘估計將下跌

過去三個月的每股盈餘，市場普遍估計已從 1.25 美元下跌。分析師預計，本會計年度每股盈餘為 5.75 美元。繼季度營收 13.7 億美元的一年後，分析師預計本季度營收將同比下降 1% 至 13.5 億美元。今年度營收估計為 59.3 億美元。

第四季度營收同比下降，打破了連續三季度的營收增長。

公司過去八個季度一直有盈餘，而在過去的四個季度中，獲利同比平均增長 16%。公司最大進步出現在第三季度，獲利增長了 32%。

注意到這篇文章有什麼特色嗎？它的文體不會贏得任何獎項，但卻是完全可以理解的。事實上，這篇文章是由人工智慧編寫的。

「敘事科學公司」（Narrative Science）為富比世（Forbes）製作了數千份盈餘預覽和股票現況更新，並為體育網站實時提供精彩的體育故事。公司的機器人不會因為任何調查報導贏得普立茲新聞獎，但是在未來幾年，人

工智慧製作的寫作，其品質將從尚可進步到非常好——那些編撰這一類例行故事的記者會發現他們的工作越來威脅越大。

我們往往認為自動化將取代藍領工人的工作，這些工作涉及基本的、重複性的技能，事實恐怕比這更複雜。重要的類別不是白領與藍領，或甚至是認知技能與手工技能，真正的區別是例行性與非例行性。所有行業的例行性工作是最會受到人工智慧和自動化威脅的工作，但是隨著時間的推移，更多類別的工作將會受到影響。執行例行性活動的醫師、律師、會計師、理財顧問、交易員、新聞記者，甚至藝術家和心理學家，在未來幾年都會受到自動化技術的威脅。某些需要受過高等教育始能勝任的工作，實際上是最有可能過時的工作。其中一些受到威脅的工人，如投資顧問，在支持自動化科技的獲利增長潛力後，可能會驚訝的發現自己處於「人為刀俎、我為魚肉」的地位。

我有個朋友是哥倫比亞大學的放射科醫師。他告訴我一個故事：他的科主任最近被邀請參加奇異公司舉辦的人類與電腦比賽判讀患者照片的示範。奇異公司邀請具有數十年經驗的醫師參加，他們都是各自專業領域的頂尖人士，看看這些醫師是否比起電腦，能夠更有效的依據放射科照片診斷出腫瘤。

你猜是誰贏了？

電腦輕鬆獲勝。事實證明，軟體程式可以「看到」

人眼看不見的照片上的灰色陰影。電腦還可以利用數百萬張照片進行比較，與最有經驗的醫師相比，它的參考範圍要大得多。

我們正在進入一個超級智慧電腦的時代，可以採用任何複雜的數據庫——每個法律案例、放射科照片、資產價格、金融交易、精算表、臉書上的「讚」、顧客評分、簡歷、面部表情等——將它們綜合，然後以絕大多數情況下最聰明的人的方式執行任務並做出決策。如果認為這不會大大改變組織的工作方式以及人們的就業，就是不懂公司的運作方式。公司收取報酬執行某些任務，不是非得雇用很多人。雇用大量人員越來越意味著你落後於時代。

我在 1999 年開始職業生涯時，曾短暫擔任公司法律師。我在世界頂級的律師事務所之一的大衛・波克暨瓦德威（Davis Polk and Wardwell）掛牌。當我們被分配任務時，第一件事就是尋找我們系統中最相似的交易先例。我們曾經開玩笑說，我們所做的是在契約中「尋找並更換」條款。

在我們認為的高端專業工作中有很多重複性的動作——我稱之為智力手工勞動（intellectual manual labor）。醫師、律師、會計師、牙醫師或藥劑師經過多年的培訓，然後在略有不同的變化中反覆做同樣的事情。大部分的培訓是將我們社會化成能夠長時間坐下來、並且能夠持續可靠的做事和操作的人。我們穿了制服——白袍

或西裝。我們得到了市場的高度報酬——薪水不少——並且因為積累我們的專業知識和實踐經驗，受到尊重和服從。

基本上，我們經過培訓、準備好變得更像機器。但是我們永遠不會像真實的機器那麼好。

美國聯邦準備理事會將大約 6,200 萬個就業機會

勞動市場的變化（1983～2016）

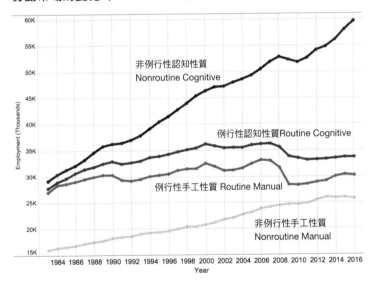

資料來源：The Federal Reserve Bank of St. Louis.

歸類為例行性工作——約占全部就業機會的 44%。聯準會稱這些中等技能工作的消失為「工作極化」（job polarization），意味著我們將剩下低端的服務性質工作和

高端的認知性質工作，兩者的職缺都很少。這種趨勢與中產階級的消失，以及令人吃驚的所得不均高度密切相關。

消失的工作有一部分歸因於電腦的計算能力和人工智慧的驚人發展。你可能聽說過摩爾定律（Moore's Law），即電腦的計算能力呈現指數增長，每 18 個月將倍增。

我們很難理解長時間下來指數增長會是什麼狀況。

摩爾定律示意圖

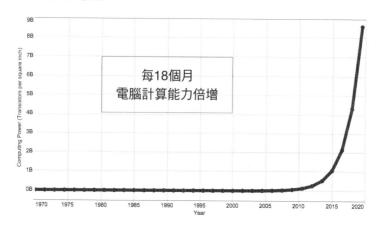

以 1971 年福斯金龜車（Volkswagen Beetle）的效能為例子。如果根據摩爾定律推進，這種車子在 2015 年將能夠達到時速 30 萬哩的行駛速度，並且每加侖汽油可以跑 200 萬哩。這就是電腦計算能力發展的情形。過去 50 年，人們不認為摩爾定律能夠持續，但它的確如此演

進，而電腦持續變得更加聰明。英特爾、微軟、Google和 IBM 都在投資量子電腦——把資訊儲存在亞原子粒子（subatomicparticles）的電腦——這將在未來多年延續摩爾定律。

我們現在正見識到不可思議的快速、又強大的電腦之崛起。當 IBM 的電腦「深藍」（Deep Blue）在 1996 年擊敗了世界上頂尖的西洋棋大師時，人們嘖嘖稱奇，但是並沒有留下不可磨滅的深刻印象。西洋棋這種遊戲有非常大量、但仍有一定限制的動作和可能性，如果你有足夠的計算能力，你可以預測所有下一步可能的步驟。

圍棋則是另一個故事了。圍棋是中國一種具有三千年悠久歷史的遊戲，理論上有無限量的步數。為了擊敗世界上最好的圍棋選手，除了純粹的計算之外，人工智慧還需要使用類似判斷和創造力的本事。2015 年，Google旗下 Deep Mind [6] 擊敗全世界最上乘的圍棋高手，然後在 2017 年再次與其他世界冠軍對決。圍棋冠軍看了 Deep Mind 的戰略，認為它使用以前從未見過的動作和戰術。

新型人工智慧正在興起，可以完成我們現在認為的

---

6 譯注：Deep Mind 是 2010 年成立於倫敦一家人工智慧科技公司，2014 年被 Google 收購。它所開發的人工智慧圍棋軟體 AlphaGo 在 2016 年全球爆紅，擊敗一群世界頂尖圍棋高手。Go 是日文「碁」字發音轉寫，西方人以此稱呼圍棋。因此有人將 AlphaGo 譯為阿爾法狗。

智能和創造性的大部分內容。你也可能聽說過「機器學習」這個術語，它是人工智慧的應用程序，你可以讓機器訪問數據並讓他們自己學習最佳方法。機器學習的功能特別強大，因為你不需要規定確切的動作和路線。你訂定指南，然後人工智慧開始綜合數據，做出選擇和建議。機器學習的一些早期應用包括標記圖像，過濾垃圾郵件，在文檔中找出關鍵字，偵測信用卡欺詐的異常狀態，推薦股票交易和其他有規則可循的任務。

機器學習通常與你聽過的另一個詞語 ── 大數據（Big Data）── 聯合在一起使用。由於數位革命，我們現在可以獲得的資訊遠比歷史上任何時候都多，而且新資訊呈現指數增長的速度。有一項估計表示，過去兩年創造的數據比人類整個歷史所創造的數據還更多。譬如，我們光是在 Google 上每秒鐘就執行四萬次搜索查詢，加總起來一年就高達 1.2 兆次搜尋，每次搜尋都代表一條新的資訊。到了 2020 年，地球上的每個人每秒鐘將創造大約 1.7mb 的資訊。

這些資訊絕大部分很瑣碎平凡 ── 一個人在 Instagram 上點擊朋友的照片之類的。但重點是，在大量新數據中，會有非常有用、可據以行動的資訊。作家瓦‧哈拉瑞（YuvalHarari）設想有一個世界，根據對你上網數據的分析，人工智慧可以告訴你應該選擇哪個人結婚。已經有大量資金投入，試圖處理所有資訊──據估計，一

家典型的《財星》一千大企業藉由提升 10% 的數據使用量，每年可以多賺取 6,500 萬美元，而目前可用數據只有 0.5% 經過分析和使用。另外一項估計是，醫療保健系統若是改善數據之使用，每年可以節省 3,000 億美元——即每個公民每年可節省一千美元。

利用大量數據的行業——如金融服務業——已經在轉型，以便善於利用新功能。金融業從許多方面來說天生適合自動化，它們的工作具有高度重複性和邏輯性，它們的公司富有、又極力追求效率，它們的文化重視高度競爭力。

Betterment 成立於 2008 年，是一家自動化投資服務公司，到了 2017 年，它所管理的資產超過 90 億美元。憑藉較低的手續費和自動化的投資決策，Betterment 及其競爭對手 Wealthfront 在很大程度上取代傳統的財務顧問。英國《金融時報》說：「年輕的客戶不想要、也負擔不起與顧問每年碰面一次討論新興市場、債券或結構性產品相對利弊。他們要的是簡單的指導和 24 小時的接觸……他們不想從辦公室獲得建議，他們要的是一個應用程式。」根據估計，到了 2020 年，全球由機器人顧問師管理的資產將猛增至 8 兆 1,000 億美元，72% 40 歲以下的投資者表示，他們覺得與虛擬顧問一起工作很放心。

紐約證券交易所的交易大廳過去有 5,500 名場內交易員忙進忙出。現在只剩下不到 400 人，因為大部分交易

工作都被運算交易演算法的伺服器接管了。你在 CNBC [7] 上看到的那些場景不是紐約證券交易所，而是芝加哥商品交易所，他們才有足夠的人出入讓背景看起來很壯觀。高盛（Goldman Sachs）2000 年在紐約證券交易所有 600 名交易員，到 2017 年只剩兩名，另由 200 名電腦工程師支援。2016 年，金融服務公司 StateStreet 的總裁預測，在未來四年內，他的 3 萬 2,000 名員工中有 20％會因為自動化而失業。主要的投資銀行已經採用一個名為「見性」（Kensho）的新人工智慧投資者平台，它負責原本由投資銀行分析師根據全球事件和公司資料撰寫詳細報告的工作──Kensho 營運不到四年，價值已有五億美元。有了 Kensho，原本由受過高等教育、年薪 25 萬美元的人花 40 小時才寫成的一份報告，現在幾分鐘之內就可以完成。因此，彭博社報導，華爾街在 2016 年達到「人類最高峰」，現在則逐步減少就業機會，今年大多數主要銀行都裁員即證實了這一點。

美國保險業雇用 250 萬人圍繞著處理資訊，也特別適合採用自動化。麥肯錫預測，保險業員工將全面大幅減少，尤其是它的作業和銷售代理部門，估計到 2025 年整

---

7 譯注：CNBC 英文全名 Consumer News and Business Channel（消費者新聞及商業頻道），是美國一家通過有線電視、衛星電視和網際網路覆蓋北美地區的財經新聞頻道，隸屬 NBC 環球新聞集團（NBC Universal News Group）。

體就業人數將減少 25%。這將代表全美各城市的白領工人要減少數十萬人。

會計師和簿記員也岌岌可危。有位會計師說，他原本是每小時計費，已經轉成收取每月固定費用，因為雲端會計軟體可行自動進行簿記工作，突然間，他再也不必花時間在這上面。美國有 170 萬名簿記會計和審計員，還有 120 萬名會計師和審計師，簿記員和一般職員的工作已經開始消失。會計師勇敢的談論如何轉移時間為客戶提供財務策略方面的建議。我過去曾經雇用六位會計師，其實大多數時候你只是要報稅而已。

即使比較多涉及於文字、而非數字的職業也存在風險。勤業眾信（Deloitte）2016 年的一份報告預測，法律部門 39% 的工作將會自動化，而且這一行業應該預期在未來十年內會出現「深刻改革」。特別是，預計法務助理和法律祕書會被取代，並且由於許多律師事務所會把工作外包或進行合併，也就是這個行業的整體就業人數將會萎縮。我在 1990 年代末期進入法學院念書時，人們認為當律師是一個安全的職業。如今，法學院培養出來的畢業生人數超過市場需求，需要他們服務的市場正在萎縮。我的一位朋友經營一家人工智慧公司，它可以為大型公司自動化處理基本的訴訟工作——如例行回應、申報和文件審查，因此公司不需要聘請許多菜鳥律師。

我和一家全球法務作業處理公司的創新長克里夫·

杜敦（Cliff Dutton）碰面，他描述人類律師審閱一箱又一箱的法律文件時只有60%的準確率。我記得自己年輕剛出道時審閱文件——即使我努力集中注意力，幾個小時後眼睛也會茫然。相較之下，人工智慧軟體已經接近85%的準確率，而且比一個律師團隊的速度還快得多。

比起律師，醫師更需要通過多年的艱苦培訓和實作才積累他們的專業知識、智慧和決定。然而，我請教一位上過麻省理工學院和哈佛大學的尖端醫師朋友，他認為有多少醫療實作可以透過自動化進行。他說：「至少有80%是『食譜』。你只要做你知道你應該做的事情。大多數醫學行為不需要太多的想像力或創造力。」

我和一位技術專家坐下來，預測哪些醫學行為最成熟、可以自動化作業。他的回答是放射學（前文已經討論過）、病理學（非常相似）、家庭醫學（執業護士[8]，或甚至外行人可以在人工智慧的幫助下處理大多數問題）、皮膚病學（類似理由）和其他幾個專業。他還談到他認識的外科醫師如何享用機器人輔助的手術工作，因為它大幅提高他們的視角和看東西的能力，而且機器人自動解決了

---

8 譯注：執業護士（nurse practitioner) 是指接受過教育和培訓，可以提供保健服務、急慢性病診療服務的高級執業註冊護士。執業護士有能力處理急慢性的生理和心理疾病。在從業範圍內，執業護士有資格診斷疾病、下醫囑、採取進一步措施、開藥，針對許多不同急慢性疾病做出轉診決定。

不可靠的動作，譬如顫抖的手。此外，那些接受訓練的學生可以在不進入手術室的情況下看到所有東西，外科醫師也可以在事後檢討他的手術過程。

我請教他，醫師是否有可能從遠方進行外科手術。他回答說：「最終是可行的。現在醫生仍會在附近，而且遠距離數據傳輸的滯後仍然可能導致延遲或落後。」儘管如此，他認同機器人輔助的手術很快能讓一位頂尖的外科醫師有能力在全世界進行手術。這也意味著你可以「記錄」手術經過以及外科醫師做出的所有細微決定。有了這些數據，將來人工智慧可以分析成千上萬的手術，知道在每種情況下應該做些什麼。第一次機器人人工植牙——沒有人為干預——2017 年 9 月剛在中國舉行。機器人進入口腔，安裝兩個由 3D 印表機印出來的新牙。機器人超級外科醫師可能在一個世代之後出現。

大多數人認為人類在涉及需要創意的工作（如繪畫或音樂），以及需要細緻、敏感的人類互動（如治療）的工作時，總是優於人工智慧。事實上，Google 的神經網絡（neural network），一個模仿人類「思考」的電腦系統製作出來的藝術品——譬如下一頁這幅畫——很容易讓人誤以為是人類的作品。你還可以上網聽由軟體程式艾瑪士（Iamus）製作的交響曲，許多聽眾發現這類作品演奏時，無法辨別它和人類的作品有何差異。你不妨 Google 一下艾瑪士製作的 "Adsum"。

治療大概將是最後一個被自動化取代的領域。你如果這樣想，那就錯了。由美國國防部資助的南加州大學研究人員在2016年創造了一個人工智慧治療師，命名為「艾莉」(Ellie)，用於治療退伍軍人的「創傷後壓力症候群」(Post-Traumatic Stress Disorder, PTSD)。艾莉出現在視頻上，提出具有安撫作用的問題和回應。艾莉測量語音和面部表情，試圖確認士兵是否需要向人類輔導員另外尋求治療。初期的研究令研究人員相當鼓舞，它顯示士兵經常感覺跟一個明顯的人工治療師吐露心聲，比跟真人說話，心情輕鬆許多。艾莉的目的是輔助人類治療師——但是你很容易想像，她會在兩次會談之間與患者接觸，並且花更長時間傾聽。

我13歲的時候，不得不先拔掉四顆牙齒準備戴上牙套。我對這件事其實還挺興奮的，因為我看到我爸爸的牙

齒，心想「不管怎樣，不能有像他那樣的牙齒」。我記得
去看牙醫時，心想不知道他會採用什麼樣的魔法來拔牙。
其實也沒什麼魔法——古德曼醫師只是把鉗子放上第一顆
牙齒，然後猛拉猛扯把它拔掉。第二顆牙挺頑固的，他不
得不更換好幾次位置——我記得他還把腳放在我胸前，然
後猛力一拔。

我走出診所時，心想：「哇，牙醫必須要很強壯才
能做事呀！」可是，我的下巴痛得要命。

我講這個故事是因為，通常我們公認的智力工作和
手動工作之間界限往往並不明確。外科醫師是受過最高訓
練、薪資最高的醫師之一，把人體臟器切開可不是一件小
事。可是，他們這份最高價值的工作大部分是靠手工和機
械操作。我的外科醫師朋友經常遠離打籃球這類的活動，
因為他們擔心會傷到他們的手指頭或雙手。

有些工作也許不會因為有可以取代它們的新技術出
現就消失。自動化在醫學上能進展多快，主要取決於法規
和許可。目前，在沒有醫師或藥劑師執照的情況下所做的
很多事情是違法的。這很可能是一個技術創新遠遠不能立
即實施的領域，因為醫師們會起而抗拒，而他們是一個非
常強大的遊說團體。即使證據顯示人工智慧已經大有改
善，他們還是會爭辯，對於病患而言，再也沒有任何比受
過高度訓練的真人醫師更有益。有些病患也可能更願意讓
一個真人醫師看診，不過，我也懷疑這種偏好會隨著時間

的推移而消退。

　　人工智慧真正要變得具有廣泛智慧還是有許多障礙——一位神經科學家將今天的大多數系統描述為，在某一項特定任務中比人類表現得更好，可是在其他事情上卻比兩歲嬰孩還不如。儘管如此，我們對超出電腦能力範圍的概念即將改變，有很多白領和創意工作可以自動化。在新創公司，當我們不確定答案是什麼時，我們對於該怎麼做有一種說法——「把資金投入到問題上」，很快的，所有問題的答案都是：「把人工智慧投入到問題上」。

　　如果你認為你的工作安全，不會受到電腦威脅，你可能最終還是錯了。在未來十年，工作的目的和性質即將發生很大的變化。問題是除了越來越少人有工作這個事實之外，究竟是什麼在推動這個變化。

第七章
人性與工作

　　我曾經出過一次重大車禍。當時我 20 歲，晚上從普羅維登斯開車到波士頓拜訪我哥哥。我開著我們家的本田舊雅歌（Accord），當天夜裡下著雨，當我靠近波士頓時，全速前進的高速公路終點變成了紅綠燈，我注意到我前面的車離我太近的時候已經來不及了，我猛踩剎車，輪胎開始尖叫，但我仍然狠狠的撞上前面那台車。前方車輛後半部的 1/3 被我撞凹，我的舊雅歌前面也被撞扁了，像手風琴一樣折疊起來。我狠狠的向前衝，雖然被安全帶扣住，但我嚇壞了。

　　幾秒鐘後，我下了車，走向前方的車。「大家都沒事吧？」面對一輛撞壞的汽車讓我感到畏縮，還好沒有人受傷——車上有三個人，年紀比我大不了多少，他們也很震驚，但是沒人受傷。他們沒有生氣，我多次道歉，覺得自己像個 A 級大混蛋。

　　我們看著其他車在雨中駛去，但我們必須等候警車和拖吊車。我們聊了一下，不知道我們的車是否有救。等了大約 30 分鐘，但是感覺就像好幾個小時之久，我坐上拖吊車的乘客座前往修車廠，等我哥哥過來接我。修車廠

關閉,所以拖吊車司機離開後,我就站在雨中的人行道等候,兩手捧著頭,沮喪極了。

我記得這個晚上,還有部分原因是因為那天稍早,我和我的大學女朋友吹了——或者應該說是她要和我分手。當時一般人流行在大學時期交男女朋友。那天我很沮喪,前往波士頓找我老哥訴苦。可以肯定的說,當時我的情緒狀態導致我注意力分散,甚至可能是我從背後撞人家的關鍵因素。

我們的人性使我們與眾不同。人是我們生命中最重要的方面。

也就是說,我們的人性特質可能讓我們不能永遠是理想的司機、輔導員、服務員、銷售人員、服務台工作人員等。司機失去了注意力。輔導員打破守密。服務人員情緒不對,很粗魯。銷售人員有偏見,有不恰當的言行。服務台工作人員感到無聊等等。人做為一個人與人做為一個工人,兩者之間存在著巨大的差異。前者是不可或缺的。後者可能不是。

哈拉瑞在《人類大命運》(Homo Deus)中講得很有道理,我們的計程車司機可以仰望天空,思索人生的意義,聽到歌劇眼淚潸然而下,而且通常會做一百萬件機器人司機無法做到的事情。但是當我們坐進他的車子時,這些事情絕大部分跟我們不相干。通常我們寧可靜靜坐著,

不想交談。我知道我偶爾會因為這樣覺得對不起司機大哥。

新經濟有一個共同主題是，女性比較能夠在成長領域和服務經濟的機會有突出表現，包括培養和教導其他人，而這些都是最難自動化的活動。傳統上，男性主導的工作，如生產製造、倉庫上下貨架和卡車駕駛等是最容易的。我聽過女性說：「男人為什麼不去做點調整，承擔比較『女性化』的角色？」這句話說起來容易，做起來可難多了，而且我不相信因為市場需要，就要求人們違反本性，是正確的回應。市場並不關心什麼事情對我們最有利——試圖改造人性以滿足其需求，可能不是答案。在其他方面，有一些重要的倡議，要讓更多女性進入技術和金融等目前仍然由男性主導的高薪工作領域。。

我曾經創辦過幾家公司，特別喜歡建立一支快樂並熱忱從事工作的偉大團隊。換句話說，我認為很多人不僅高估人類工作的品質，也低估雇用人類的缺陷。

以下是一部分的清單，列舉出一些因素使人們成為不完美的工人，管理上必須耗費相當心神：

- 人們通常需要一定程度的訓練。
- 我們通常做得越久要求越多。
- 我們需要休息。
- 我們需要醫療保健，有時候必須由你付費，而且我們可能有非常特別的需求。

- 我們會生病。

- 我們對我們正在做的事情需要有成就感。

- 我們有時候諸事不順。

- 我們無法很精準的，數百萬次都以完全相同的方式去做同樣的工作。

- 我們有家人，希望有時間跟他們相處。

- 我們有時候工作表現差，會被解雇。在這種情況下，通常我們要求拿到遣散費，否則會讓老闆不好過。

- 我們會覺得無聊。

- 我們有法律保護。有時候我們會控告我們的雇主。

- 我們會士氣低落、沒有生產力。

- 我們需要 15 至 20 年的養成階段才有生產能力，然後我們在生命的末端最後 10 到 15 年沒有生產能力。我們經常希望你能付錢照料我們的退休階段，以及撫養孩子的費用。

- 如果我們其中一個人發生了不好的事情，其他人都會注意到。

- 我們偶爾會互相騷擾或睡到一塊兒去。

- 我們要睡覺。

- 我們有時候不誠實，甚至會偷竊。

- 我們有時候會辭職，另謀高就。

- 我們會看到一些事情。我們也會分享資訊。

- 我們之中有些人會吸毒。
- 我們會受傷和殘廢。
- 我們並不可靠，有時候會改變主意。
- 我們有時候會在工作時偷懶休息一下。
- 我們有時候會組織起來，爭取靠自己未必能拿到的各種各樣好處。
- 我們有時候會做出錯誤的判斷，可能傷害到公司的品牌。
- 我們有社群媒體帳戶。
- 我們期待假日能夠休息。
- 我們可能會離婚，或者結束一段關係，這讓我們傷心、失去生產力。
- 我們可能會向記者爆料。
- 你不能把我們賣給另一家公司。
- 我們並沒有保固。
- 我們的軟體通常很不容易升級。

我在本書的開頭，引用台灣富士康公司創辦人郭台銘將人類與動物做比較的一段話。他將 30 萬台機器人引進他的工廠，以補充他組裝生產蘋果產品所需的百萬名員工，有部分原因是前兩年有 14 名富士康員工自殺。相形之下，機器人不會感受到情緒，也不會感到沮喪。

自動化浪潮來襲，有部分原因在於，如果你唯一的目標是完成工作，那麼處理人比處理機器更棘手。承認這

一點並不是壞事——這是尋找解決方案的必要步驟。它可能會促使我們更深入思考是什麼使人類更有價值。

值得考慮的是，實際上人類是否最適合許多形式的工作。另外也不妨反過來想：大多數形式的工作對人類而言都是理想的嗎？換句話說，如果我們不善於某類工作，工作對我們就好嗎？

伏爾泰（Voltaire）寫說：「工作可以阻擋三大壞處：無聊、惡習和需要。」對於大多數人來說，完全沒有工作顯然是件壞事。長期失業是目前可能發生在一個人身上最具破壞性的事情之一——幸福水準下降，再也無法恢復。一群德國研究人員在 2010 年進行的研究顯示，長期下來，就人生滿意度而言，失業比喪偶或永久性受傷產生的傷害更加嚴重。加州大學柏克萊分校的公共衛生教授勞夫·卡塔拉諾（Ralph Catalano）表示，「長期失業會導致地位喪失，全身不舒服和士氣消沉，這種情況會出現在身體上或心理上。」

從另一方面來說，大多數人實際上並不喜歡他們的工作。根據蓋洛普（Gallup）調查，全球只有 13% 的工人說他們能夠投入他們的工作。在美國，這個數字略好一些，2015 年有 32% 的人表示他們能投入他們的工作。不過，這意味著超過 2/3 的美國人每天上下班只是迫於家計，勉為其難。

喜劇演員珠兒·卡蕾（Drew Carey）說：「哦，你

討厭你的工作？你為什麼不說出來？你可以找到一個支援小組為你打氣呀，它叫做『每一個人』，他們會在酒吧見面。」我們大多數人都在努力尋找我們會感到興奮的工作，特別是如果我們有財務目標和壓力需要滿足的話。即使我們其中的成功人士，也往往得做出許多妥協，學會隨時間的推移更有效的調整適應。當你遇到一個真正喜歡他的工作的人時，你應該記住，因為這種事太稀有了。

人性與工作之間的關係涉及到金錢，彼此存在負面關係。最人性化，很自然就會吸引人的工作和角色，往往不用錢或幾乎不必付錢。母親、父親、藝術家、作家、音樂家、教練、老師、講故事者、養育者、輔導員、舞蹈家、詩人、哲學家、記者——這些角色通常是無償的，要麼就是薪水太少，以致在許多環境中難以生存或茁壯成長。其中許多角色具有高度積極的社會影響力，卻被市場忽視。

另一方面，最賺錢的工作往往是最機械性的。公司律師、技術專家、金融家、交易員、管理顧問等都具有很高的效率。越能夠將人性淹沒在市場邏輯的人，所得到的報酬就越高。在美國，對工作高度投入已經是大家的共識，一個受過良好教育的美國人比起 30 年前的美國人的工作時間更長，連晚上和週末都可以透過電子郵件找到他，即使其他已開發國家的工作時間已經下降。最近的蓋洛普調查顯示，每十名美國人中有四人每週工作超過 50 個小時。

當然，情況也不是都如此；直到 1980 年，美國人的工作週數實際上變得越來越短。著名的英國經濟學家約翰‧梅納德‧凱因斯（John Maynard Keynes）在 1930 年曾經預言，鑒於生產力和進步的持續增長，到 2030 年時，西方人的生活水平將提高四倍，每週將只會工作 15 個小時。他對生活水平的判斷是正確的，但是對工作時數的預測卻不然。與此同時，有大量研究顯示，許多我們正在做的工作並沒有真正增加價值，我們其實可以減少工時但仍保持大部分生產力。

　　愛荷華大學歷史學家班哲明‧亨尼克特（Benjamin Hunnicutt）認為，如果收銀員的工作是一種電腦遊戲，我們會稱之為完全不用頭腦、是有史以來最糟糕的遊戲。但如果它被稱為工作，政客們就會稱讚它是有尊嚴和有意義的差事。亨尼克特觀察到：「目的、意義、身分、實現、創造力、自主性等被積極心理學證明是幸福所必要的所有這些東西，在一般工作中卻是不存在的。」今天絕大多數工作只是生存的手段。沒有它們的結構和支持，人們在心理上和社會上、財務上，乃至於在身體上都會受到傷害。

　　工作是否對人類有益，有一部分取決於個人的觀點。我們不喜歡它，我們幾乎都認為工作太多。但是如果沒有它，我們又不知道該如何自處。奧斯卡‧王爾德（Oscar Wilde）寫道：「工作是給沒有更好的事情可做的人的避難所。」不幸的是，這可能描述出絕大多數人的情況。

我們必須克服的挑戰是，人類需要工作，遠超過工作需要我們。

第八章
常見的反對意見

　　我曾經與全美各地不同背景的人士進行數百次對話，討論自動化對勞動市場的影響。我最常聽到的疑問是：「如果發生這種情況，我們會不知道嗎？」人們對美國經濟正在發生的狀況搞不清楚，也抱持懷疑態度。很多人只想要相信在他們眼前看到的東西，或者他們從有黨派立場的網站和社群媒體中聽到的東西，這些東西強化了他們當前的想法。人們很難相信在數百哩外的科技公司園區裡、尤其是密閉的大門後正在發展的事情。

　　在我們繼續閱讀本書的下一部分，並探討未來可能發生的事情之前，我想處理我常聽到的一些問題。

「害怕工作會消失，不就是人們三不五時會談起、類似農業革命和工業革命這一類的話題？它們老是錯的！」

　　的確，農業從業人員從 1900 年占勞動力的 40%，到 2017 年只剩 2%，然而我們在這段時間內卻不僅生產更多的食物，還創造了許多不可思議的新工作。工業革命之後，服務業的就業機會也的確以許多無法預見的方式倍數增加，並吸收絕大部分的勞動力。人們在 19 世紀敲響自

動化將會破壞工作的警報——盧德主義者在英格蘭摧毀紡織廠是最有名的歷史故事[9]——另外在 1920 年代和 1960 年代也屢屢出現警報。但是它們總是不太靠譜，過去凡是押注反對新工作的運動總是出錯。

那為什麼這次會不同呢？

基本上，涉及的技術更加多樣化，並且在更多的經濟部門中、以比起以往任何時候都更快、更廣泛的推行。大型農場、拖拉機、工廠、裝配線和個人電腦的出現，雖然個個都是勞動力市場的一件大事，但是比起人工智慧、機器學習、自動駕駛車輛、先進機器人、智慧型手機、無人機、3D 列印、虛擬和擴增實境、物聯網、基因組、數位貨幣和奈米科技等的革命程度低了一些。這些變化影響了許許多多可雇用數百萬人的行業。而且變化的速度、廣度、影響程度和性質，比起之前的任何變化都要大得多。

的確，這將是勞動力市場第一次無法有意義的適應和調整。但是美國聯邦準備理事會前任主席班‧伯南奇（Ben Bernanke）在 2017 年 5 月表示：「你必須務實的認識到，人工智慧與內燃機在『質』的層面上不同，因為人類的想像力、創造力、社會互動，這些東西是因人而異

---

9 譯注：盧德主義者 (Luddites) 是 19 世紀英國民間反抗工業革命、反對紡織業機械化生產的社會運動者。他們常常毀壞紡織機具，這是因為工業革命運用機器大量取代人力勞作，造成許多手工工人失業。後世遂將反對任何新科技的人稱做盧德主義者。

的，不能透過機器複製。但我們現在不僅收銀員、連外科醫生都可能部分被人工智慧給取代。」2017 年彭博社有一項調查，58% 的跨業種專家一致同意「這次革命實際上是不同的」這一說法。勞動力市場的斷裂將是前所未有的嚴峻，而且這個共識有增無減。

經濟學家似乎特別傾向認為一切都不會有問題。人們引用工業革命做例子說：「我們以前聽過這些恐懼，一直可以上溯到盧德主義者。但是，新的工作總是會出現。」有一種幾近神奇的無知躲在謙卑的背後，有人說：「我們不知道新工作將會是什麼樣子。它超越了人類的智慧，要去猜測它們是傲慢的。我只知道它們會出現。」通常情況下，認為一切都不會有問題的人會犯下我稱為「建構性制度主義」（constructive institutionalism）的罪行——他們總是埋頭做事，認為船到橋頭自然直。

在我看來，這是推諉責任，不看現實，不做判斷。歷史重演，直到它演不下去。沒有人有誘因發出警報，因為這樣做可能會使你看起來沒受過教育，而且對歷史一無所知，甚至可能是負面和刺耳的。

但是在目前的案例下，你會是正確的。

直到現在，從來沒有比人類更聰明的電腦出現過。與汽車本身的發明相比，自動駕駛汽車是一種不同類型的大躍進；大數據即將取代人類的判斷力。這類例子不勝枚舉。這就好像投資時得到的警告——有時候，過去並不代

表現在或將來的最佳指標。

　　還有一點很重要，你應當要記住：工業革命期間，情況相當艱難；在美國，大概在 1870 年至 1914 年之間，第一次世界大戰之前的工廠和裝配線吸收數百萬名工人。當時發生相當大的動盪，為了應對動亂，國家的角色隨著改變。工會於 1886 年興起，推動增加工人權利、每週工作 40 小時，以及確定養老年金。由於鐵路罷工造成 30 人喪生、及 8,000 萬美元的損失——相當於今天的 22 億美元，政府於 1894 年正式訂定勞動節做為國定假日 [10]。美國開始廣設高中；1910 年，美國只有 19% 的青少年在中學念書，18 歲的高中畢業生只占青少年的 9%；到 1940 年，73% 的青少年上過高中，一般美國人都有高中畢業學歷。婦女的選舉權運動在 1920 年取得成功。社會主義、共產主義和無政府主義都是重要的政治運動，革命的氣息不斷。即便你完全依賴歷史經驗，由於技術進步，勞動力資源的變化，你預期將出現很多衝突和變化。

「勞動力市場不是只適應新的現實，人們會轉向其他工作嗎？」

　　我在大學裡，學到了有效的資本市場假設：股票市

---

10 譯注：美國的勞動節訂於每年九月的第一個星期一。過了這個長週末，各級學校新學年度開學，一般也視之為秋天的開始。

場價格反映了所有可取得的資訊，長期而言，試圖打敗市場是不可能的。現在，大多數投資專業人士都認為，鑒於以下這些發展——金融危機、行為經濟學的興起、某些避險基金的成功，以及證券公司投資數百萬美元以便能夠更快的、搶先其他交易員通過交易所，這是非常不正確或至少是不完整的說法。

一般也都假設勞動力市場同樣具有高度調整功能。換句說，如果有人被解雇或他們的工作變成自動化，他們會找到一份合適的新工作。我們很多公共政策都圍繞著這個假設在做，這也是從根本上就不正確的思維。

對於在強大市場中的高素質和有才能的人來說，勞動力市場是可以無縫銜接的。如果你是矽谷一個偉大的程式設計師，你幾乎可以過馬路就到另一家公司取得另一份高薪工作。你可能還會獲得幾位不錯的獵人頭公司顧問幫助你跳槽，以便賺取你年薪的 12 ～ 15%，做為介紹費。

如果你的資歷和才能越低，你身處的當地經濟越不繁榮，情況可能就越難預料。如果你是剛關廠的工人或商店銷售人員，附近其他工廠或商店恐怕也沒有增長，因此沒有適合你的職位空缺。一旦你離開市場，情況就會特別嚴峻，失業一段時間的人會失去信心和技能。研究顯示，如果你沒有受雇達六個月，雇主會認為雇用你是種冒險。萎縮無力感很快的就會傳染下去。那些休假回家帶小孩子的女性，即使受過高等教育，也往往很難恢復巔峰狀態。

就業市場充滿摩擦，我們都知道這是現實。然而，我們的政策卻假設有個夢想世界，人們可以不斷的跨州移動，知道有什麼工作，有積蓄可以支撐待變，對選學校能做出明智決定，有無限的彈性，並且會遇到能理解的雇主，可以賞識他們的優點。多年來我雇了數百人，對於一般人來說，上述狀況沒有一項是真的。

「好吧，我可以相信舊工作會消失，但是難道不會有我們無法預測的新工作會取代它們的位置嗎？」

每項創新都會帶來新的機遇，而有些則難以預測。自動駕駛汽車和卡車將帶來改善基礎設施的需求，因此可能需要一些營造業的工作。隨著時間推移，零售業的衰退可能會使無人機飛行員更有需要。數據的激增已經使得數據科學家成為一個熱門的新工作類別。

問題在於，新工作幾乎肯定出現在和現有工作不同的地方，並且會比那些消失的工作還要少。它們通常需要比這些失業工人更高的教育水平。要讓失業工人遷移、找出需求、獲得技能和填補新角色的可能性很小。

我們不妨看看零售業。有人可能會說：「商場和商店街關閉沒有大礙啊，因為你仍然需要倉庫工人和卡車司機來送貨，也得有網頁設計師為所有的電子商務店面服務呀。」然而，所有的新角色仍然可能遠離購物商場和其他人口中心。長期下來，倉庫工人將被一些監督和操作倉庫

機器人的技術人員所取代，送貨司機將由少數物流專家取代。我們可以慶祝加州郊區新雇用兩百名機器人監督員，孟斐斯增聘一百名物流專家，以及西雅圖多了 50 名網頁設計師，然後說：「嘿，我們不知道我們需要這 350 名受過大學教育的人——太棒了！」與此同時，將會有五萬名失業的零售業員工在他們不斷縮小的社區中尋找機會、卻一再落空。

當報紙開始從紙本出版品轉為網路發布時，人們抱怨：「我們就好像拿美鈔換數位硬幣。」這就是即將發生在工人身上的事情。我們將在其他地方雇用五或十名大學畢業生，來取代一百名高中畢業生。

問題不在：「是否有我們沒有預測到的新工作即將出現？」當然有的。真正的考驗是：「是否有數百萬個新工作在靠近受雇者目前居住的地方，提供給低技能、低教育水平的中年人？」

對於非技術人員而言，最接近的增長機會是轉任居家醫療照護助手，可是對大多數人來說這並不適合——原本的卡車司機不會為了幫老奶奶洗澡而感到興奮。這其實也是一項待遇很糟糕的工作。平均而言，居家照護助手每週工作 34 個小時、平均薪 2 萬 2,600 美元。1/4 的人生活在聯邦貧困線以下的家庭之中，許多人自己沒有醫療保險。這個領域的人員流動率很高——有些估計每年高達 60%。在過去幾年中增加最多新工作的十個職業中，個人

照護助手的收入次低、僅勝過速食業員工。

　　「輔助專業人員醫療照護中心」[11] 發言人丹妮・畢碧（Deane Beebe）說：「有些人稱這是死胡同的工作。這是非常艱苦的工作。它很消耗體力——它是所有職業中受傷率最高者之一，而且它們在情感上也很消磨人；這是親密的工作，這也是孤立的工作。」

　　如果居家照護助理是我們未來就業的答案，那我們麻煩就大了。

「政府應該提供教育和再培訓計畫，幫助員工過渡到新的工作崗位。」

　　理論上，這是很棒的主意，而且會引起美妙的回應。

　　實際上，研究顯示，目前實行的再培訓計畫往往顯示效果不彰。最近最大的努力在過去 15 年圍繞著製造業工人著手。「貿易調整援助」計畫（Trade Adjustment Assistance, TAA）是聯邦援助製造業失業工人的一項計畫，針對這項計畫的研究發現，與對照組相比，計畫參與者在四年內獲得的收入較少，尤其老年工人的效益特別低。「數據政策研究中心」（Mathematica Policy

---

11 譯注：「輔助專業人員醫療照護中心」（Paraprofessional Healthcare Institute,PHI）是紐約市一個非營利組織，致力於改善對老人及殘障個人的長期照護和支援，另外也致力改善提供這些服務的人員之工作品質。

Research）[12]的一項獨立分析比較接受貿易調整援助計畫輔助者與獲得傳統失業救助的工人，發現接受貿易調整援助計畫的人收入低於接受常規失業救助的人，而且接受過特定工作培訓的人中，只有37％實際從事該行業。針對密西根州「不遺漏工作者」計畫（No Worker Left Behind）進行的類似評估也發現，1/3 的工人在參與計畫後沒有找到任何工作，並沒有大大低於另一項研究中所顯示、被遣散工廠的工人的 40% 失業率。

遭克萊斯勒汽車公司遣散的工人馬爾・史蒂芬（Mal Stephen）接受政府補助 4,200 美元，在一個私人培訓中心完成課程後，在一次訪談中發表評論。他說：「我修完課程一年後，仍然沒有找到符合我技能的工作」，而且「〔政府資助的再培訓計畫〕只是這些廉價小學校的一種賺錢方式，每個人都在騙錢。」51 歲的史蒂芬，在公家出錢上課 16 週後拿了一張電腦技能和商業數學的證書。其他工人也描述新的營利性學校，素質可疑，提供針對遭遣散工人的再培訓課程，但功效甚微。採訪史蒂芬的社會學家形容他和其他遭遣散工人經歷所謂「學習的虛構故

---

12 譯注：「數據政策研究中心」（Mathematica Policy Research）是一家政策研究組織，辦公室遍布紐澤西州普林斯頓、麻薩諸塞州劍橋、伊利諾州芝加哥、密西根州安娜堡、華盛頓州西雅圖和加州奧克蘭。它替美國及國際公私機構進行計畫評估、政策分析和解讀、調查設計及數據蒐集、成效評鑑和數據管理。

事，以便他們可以把它放在簡歷上，然後國家可以把他們當做已經再培訓，就不管他們了」。

這是一個人能夠獲得教育福利時的狀況；2010年密西根州「不遺漏工作者」計畫有好幾萬人在排隊等候上課，但不久這項計畫就停止接受新人申請。對密西根州幾十名遭遣散工人的一項研究顯示，只找得到一個人願意接受政府再培訓計畫付錢同時他會去上課的人；其他人則被拒絕了再培訓的補助。原因很多，譬如時間已經超過太久了；他們想選修的課程開在其他州；教材沒有受計畫支持；或者課程之間有暫停、可是計畫要求再培訓必須連續進行。有人則說，他們無法確定他們可以獲得什麼補助，然後被告知將他們的名字留在名單上，可是從此就沒有下文。

對大量失業工人進行再培訓且成功，需要大量的假設證明此一說法是正確的。政府需要能夠識別一系列行業的失業工人，並且擁有支付大規模再培訓的資金和適應個人情況的靈活性。每個失業工人都要有能力也有意願在有需求的領域接受再培訓。政府需要在第一時間就能有效的向成千上萬個人傳播訊息的方式。工人需要從相關課程或學校中實際學習新的、能推銷出去的技能。最後，這個地區還要有新雇主，他們願意雇用大量新培訓出來的中年工人，而不是只要年輕工人。

所有上述情況只適用於部分被汰換的勞工，但是對

大多數人而言並非如此。現實情況往往是失業工人在鳳凰城大學 13 或其他營利性教育機構中花費政府公帑、或害自己債台高築，只為拚命保有再就業的能力。

我們應該 100% 投資在再培訓成功的員工身上。但是我們也應該知道，即使我們知道正在發生勞工大汰換的情況，我們的歷史紀錄也非常糟糕。期望在一系列行業消失、出現大量失業員工後再有效的培訓他們，恐怕是一廂情願的思維，而不是政策所願。

「如果就業機會已經消失，難道不會反映在失業率上嗎？」

不一定，因為失業率並不衡量你認為它應該衡量的東西。

截至 2017 年 9 月，美國的失業率僅為 4.2%，接近 2008 年經濟危機以來的最低水平。這聽起來很棒，經濟學家們也正在討論非常樂觀的「充分就業」狀況，意即一個經濟體能替勞動市場中的人提供盡可能多的就業機會。

---

13 譯注：鳳凰城大學（University of Phoenix）總部設在亞里桑納州鳳凰城，全美有兩百多個校區，是一家營利性質的成人高等教育學校。它提供一百多項發予證書、副學士、學士、碩士、甚至博士學位的課程。2017 年，學校的母公司阿波羅教育公司（Apollo Education）被私募基金公司「阿波羅全球管理公司」（Apollo Global Management）收購。2010 年全盛時期，學校號稱學生 47 萬人。2016 ～ 2017 學年度也有近 12 萬名學生。

問題在於失業率的定義是，勞動力中有多少人正在找工作、卻找不到工作。它不考慮因為任何原因退出勞動市場的人，譬如因傷殘不能就業、或是根本就放棄尋找工作的人。如果你氣餒、不論任何理由都不再找工作，你不會被視為「失業」。失業率也沒有計入「低度就業」[14] 的人——也就是如果一個人具有大學學位，卻擔任咖啡師或其他不需要大學文憑的角色。保守派經濟學家尼克・艾伯施塔特（Nick Eberstadt）表示，它「不再能夠當作一個可靠的預測因素，來預測有多少人或多大比例的人不工作——或者說，有多少人在工作。」

　　失業率就像向參加派對的每一個人查問派對進行得好不好。它沒有計入那些根本未被邀請來參加派對的人、或是來不了的人。它也沒有考慮到在派對上有些走錯房間、相當不痛快的人。

　　不再列入勞動力市場、並且已經停止尋找工作的美國人，比例已經達到了數十年來的新高。目前有創紀錄的 9,500 萬個工齡人口的美國人，也就是整整有 37% 的成年人不在勞動市場當中。2000 年，這種人只有 7,000 萬人。

　　這種變化有一部分可以通過人口統計學來解釋——

---

14 譯注：學理上低度就業（underemployed）包括：想找全職工作、卻找不到，只好擔任兼職工作；或是「大材小用」，員工的技能和學位超出工作所要求。

目前有更多的學生和退休人員。但是仍有 500 萬美國人脫離目前想要工作的勞動力隊伍，這些人未被計入失業率。歷史新低的勞動參與率，以及比較廣泛的指標（譬如包括低度就業在內的「U-6」率等）都顯示出高度的勞動力汰換和勞動力市場的不健康全，特別是對於年輕工人不利。紐約聯邦準備銀行最近衡量大學畢業生的低度就業率，得出的結果是 44%。

2017 年 5 月的 U-6 失業率為 8.4%，幾乎是標題數字的兩倍。U-6 率是一個更具相關性的衡量標準，過去十年處於 9% 到 16% 之間。

失業率是一個非常誤導的數字，我們應該停止依賴它，除非同時討論低度就業率和勞動參與率這兩個數字。

「如果我們正在經歷科技革命，難道不會看到生產力提高的出現嗎？」

你可能沒想過這件事，但它是經濟學家和學者們一直在爭論的問題。我們的想法是，如果運用技術和更少的人力做出更多的事情，我們會看到生產力的飆升。實際上，生產力已經下降了很長一段時間，以致於有人會說關切自動化造成失業問題其實是過當了。

我們有一些可能的解釋。一個是生產力指標是向後看的；譬如，生產力的指標現在顯示自動駕駛車輛為零，直到數萬輛自動駕駛車輛出現在路上才會變動。然而，可

以相當肯定的是，自動駕駛車輛的時代即將到來。我們不是鴕鳥——我們可以環顧四周，對未來做出合理的預測。依靠測量結果來告訴我們發生了什麼事情，就像等到暴風雨來臨才要關船艙一樣。

另一個可能的原因是，低生產力數據實際上反映出過多的勞動力在尋找工作。《經濟學人》的萊恩・阿文特（Ryan Avent）提出一個理論，即技術創造了大量的人力和機器的勞動力供給，當公司面臨低勞動力成本和低成長環境時，對新技術的投資較少，導致較低的生產力增長。這顯示我們處在一個雇主面臨創新誘因不足的環境中，因為雇用人員非常便宜。

譬如，我們不妨想像一下，如果多年下來，我發明一部能夠完成 10% 美國工人工作的機器。在這段時間內失業率會飆升 10% 嗎？不會的，因為被汰換的工人必須繼續工作才能養活自己，因此只要有任何工作機會就會接受，他們會壓低工資，造成生產力低下。這也會造成工廠較低的誘因進行自動化以取代勞動力及降低勞動參與率。這是對於我們現在所處位置非常完美的描述。

生產力統計數據並未顯示工人數量減少之下產量仍大幅增加，可能還有另一個重要原因是：我們在技術上仍處於擴張階段，雇主仍保留最強硬、最不受歡迎的殺手鐧，等待時機更惡劣時才端出來。

十多年前我還擔任自己的教育公司執行長時，我們

有很多年的強勁成長。時代富裕，使我比較容易成為出手大方、慷慨的老闆。我們提供許多免費食物，以及定期舉辦公司員工出遊。我買了尼克隊和大都會隊的季票，我們會分配球票給員工。人們非常確實的獲得加薪和獎金。

然後，我們有一個月的營收低於前一年的數字，那發生在 2009 年 1 月，因此它看起來像是未來發展的一個非常重要的前兆。我走進辦公室，開始規劃不同的劇本。勒緊褲帶之路讓我必須檢討人事和提高效率的方法，這包括不再雇用新員工，或把某些非核心服務外包出去，縮減計畫加薪的幅度，以及與供應商重新談判。我們有一支優秀的團隊，最近也招聘一些新人，我認為如果情況變糟，我們可能必須資遣他們。在富裕的時候，我不會如此考慮是否裁撤新進人員。

到了二月，我們的營收回升，所以我把緊急應變計畫拿開，只採用其中一項看起來不錯的動作。

丹・吉爾伯特（Dan Gilbert）曾經對我說過：「我總是告訴我的團隊，如果你只有一個選擇，那就選擇成長。」管理團隊的工作方式通常是，我們努力的發展，並且善加利用機會。我們努力有效率的運作，但它也不盡然一直是我們的首要優先。在相對繁榮的時期，我們並不會四處走動，淨找自己麻煩。

然而，當情況吃緊時，管理團隊開始以成本紀律的名義仔細審查一切。人員、流程、技術、供應商、合作夥

伴、租賃、節日活動，一切的一切通通被拿出來檢討。如果還沒有被釘死的，我們會考慮如何降低成本，或者捨棄它。即使它被釘死了，我們也可能會想辦法解約。

如果你看一下裁員的歷史就會發現，公司會維持相當正常的步伐，直到經濟衰退來襲，然後雇主瘋狂的尋找效率，並將員工甩掉。

自動化影響的真正考驗，將在下一次經濟衰退中出現。公司將尋求使用人工智慧和兼用機器人和員工，來取代它們現有的客服中心和客服部門。速食業執行長將實驗使用機器人翻烤漢堡肉。貨運公司將力求節約成本。大型企業會質疑為什麼它們的會計和法律帳單如此之高。凡此種種，不勝枚舉。削減成本的利刃將透過新的自動化工具全力揮舞。由於公司能以更少的員工完成相同的任務，生

初期的失業申請人數（1970～2016）

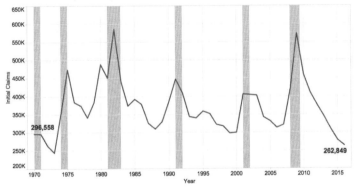

資料來源：Economic Research, Federal Reserve Bank of St. Louis.

產力將以最糟糕的方式一飛沖天。在稅收減少的狀況下，即使公部門也將面臨巨大的新需求。

　　我在導論中說過，我們是青蛙，而且水越來越熱。可能更準確的說法是，我們是青蛙，而且烤架已經在預熱中。

第二部

我們受到的衝擊

2

第九章
泡沫人生

前往六個地方的六條途徑

　　前面幾章我們稍微談到所謂「一般」美國人的現況。在創辦「為美國創業」之前，我花了六年經營一家為大學畢業生服務的全國性考試準備公司，接觸許多受過高等教育的美國人做的事，他們的人生途徑相當一致並可預測。無論他們是否有意識的體會到這一點，在就業市場逐漸縮小的情況下，許多受教育的美國人一直把他們的學習和職業意向轉移到更能持續經營的道路上。

　　我們常與「為美國創業」同事開玩笑說，美國的「聰明人」都在六個地方做六種事：六個地方是紐約、舊金山、波士頓、芝加哥、華盛頓特區或洛杉磯；六種事是金融、諮詢、法律、科技、醫學或學術研究。大家習慣性認為，要做「最聰明」事情的人會前往華爾街，成為金融巫師；或者去矽谷，成為科技天才。

　　金融和科技業者每年花費數千萬美元在建立大規模的人才招聘管道。他們出入大學校園，基本上目的就是追蹤頂尖潛在對象，拋出食物、金錢、飲料、航班、聲望、地位、培訓、網絡、同儕壓力，以及其他任何可能被視為

誘人的事物。一位從事金融服務業的朋友估計，她的公司每雇用一個高端員工，光是在尋訪和招聘上面就要花費五萬美元。一家避險基金付給每個達特茅斯學院學生一百美元，請他們說明為什麼不去參與公司的招聘流程。哥倫比亞大學的就業服務辦公室甚至還專設一個「高盛室」。在華爾街一家銀行工作的一位朋友評論，他覺得從加州理工學院招聘博士為他編寫交易演算法很有趣，他覺得這些博士應該為前往火星或其他什麼的公司工作，但是他每年還是得努力在加州理工學院延攬人才。

在矽谷，許多年輕人通常畢業於非常好的大學，每年賺的錢比一般美國人十年內賺到的還要多。即使是暑假實習生——還不是工程師——在科技公司工作也可能每月拿到 7,000 美元以上的薪水，外加週末由公司付錢買機票回家省親的福利。業者為了爭取剛畢業的工學院學生，願意競標、支付五位及六位數的簽約獎金——Google 為了召募史丹福大學、柏克萊加大、卡內基梅隆大學、麻省理工學院和其他頂尖學校的高材生，起薪叫價六位數，另加紅利獎金。臉書在頂尖學校贊助舉行駭客馬拉松競賽，與教授保持聯繫，並且投入大量資源，以便成為能見度最高的雇主。矽谷的平均年薪接近 20 萬美元，更不用說還有配股的薪酬（即股票選擇權）的上漲空間，它一漲起來可不得了。

不要以為聰明的孩子沒有注意到——2016 年，史丹

福大學主修人文學科的學生比例從 20% 下降到只有 7%，這引起歷史系和英文系的恐慌，它們原本極受歡迎的課程變得不再有學生選修。校方一位行政主管跟我開玩笑說，史丹福大學現在是史丹福理工學院。以下是各個頂尖大學學生畢業後所從事的職業：

大學畢業生最常見的工作

學校	金融	諮詢	科技工程	研究院	法律	醫學院
哈佛	18%	21%	18%	14%	13%	16%
耶魯	16%	13%	15%	12%	15%	17%
普林斯頓	15%	9%	9%	14%	11%	12%
史丹福	11%	11%	16%	22%	6%	17%
賓州大學	25%	17%	15%	12%	9%	13%
麻省理工	10%	11%	51%	32%	0.4%	5%
布朗大學	13%	10%	17%	15%	9%	17%
達特茅斯	17%	14%	8%	16%	10%	14%
康乃爾	19%	16%	18%	19%	9%	17%
哥倫比亞	23%	11%	19%	19%	12%	16%
約翰霍普金斯	14%	19%	13%	28%	7%	31%
芝加哥大學	27%	11%	16%	14%	11%	11%
喬治城	23%	17%	9%	7%	20%	15%
平均	18%	14%	17%	17%	10%	15%

資料來源：The Career Services Office of the colleges.

全美知名大學的畢業生不僅從事同樣的工作，也在同一個地方就職。我母校布朗大學 2015 年的畢業班，有 80% 的畢業生搬到紐約市、波士頓、舊金山或華盛頓特區等四個大都會區之一。同樣，哈佛大學 2016 年畢業班中有一半以上畢業生，計劃搬到紐約州、麻薩諸塞州或加利福尼亞州。去年，74% 居住在美國的耶魯大學大四學生報告，接受以下其中一個地方的工作：紐約州、加利福尼亞州、康乃狄克州、麻薩諸塞州和華盛頓特區，麻省理工學院的畢業生偏好留在麻薩諸塞州、或是搬到加利福尼亞州或紐約州。史丹福大學 2015 年畢業班顯示強烈偏好留在加州工作。

大學畢業後就業最喜愛的州

學校	紐約	麻薩諸塞	加利福尼亞	華盛頓特區	合計（%）
哈佛	24%	20%	15%	N/A	59
賓州大學	38%	N/A	11%	6%	55
麻省理工	8%	44%	23%	N/A	75
史丹福	7%	N/A	75%	N/A	82
布朗大學	36%	20%	19%	8%	83
達特茅斯	25%	16%	15%	6%	62
喬治城	30%	3%	6%	24%	63
耶魯※			74%		

※74.2% 居住在美國的耶魯大學大四學生報告，會接受以下其中一個地方的工作：紐約州、加利福尼亞州、康乃狄克州、麻薩諸塞州和華盛頓特區，

資料來源：The Career Services Office of the colleges.

全美國知名大學實際上吸引了全美 75% 的人才。如果你是來自威斯康辛州、佛蒙特州或新墨西哥州的高材生，而你進了賓州大學、杜克大學或約翰霍普金斯大學，你很可能會搬到紐約州、加利福尼亞州或者華盛頓特區就業，但你的家鄉將永遠不會再看到你。

金融服務和科技業吸收了絕大多數頂尖的教育產品。它們就像位在國家兩側的雙門大砲一樣，不斷推動提高獲利能力和效率。這意味著一般的美國人必須透過增進獲取技術、資本利得和更現代化的業務來獲益。不幸的是，這些好處卻被大幅減少的機會所抵消掉。當你手上沒有任何股票、並且本地的工廠或主街商店紛紛關閉時，便宜的 T 恤、蓬勃發展的股票市場，以及各種各樣的電腦應用程式就是你的小確幸。

為什麼這麼多聰明才智人士跑到同一個地方、做同樣的工作？他們受到渴望成功的意念所驅使，而且由於召聘管道已經確立，今天所謂的成功似乎只剩下幾個明確的樣板：金錢、地位、培訓、良好的約會市場、同儕壓力以及職業發展軌道的提升。似乎全都朝著同一個方向發展。

推動這種一致性的另一個因素是，普遍的焦慮和爭奪，使得證書和市場的成功優先於其他所有一切，這裡有一部分原因是失敗似乎會帶來災難性的經濟和社會後果。現在許多年輕人沒把念大學認為是探索知識的時期，而把它視為一種大規模的分類或篩選，用以決定一個人的未來

前途和命運。

　　學生之所以感受到壓力必須尋找高薪工作，其中一個原因是學貸債務創下紀錄水平。過去十年中，學生債務水平相對於其他形式的債務而言，已經呈現爆炸式的增長。美國的教育貸款總額最近超過 1 兆 4,000 億美元，遠遠高於 2011 年的 5,500 億美元和 1999 年的 900 億美元。每個人畢業時的平均負債水平為 37,172 美元，學生借款人數為 4,400 萬人。違約率已經穩定上升至 11.2%。

學生債務相對於其他家庭債務的累積增長情形（2003～2017）

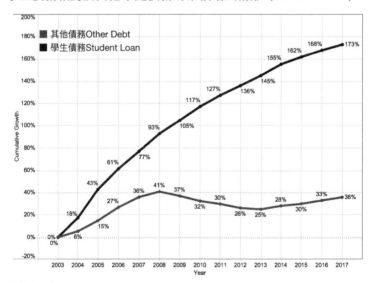

資料來源：New York Fed Consumer Credit Panel/Equifax.

即使是成功和受過高等教育的家庭的孩子，也有極高的焦慮和抑鬱感。大學生服用處方藥的使用率處於歷史最高點，大學心理諮商輔導室的使用率也是如此，根據報導，心理諮商輔導室已經不堪負荷。過去十年，相對於入學率的提升，對心理諮商輔導的需求增加了五倍之多。南加州大學是一所資源充足的私立大學，但根據報導，若非緊急情況，想見到一位心理諮商輔導師必須等候長達六至八週；許多學校也遇到類似的困難，學生需求難以滿足。史丹福大學的院長茱莉・萊托科—海姆斯（Julie Lythcott-Haims）在 2015 年寫了一本書，討論她所看到的學生個性變化。在一個世代之內，他們從獨立的年輕成年人變成「脆弱」和「沒有生存能力」。2014 年，美國大學健康協會（American College Health Association）對接近十萬名大學生的調查報告顯示，86% 的人對於他們必須做的一切事感到不知所措，54% 的人感受到壓倒性的焦慮，8% 的人在過去 12 個月內曾經認真考慮要自殺。

男女關係也發生了變化。許多校園中男女性別失衡——現在全美各大學女生占 57%、男生只有 43%——這導致一種「露水姻緣文化」[1]，這種文化侵蝕感情的聯繫。1/3 的學生說他們的親密關係一直是「創傷性的」，

---

1 譯注：所謂「露水姻緣文化」（hookup culture）指的是接受及鼓勵偶爾性交往的關係，包括一夜情及其他相關活動，但是未必有感情牽繫或長期承諾。

或是「非常難以處理」；10% 的學生說他們在過去的一年中遭受過性脅迫或性侵犯。學者麗莎‧韋德（Lisa Wade）描述現在的環境是，一般通行的常態是在幾天之後就把你的伴侶降級，以確保他們不會「產生感情」。過去幾世代人要去尋找真愛、甚至是終身伴侶的生活環境，現在卻變成一個要證明自己很瀟灑、不會拖泥帶水，第二天就可以不理睬某人的情況。

1992 年，當我申請大學時，我的父母鼓勵我選擇史丹福大學和布朗大學，這兩所大學當時的錄取率分別為 21% 和 23%。今天，它們的錄取率僅為 4.8% 和 9.3%。以前想入學就非常困難，現在更需要打從出娘胎就開始規劃和培養，這種競爭養成需要不斷前進的動力。一位「為美國創業」的校友說：「我覺得這股持續不斷的壓力逼著我一定要成材。」他在一家投資銀行實習後，目前在一家新創公司服務。「即使在慶祝活動中，也好像我們都在策劃下一場比賽。我的朋友們都有很大的野心，卻沒有明確的地方可以引導它。我有一種感覺，即使我們不確定要往哪裡去，我們全都願意犧牲快樂，只求跑得更快一些。」

有一位在威徹斯特郡（Westchester County）長大，最近從西北大學畢業的年輕人生說：「如果你不是出類拔萃，為什麼要攪和在裡頭。」

當然，有些年輕人不喜歡千篇一律，渴望能有選擇和探索的感覺。普林斯頓大學一位大四學生對我說：「一

且你來到這裡，你就會變得非常厭惡風險。重要的是不要失敗，而不是做出任何特別的事情。」另一個人說：「我在這裡很忙，但我希望有時間去思考。」這話聽起來好像思考和大學不屬於同一掛。

威廉‧德瑞澤維茨（William Deresiewicz）在他的著作《優秀的綿羊》（*Excellent Sheep*）中將目前這一代的奮鬥者，描述為「不知道什麼原因就被驅策去達成目標」。當他們不確定如何繼續時，他們就會陷入癱瘓狀態。我記得，當我成長期間，我很認真 K 了好幾天書以便爭取好成績。如果我得到一個 A，我會感到興奮大約 30 秒，然後就感到空虛。我把這種因渴望成功而後卻陷入低迷的情緒稱為「成就的惡魔」（achievement demons）。數以千計的年輕人有同樣的渴望想要達成我的成績——走出家庭壓力、疏離，又認定他們夠聰明、有才華、很特殊，註定要做一番大事——所有這些都是因為深怕未能留在勝利者圈子中，會導致難以想像的可怕命運。

你可能會想：「誰在乎嬌生慣養的大學生是否感到沮喪？」需要關注的一個原因是，自從 1989 年以來，18 至 30 歲的年輕人擁有自己公司的比例已經下降了 60% 以上。《華爾街日報》刊登了一篇名為「瀕臨滅絕的物種：年輕的美國創業家」（*Endangered Species: Young U.S. Entrepreneurs*）的文章，大談千禧年世代就創業、成立公司而言，即將成為現代史上最不具創業精神的一代。 事

實證明，士氣低沉、背負債務、厭惡風險的年輕人通常不會創辦公司。這將在未來幾十年產生影響。

但是更深刻的問題是，如果連爭先恐後在群眾競爭中攀升到教育菁英階層的人，也如此不快樂，肯定有一些非常不對勁的地方。有人在問：「我們為了什麼如此努力奮鬥？」沒有人知道。答案似乎是：「努力加入東、西兩岸市場的部落，並且拚老命工作。」即使這些機會變得越來越難獲得。如果你不喜歡這個答案，那麼其他答案恐怕就更少了。

我在 2011 年創辦「為美國創業」時，試圖提供一個新的答案。新的途徑將是在全國各地建立企業，我認為這是富有建設性、也攸關人格建設的大事。「為美國創業」的使命宣言有一條是：

● 恢復成就文化，包括價值創造，風險和回報，以及共同利益。

加入「為美國創業」後，我們要求我們的學員奉行以下信條：

● 我的職業生涯是表明我的價值觀的一種選擇。

● 沒有風險就沒有勇氣。

● 價值創造是我衡量成就的方式。

● 我的所作所為都將秉持誠信。

這些信條非常崇高、理想性。當我 2012 年第一堂課時站在台前討論這些價值觀，我承認自己有點飄飄然。

或許我不應該擔心，「為美國創業」的目標和社區意識，就好比水和口渴的人之間的關係。許多「為美國創業」的同仁已經基於共同價值觀建立親密的友誼和關係，並且試圖攜手合作共同完成艱鉅任務。「為美國創業」已經在許多人的生活中填補了空白，支持個人的人生路徑和選擇。但是對於「為美國創業」的所有人來說，還有大約一萬名年輕人需要同樣的東西。

泡沫人生

　　即使這些年來我與來自全美各地的年輕人一起工作，我一直住在曼哈頓和矽谷。我把這些地方稱為「泡沫」，我們在泡沫中擁有奇怪的生活和工作。

　　我最近和一位在房地產投資公司工作的朋友共進晚餐。我們在曼哈頓的一家日本餐廳見面，聊了一陣閒話之後，我問他最近是否買了任何高檔酒店——幾年前他曾經給我打了大折扣。

　　他回答：「我們對風險的胃口已經下降。你知道我們最近在買什麼嗎？拖車營區。」

　　我更感興趣了。「真的嗎？這是為什麼？」

　　他回答說：「它們是很好的投資。租戶付錢把他們的活動房屋停在有水和公用設施的空間內。我們實際要做的就是保持營區清潔，保持水流暢通。」

　　我問他是否碰過拖欠租金的問題。

「拖欠率非常低，因為首先，如果他們沒有繳租金，他們會在租金到期日的第二天就收到通知。我們非常勤於監控，每個人都知道的。其次，他們沒有更便宜的地方去住。對於很多人來說，不住這些地方就是流落街頭。他們總會設法付錢。對我們來說，這是不錯的穩定投資。」

「太棒了。那你們是如何成長的？」

他聳聳肩：「我們可能會考慮隨著時間的推移提高租金。」

這與自動化無關，但是我認為這是我們所做工作的一個很好的例證。我們要提高市場效率最大化，並且收費。

我有許多朋友在科技界工作，也知道他們正在研發自動化，想要取代其他人的工作。對於其中某些人來說，這是他們銷售宣傳的關鍵部分。許多人明確的談到透過減少工人人數能夠節省多大的成本。

我認識的科技專家和創業家通常都是好人。如果要他們選擇「執行你的任務，消除一般的工作」或「執行你的任務，創造豐富的就業機會」，他們會選擇後者，他們之中的大多數人甚至會很樂意這樣做。但這不是他們面對的選擇題。他們盡自己最大的能力完成自己的工作，讓市場去做其餘的事。他們可能會感到不安，因為他們的成功，將造成數百或數千名美國工人失業，但是他們相信進步，他們的工作總體上是為了求好。

你可能會覺得這很令人反感。但是事情就是這樣——創新者的工作不是要弄清楚他們所做的事情對社會有何影響。他們的工作是盡可能在符合經濟效益下創造和資助市場創新。這本身就是一項艱鉅的工作。

　　對社會負責是我們的工作。也就是說，這是我們的政府和領導人的工作。

　　不幸的是，我們的領導者通常距離這些對話有一個國家之遙。他們被困在不時交戰的新聞記者會、脫口秀節目和募款晚宴的周期中。他們通常也不了解科技，所以他們只能推崇創新者，試圖看到光明面。反過來，科技專家經常將政府視為一種障礙，盡可能忽視它，必要時就進行遊說，並且在他們使事情變得更好／更快／更便宜／更自動化的同時進行導航。

　　這是一場醞釀中的災難，因為科技正在改變社會和我們的經濟，可是政客卻在事實發生之後好幾年才無效的應對這些影響，或者更糟糕的是徹底忽視這些影響。

　　這並不是說泡沫中的人們都很好。我們也對未來的道路感到焦慮；我們感到陷入困境，在金字塔的尖端為子女競爭最多的資源。我們經常被要求在家庭和職務之間做出選擇，並且擔心如果稍微放鬆一下，我們在競賽中就會輸掉。婦女在陪伴孩子或生孩子，與維持工作之間做出選擇；男人在出差和被冷落之間做出選擇。孩子們習慣於經常看不到父母，或只有一個父親或母親。我們與朋友公開

談論在情勢惡化時有什麼地方可以投靠。我們在高價的泡沫中把自己與同儕做比較，然後彼此都感到不滿意。

偶爾我們看到有人離職，遷移到一個比較友善或適合養育子女的環境。我們羨慕他們，同時也拍拍自己的肩膀，囑咐自己要堅持下去。專業上的同理心是很有限的，我們是戰士，我們的組織並不需要非戰鬥人員，我們長時間工作，並為自己隨傳隨到和不知疲倦感到自豪。

在泡沫中，市場主宰一切。「個性」是我們給孩子們讀的書中出現的一系列想法，然後再送他們去接受有天分和有才華的節目中測試；或者是在我們的老闆面前和做報告時都能正確的訣竅，或者是一種磨礪個人網絡的好方法。在某種程度上，我們大多數人都認識到，我們是創新和效率潮流的僕人。隨著水位上升，我們一邊爬上高地，一邊抗議。我們一定會不擋別人的路，盡可能的保持自己身段柔軟和能夠推銷出去。我們的專長是輕鬆承諾會幫忙。我們會做一些事情來幫助別人，但又不足以傷害我們或威脅到我們自己的地位。我們知道那麼做才是明智之道。

在泡沫中，我有許多人通過績效表現出人頭地，我們已將此一教訓內化。菁英制度的基本邏輯是這樣的：如果你成功了，那是因為你聰明，而且勤奮，因此是好事；如果你很窮或不成功，那是因為你很懶惰，和／或愚蠢，而且個性有缺陷。頂層的人安然在上吃香喝辣，底層的人

只能怪自己不成器。

由於我自己的經歷，我知道這些假設前提錯得多麼離譜。我小時候除了父母要求很嚴格之外，沒有什麼可以仗恃的，我在標準化的考試中表現也很不錯。我去了約翰霍普金斯大學的天才青年中心（Center for Talented Youth），是因為我在 SAT 考試中成績很好。我去了艾克斯特（Exeter），是因為我在 SSAT 考試中成績很好。我進入史丹福大學和布朗大學，是因為我在 SAT 考試中成績很好。我進入哥倫比亞大學法學院，是因為我的 LSAT 評分很好，也使我得到一份年薪六位數的工作。我甚至成為一家教育公司的執行長，部分原因是我在 GMAT 方面做得很好。[2]

然而，擅長這些考試，與品格、美德或工作倫理的

---

2 譯注：SAT 原名學術能力測驗（Scholastic Aptitude Test）、後改稱學術評估測驗（Scholastic Assessment Test），是由「美國大學委員會」（College Board）委託「美國教育測驗服務社」（Educational Testing Service）定期舉辦的測驗，是美國各大學申請入學的重要參考條件之一。
SSAT 全名 Secondary School Admission Test（美國中學入學考試），是由美國招生管理協會（The Enrollment Management Association）針對 3～11 年級的學生主辦的標準化考試，旨在協助獨立或私立小學、初中和高中的專業人員就學生入學做決定。LSAT 全名 Law School Admission Test（法學院入學考試）是由「法學院入學委員會」（Law School Admission Counci）針對申請入法學院學生主辦的標準化考試。GMAT 英文全名 Graduate Management Admission Test，意即管理科學研究生入學考試。這是一項專門用於測試商學院申請學生能力的標準化考試，重點在於測試應試者在一般商務環境中的理解，分析和表達能力。

關係不大。它們只是證明你很會考試。有許多人比我更努力卻成績欠佳。我記得當考試結果發下來時，有一位同學當場抱頭痛哭，因為她是那麼認真的準備。

我們常說在美國的成功與努力和品格有關，其實未必盡然。今天大部分的成功都牽涉到你在某些測試成績有多好，以及你有什麼樣的家庭背景，偶爾擺一些例外進去，試圖讓它看起來很公平。由學者很狹窄的界定智力，考試成績代表了人類的價值，效率則緊隨其後。我們的制度特別獎勵某些特定人才，我因為具有某種能力而被推向前，其他人則因為具備的能力在我們的學術系統派不上用場，而被有系統的降低了他們的發展。我見過無數人失去信心，覺得他們應該安分認命，他們不配過富足生活。

傑德・凡斯（J.D. Vance）在他的暢銷書回憶錄《絕望者之歌》（*Hillbilly Elegy*）中寫出他在俄亥俄州中央鎮（Middletown）長大的經驗：

雖然沒人直說：老師也不會說因為我們太笨或太窮，所以無法出頭天。縱使如此，那種氣氛就是縈繞不去，簡直就像空氣一般無所不在——我們家裡沒有人上過大學……學生們對未來毫無想法，因為他們周遭的人也對他們毫無期待……過去是、今天也仍然存在一種意識，大家認為成功的人不外乎兩種原因。第一種人天生幸運，——他們出身富裕家庭，又有人脈關係，人生注定一帆風順。

第二種人是菁英分子，——他們天生就腦筋聰明，只要努力就不會失敗……對一般的中央鎮居民而言，苦幹實幹沒有天生聰明來得重要。

在第二次世界大戰期間，中央鎮居民接到一個訊息：SAT 來到這個小鎮，透過考試找出聰明的孩子，使他們不必到前線當兵。現在，每年都是戰爭時期。

幾年前，我的一個兒子被診斷出患有泛自閉症障礙。他屬於特別溫和、高功能的自閉症類型。我相信，他將會過著令人驚嘆的充實生活。我們處於一個幸運的位置，能夠在適當的時間為我們的兒子提供很多協助，但是全美各地有許多家庭並不幸運。

菁英教育從來不是真實的東西 —— 這句話源起於 1958 年英國作家麥可·楊格（Michael Young）諷刺作品中的嘲諷。記者大衛·傅立德曼（David Freedman）說，當時楊格的世界「完全由智力決定誰能茁壯或受苦，這被認為是掠奪、病態和牽強」。但今天，我們已經把它變為現實，並且接受它、推崇它。市場的邏輯引誘著我們所有的人，它把一切都塗上正義的色彩，它讓邊緣人的痛苦似乎更加可口，讓人有一種感覺，覺得他們活該。也許最引人注意的是，他們自己也同意 —— 他們也認為自己活該。

然而，他們錯了。智力和個性根本不是相同的東西，

假裝它們相同，會把我們導向毀滅。市場即將修理我們之中的許多人，它根本不管我們彼此之間有什麼區別。

在過去幾十年裡，我和數百位受過高等教育的人一起工作並長大，當我說他們並不是全都非常棒的時候，請相信我。泡沫中的人認為世界比現況更有秩序。他們過度計劃。他們把聰明誤認為判斷力，他們把聰明誤認為個性。他們高估了文憑，文憑是智力、不是仁心。他們需要地位和保證。他們認為風險是一件壞事。他們優化了錯誤的東西。他們身邊其他人也有泡沫人生。當其他人成功時，他們會生氣。他們認為他們的智慧可以決定他們在世界上的地位。他們認為思想超越行動。他們如果沒有取得明確進展，會感到焦躁不安。他們並不快樂。他們害怕犯錯，或是看起來很傻。他們不喜歡推銷。他們說服了自己其實是個膽小鬼。他們崇拜市場。他們太擔心了。泡沫人跟其他人一樣也有優點和缺點。

當我還是個孩子的時候，我只想要有歸屬感。做為一個聰明的人，我被教導要拋下別人。我們必須擺脫這種心態，開始記住自己的人性。我們一直都是在被分類化和社會化之前相同的那個自己。我們都是母親、父親、姐妹和兄弟，全都希望為自己和家人做同樣的事情。

我們已經沒時間了。在未來幾年，要在各行各業中形成一種共同意識，會越來越困難。現在生活在泡沫中的許多人，是在這個國家的其他地方長大。他們仍然在假期

和特殊場合探望他們的家人。他們像我一樣在普通郊區的中產階級家庭長大，並且對不同類型的人的經歷保持著深刻的熟悉度，他們也喜歡這個商場。

在一個世代之後，這將變得越來越不真實。山景城（Mountain View）、上東城（Upper East Side）和貝塞達（Bethesda）[3] 將有一大隊纖細、高度培養的人選前往菁英學校就讀，這些人自從出生以來一直在最具競爭力和稀有的環境中被培養，對美國其他地區的接觸非常有限。

在我成長的過程中，聰明與漂亮之間存在著某種反向關係。聰明的孩子是書呆子、笨手笨腳的；社交型的孩子則很有吸引力和受歡迎。同一個人身上很少兼具這兩套特質。我曾在書呆子陣營逗留一段時候間。

今天，由於少數幾個城市的配對交配，智力、吸引力、教育和財富全都匯集在同一個家庭和社區。我看著我朋友的孩子們，他們之中的許多人都像獨角獸：聰明、美麗、社交早熟的生物，他們從出生那天起就已經獲得所有可能的資源。我可以想像他們 10 年或 15 年後前往美國其他城市，我知道他們會感覺像是在陌生國度的陌生人，也會被當地人當做是陌生人。他們擁有豐富的網路生活，

---

3 譯注：加州山景城是 Google、賽門鐵克等公司總部之所在地。紐約市曼哈頓上東城人文薈萃。華府郊區馬里蘭州貝塞達則是美國教育程度最高的城市，美國國家衛生研究院、洛克希德馬丁公司總部之所在地。

甚至不記得有過不會自動駕駛的汽車。他們可能覺得與站在他們面前的人沒有任何共同之處。他們與國家結構之間的聯繫將會極度有限。他們願意補貼、解決公眾的痛苦的同情心可能會越來越低。

　　以色列學者尤瓦・哈拉瑞表示：「我們今後對待愚蠢人的方式，將是我們今天對待動物的方式。」如果我們想要解決問題，使他的看法不會成為真實，現在是該行動的時候了。

第十章
匱乏與富足的心態

前陣子我在克里夫蘭的一所高中演講，討論創業精神。許多家長出席，有一位父親問我：「是什麼讓你覺得你有能力創辦一家公司？」

我想了一會兒，回答說：「當我小時候，我父母一直灌輸我一個觀念，我可以做其他人都可以做的事情。我遇到了一些創業家，所以我認為我也可以辦得到。」

2000 年，我 25 歲那一年，創辦了我的第一家公司 Stargiving.com，一個與名人相關的慈善募款網站。事情可比我想像的要困難得多。我們花了十個月，以每個月 2 萬 5,000 美元為進度，籌集 25 萬美元資金，並推出一個網站。儘管初期有一些新聞，但是我們很快就失去了地位。隨著互聯網泡沫的破滅，我們的資金用盡，投資者也失去興趣。很明顯，我們的前景非常糟糕，經過一年半的時間，我們關閉了公司。

第一次創業失敗對我的信心產生若干影響。我認識的每個人都很清楚知道我曾經創辦過一家公司，而且失敗了。我還欠念法學院時借的十萬美元學生貸款，我曾經把學貸稱為「我的情婦」，因為感覺就像我每個月都要寄張

支票去扶養住在另一個城鎮的一個家庭。我的自尊心受損，很難面對父母和朋友。

現在，回顧我的第一家公司，我意識到自己的處境其實算很不錯，我開辦公司並從失敗中再站起來。雖然當時真的很痛，我 25 歲，背負很多學貸債務，也不知道自己在做什麼。但我受過非常好的教育，我有一位共同創辦人——我在戴維斯波克法律事務所（Davis Polk）的一位同事辭職，與和我共同創業。我有積蓄（雖然被我燒光了），也獲得信貸。我能夠在足夠富有的人面前籌集幾十萬美元的天使投資。情況艱鉅時，有一個朋友讓我可以搬去和他同住，以節省房租。我沒有任何家庭責任——沒有孩子，沒有配偶，我的父母也不需要任何經濟支持——我只需要三不五時聽他們質疑我的人生選擇。我也有信心，如果一切都失敗了，我能找到新工作。我的生活已經夠順利，我認為我可以成功的創辦一家公司。我也想到——想法正確——即使不成功，我也不會有問題。

我的故事是一個相對富足的人的故事，一般人應該感到熟悉。美國曾經是人人創業稀鬆平常的國家，人們對自己的未來抱持樂觀態度。不幸的是，就絕大多數美國人而言，情況已經大不同了。

我見過，也與全美數百位渴望創業的年輕人一起工作。許多人並沒有特殊家世背景，他們覺得創辦公司與個人和家庭資源之間存在重疊。他們認為，有靠山和創業是

相輔相成的；由於他們的背景、階級、性別、種族、教育或地理位置，創業並不適合「像他們這樣的人」。

很不幸的是，在大多數情況下，他們是對的。

一個人的社會經濟背景和創業成功之間存在著極大的相關性。英國的一項研究發現，創業家最常見的共同特徵是透過家庭、繼承、血統和／或人脈關係獲得資金。美國的一項調查發現，2014 年超過 80% 的新創公司最初是自籌資金的──也就是說，創辦人有錢，並可直接投資。美國最近一項人口統計研究發現，大多數高成長的創業家是白人（84%）、男性（72%）、有強大的教育背景和高度的自尊心。報告中一位作者評論說：「如果一個人沒有一個有錢的家庭當靠山，他成為創業家的機率就會大幅下降。」

我曾經和全美數百名成功的創業家合作過，他們絕大多數來自財務相當寬裕的背景。事實是，如果你有一些助力，創辦公司就容易多了。除了資源，你還要有富足的心態。在你完成一件事後，你會認為樣樣得心應手。

我不是想儘量降低成為一名成功創業家的條件。無論你是誰，創業都是非常困難的，總是會有障礙，需要試驗和投入很多的時間。如果不拚命工作、堅持不懈、以及全心投入，實際上是不可能建立一個有成就的企業或組織。我很欽佩創辦企業的人，從街頭開小餐館起家，但是

事實上並非每個創業家都能一直生活平順。許多人遭到邊緣化、欺負或認為自己根本沒度過普通小孩的生活——伊隆·馬斯克（Elon Musk）敘述他的移民經歷時就提到這一點。有些人有家庭創傷，使他們肩負重擔，也驅使他們力爭上游。芭芭拉·柯克蘭（Barbara Corcoran）和戴蒙·約翰（Daymond John）都描述自己小時候有閱讀障礙症，老師告訴他們上學也不會幫助他們踏上成功的路徑。移民的創業比率比較高，因為有些人認為他們沒有太多其他選擇。4

但是，創業機制方便許多人，幫助他們能務實的蒐集有意義的資源、推遲資金，承擔風險。創業社群在美國人口的占比非常不具代表性。雖然女性大學畢業生很快就會占將近 60%，而且在接下來的 27 年裡，美國過半數人口將不是白人，但是科技業卻由男性白人主宰（我個人認為，大部分是良性的），而且大多數人受過良好教育。對於一個試圖創辦成長企業的女性或有色人種而言，每一

---

4 譯注：伊隆·馬斯克以 Space X 的創辦者，以及特斯拉汽車（Tesla）和 PayPal（原 X.com）的共同創辦人而聞名。Space X 英文全名 Space Exploration Technologies Corp.，意即太空探索技術公司，是一家私營航太製造商和太空運輸公司，總部位於南加州霍桑（Hawthrone）。特斯拉是美國最大的電動汽車及太陽能公司，產銷電動車、太陽能板及儲能設備。芭芭拉·柯克蘭是美國企業家、演講家、專欄作家、電視演員。戴蒙·約翰是美國非洲裔企業家、勵志演講家、電視演員，2016 年身家淨值 2.5 億美元。

步都更加困難——較低的個人儲蓄，較不易取得資金，不屑一顧或令人毛骨悚然的投資者，較少的專業模範和提攜人，可能更多的個人義務等。「為美國創業」正試圖幫助解決這個問題——我們最後一班的學員有 43% 的女性和 18% 的黑人及拉丁裔。

創業家是具有最強大的富足心態的社群。矽谷、TED、亞斯平研究所[5]——它們都是令人振奮的地方，因為出席者會相信所有事情都是有可能的，而通常這是因為他們為自己做出了幾近不太可能的事情。你可以說一些關於創辦一家新公司或組織的事情，人們點點頭，然後認為：「當然。」這就像除了更多資金之外，給想法灌輸更多的氧氣。

我去年參加 TED，它或許是世界上最獨一無二的的會議。我透過朋友的邀請而出席，並且繳交 8,500 美元的入場費，這還不包括差旅費用。當我到達會場時，大

---

5 譯注：亞斯平研究所（Aspen Institute）是一個國際非營利性智庫，成立於 1949 年，原名亞斯平人文研究所（Aspen Institute for Humanistic Studies）。它是一個超越黨派的、基於價值觀的領導和思想交流的論壇。研究所及其國際合作夥伴通過定期研討會、政策方案、會議和領導力發展倡議，在無黨派和無意識型態環境中促進追求共同點和更深層次的理解。它的總部位於美國華盛頓特區，在科羅拉多州亞斯平（原本的所址），以及靠近馬里蘭州懷伊河的奇沙皮克灣海岸，設有校區。美國亞斯平研究所主要由卡內基公司、洛克菲勒兄弟基金會、蓋茨基金會、Lumina 基金會和福特基金會等基金會提供資金，另外也收受研討會費用和個人捐款。其董事會成員包括來自產、官、學界的領導人。

會設置一個靜坐帳篷。我的朋友想嘗試一下，所以我們坐下來，聽了一段禪學播客（podcast）。我坐下時，服務員給了我們每個人一個黑色小信封。這是帳篷贊助商Lululemon[6] 送的 150 美元禮品卡。我的心情明顯好轉，但我不確定這是因為我靜坐冥想，或是因為有人送我 150美元禮品卡的結果。

這是一個富裕的環境。金錢自動送上門來，你身上似乎沒有任何理由就發生好事，儘管真正的原因是你碰巧坐在哪裡。

匱乏使你有不同的想法

與上述情況相反的，是一般美國人的生活經驗，他們生活在永久匱乏的狀態中。一般美國人從這張薪水支票撐到下一張薪水支票，典型的「月光族」，毫無財務緩衝，他們拚命努力的支付帳單，挖東牆補西牆。

他們的薪水不僅不高，而且由於排班難以預測而變化很大，做粗活的和保姆則是按工作小時領現金報酬。針對數萬名大通銀行（JP Morgan Chase）客戶進行的一項研究顯示，年收入 3 萬 5,000 美元的客戶平均月收入的波

---

6 譯注：Lululemon，一家加拿大運動服裝零售商，以出售男、女瑜伽運動服裝著名。

動率為 30 至 40%，而年收入低於此一水平的客戶其波動率更高。他們可能一個月賺 2,000 美元，下一個月賺 3,000 美元，下下個月只賺 1,800 美元等。「美國金融日記」項目（U.S. Financial Diaries project）主任強納森‧梅鐸（Jonathan Morduch）針對 235 個低收入和中等收入家庭進行深入研究。他發現：「自從 1970 年代以來，支付可預測、可維持生活工資的穩定工作變得越來越難找。」「這種轉變使更多的家庭容易受到收入波動的影響。」大通銀行的研究顯示，大約 80% 的客戶沒有足夠的現金來支付每月收支短絀，如果發生任何意外，像醫療保健費或汽車維修費，就會破壞這個家庭今年的經濟狀況。他們觀察到年收入水平 10 萬 5,000 美元的話，每月所得波動就不會構成問題——問題是絕大多數家庭的收入遠遠達不到此一水平。

通常人們無法有效的計劃或擬訂預算，因為他們不知道他們將從工作的商店、餐館、營建工地等分配到多少小時的工作。41% 的時薪工人表示，他們沒有在提前一週以上的時間接到下一輪的排班通告，而且許多人說，如果他們拒絕接受，下個月的工作時數就會更少。因此，他們永久處於排班表調度和收入不確定的狀態。有一項研究顯示，一般工人非常害怕排班變動，以至於他們願意犧牲 1/5 的收入來換取可預測性的工作。

匱乏對一個人的世界觀會有深遠的影響。普林斯頓

大學心理學家艾爾達‧夏菲爾（Eldar Shafir）和哈佛大學經濟學家森迪爾‧穆蘭納珊（Sendhil Mullainathan）、就以各種形式的匱乏對窮人會有什麼影響進行了一系列研究。他們發現，窮人和富人在流動智力測驗中的表現非常相似，這是近似智商（IQ）的一般性測量。但是，如果每一組人在接受測試之前被迫考慮如何支付 3,000 美元意料之外的汽車修理費用，那麼窮人組的表現將跌落相當 13 點的智商，幾乎是一個完整的標準差。光是考慮如何支付假設性的一筆費用，就足以破壞他們在一般智商測試中的表現，把他們從「優」貶到「可」，或從「可」貶到「近乎不足」。透過假設性的費用刺激匱乏心態，研究同時也發現，在較為貧窮的參與者中，自我控制測試的正確反應從 83% 降低到 63%，至於比較富裕者則沒有影響。

匱乏的心態不僅僅是「壓力」——它實際上透過消耗頻寬使一個人變得較不理性和較為衝動。在另一項研究中，夏菲爾和穆賴納丹要求兩組人分別記住兩位數字或八位數字。然後，他們分發蛋糕和水果給這兩組人。那些全神貫注的試圖記住八位數字的人更常吃蛋糕。當一個少數民族的服務生為研究參與者送上一種令人厭惡的傳統菜餚時，這個專注的小組更可能態度粗魯，或者做出有種族歧視意味的評論。心理上比較輕鬆的那組人，他們的頻寬就能節制反應和保持禮貌。

我們對匱乏全都有不良反應。想像一下，你安靜的

坐在你的辦公桌前，有人衝進來告訴你，你忘了在五分鐘內即將開始的會議，而你必須趕緊穿過城鎮才能到達會議地點。突然間，你得開始行動了。你急急忙忙思考你必須準備什麼。在出門時，你可能會忘記鑰匙或其他東西。要找到詳細的方向指示教你怎麼去那裡，似乎得花太多時間，所以你只是朝著大方向前進。你慌張的給對方發簡訊或電子郵件，告訴他：「我在路上，會稍微遲到。」你可能會反省，你是怎麼忘記這次會議的，這是不是別人的錯。你可能會變得焦躁不安，需要在你進入會議室之前安靜下來，深吸一口氣，讓自己不會顯得狼狽。

或者想像一下，這一天特別忙碌，你被迫不吃午餐。到了下午，你餓得發慌，想找東西吃，但是會議接二連三到來，很快的你就分心了，腦筋裡只想著是否有人有準備點心，或是附近有自動販賣機。你聽不到別人說的話。研究顯示，節食者的注意力會不斷分散，並且在各種必須要用心的任務上表現更差。睡眠不足的人、孤獨的人、電話就在他們面前桌子上的人和被要求考慮金錢的窮人，也都是如此。

不同形式的匱乏往往會綁在一起。譬如，如果某人沒有能力付汽車修理費，他們可能必須設法搭公共交通工具上班，然後又得想辦法及時趕到學校接孩子放學，或是他們可能需要安排托兒服務等等。當你很窮的時候，這些選擇會界定你有多少時間睡眠，會變得非常耗損精神和體

力。你選擇花費某一筆錢，代表你能花在其他地方的錢就會減少，因此每個決定和計算都很重要，並且很傷神。

普林斯頓大學的心理學家夏菲爾說：「有很大一部分美國人在經濟上擔心和掙扎，因此可能缺乏頻寬。每當新問題引發醜陋的頭腦時，我們就會失去其他地方的認知能力。這些發現甚至可能顯示……在金融危機之後，美國可能已經失去了大量流動智力……他們的身邊已經沒有空間容得下東西。」

互聯網時代讓我印象深刻的一點是，全世界的資訊都任憑我們運用，但是似乎並沒有讓我們變得更聰明。如果說有什麼變化，恐怕是我們反而變笨了。我們大多數人發現自己的時間、金錢、同理心、注意力或頻寬方面都陷入緊張狀態。這是自動化產生的巨大變化之一，先進科技應該為我們所有人創造更多富裕的感覺時，反而促成大多數人經濟上的不安全感。有一點可以確定的是，隨著穩定和可預測的工作和收入變得越來越稀罕，我們的文化變得更笨拙、更加衝動，甚至更多的種族歧視和厭惡女性，這是因為人們搶著在經濟大潮來臨之前不被淹沒而頻頻跳動的緣故。有人可能會爭辯，任何民主國家都必須盡一切努力使其人民擺脫匱乏的心態，以便做出更好的決定。

匱乏文化是一種消極文化。人們只想會出現什麼問題，大家互相攻擊。部落主義和分裂正在上升，理性開始失勢，決策體系整個變壞。持續樂觀的行為——結婚、創

業、搬家接受新工作——全都下降。如果這看起來很熟悉，那是因為這正是我們在美國看到的數字。我們正在迅速的從富裕的國度過渡到「只顧自己」的國度。

富足或匱乏的心態跟你居住在美國哪個地區密切相關。不同的地區現在正經歷著不同程度的經濟活力，它們往往對未來有完全不同的概念。一個人的生活方式很大程度上是取決於你生活的地方。

第十一章
地理決定命運

工作從什麼地方消失

當就業機會從一個城市或地區撤離時，惡化的情況很快就會一瀉千里。

俄亥俄州的楊斯敦（Youngstown）是後工業城市遭受失業風暴打擊的典型代表，它只能在布魯斯・史普林斯汀（Bruce Springsteen）的歌曲中永垂不朽。20 世紀早期到中期，這座城市以鋼鐵製造業的中樞名聞遐邇。楊斯敦鋼鐵及鋼管公司（Youngstown Steel and Tube）、美國鋼鐵公司（US Steel）和共和鋼鐵公司（Republic Steel）各自在該市建立主要鋼廠，支持數千名工人就業。隨著工業的蓬勃發展，該市人口從 1890 年 3 萬 3,000 人增加到 1930 年的 17 萬人。

當時的好工作非常多，楊斯敦成為美國中位數所得最高的城市之一，以自有住宅擁有率而言排名全美第五——被譽為「家園之城」。楊斯敦的鋼鐵業被認為攸關國家安全；1952 年韓戰期間，工會工人威脅要罷工時，杜魯門總統下令由政府接管楊斯敦鋼鐵及鋼管公司在芝加哥和楊斯敦的工廠，以保持高度生產。

在20世紀的大部分時間裡，楊斯敦的文化充滿活力，頗能自豪。兩家大百貨公司進駐市中心，另外有四個高檔電影院不時播映最新的電影。還有一個公共圖書館、一個藝術博物館和兩個大型精緻的公共禮堂。楊斯敦市每年舉辦一次「社區寶箱」幫助有需要的人。鋼鐵業是楊斯敦的特徵，當地一家教堂展示一名工廠工人的圖像，並且標注說明「主的聲音強大的展現出來」。

鋼鐵業在1960年代和70年代開始面臨全球化競爭。楊斯敦鋼鐵及鋼管公司於1969年與位於紐奧爾良的萊克斯輪船公司（Lykes Corporation）合併。

隨著企業主離開楊斯敦市，沒有人再投資工廠——工人們知道他們的工廠設施不是最先進的，因此不斷爭取資方增加投資。然後，1977年9月19日的「黑色星期一」，楊斯敦鋼鐵及鋼管公司宣布關閉公司在當地的大型工廠。共和鋼鐵公司和美國鋼鐵公司隨即跟進。五年內，楊斯敦市失去五萬個就業機會和13億美元的製造業工資。經濟學家創造出「區域性蕭條」（regional depression）這個名詞來描述揚斯敦及周邊地區的情況。

當地教會和工會領袖針對工廠關閉組織起來，他們成立一個聯盟向全美人民訴求，提出立法倡議，也占領公司總部以示抗議。他們成功的促使國會通過一項法律，規定工廠停工應該提前公告。他們還試圖募集工人接管其中一家工廠。政府提出貸款計畫使一些失業鋼鐵工人可以到

楊斯敦州立大學上課、接受再培訓。

　　然而，在維護居民的生活方式上，這些努力基本上是徒勞無功的。到了 1983 年，工廠一直處於關閉狀態，當地失業率飆升至跟經濟大蕭條時期的 24.9% 等量齊觀的水平。隨著房地產價格暴跌，百姓破產、銀行強制拍賣財產的數量達到創紀錄的水平。縱火變得司空見慣，80 年代初期平均每天有兩間房屋失火，有一部分是屋主試圖詐取保險理賠。這個城市因為心理和文化崩潰大為改變。憂鬱症、打小孩打老婆的家暴事件、吸毒和酗酒、離婚和自殺全都變得更加普遍；本地的心理健康中心的案例量在十年內增加為三倍。1990 年代期間，楊斯敦的兇殺案是全美平均水平的八倍，比紐約高出六倍，比洛杉磯高出 4.5 倍，比芝加哥高出兩倍。

　　整個 1990 年代，本地政商領袖不斷尋求新的經濟發展機會。首先是發展倉儲業，之後搞電話行銷，然後又試小聯盟體育活動。最後試辦監獄——在本地興建了四所監獄，雖然增加 1,600 個就業機會，卻也帶來其他問題。許多居民擔心外界會把楊斯敦視為「刑犯殖民地」。民間業者經營的一家監獄管理非常鬆懈，六名囚犯（其中五人是已被定罪的殺人兇手）於 1998 年 7 月的某一天在光天化日之下逃脫，獄官竟然在其他受刑人通報後才查覺有人越獄。媒體紛紛跑到楊斯敦來採訪，監獄公開道歉，並付給市政府一百萬美元，做為警方加班追捕逃犯的費用。由縣

政府經管的另一所監獄，由於人員不足和預算不足，被迫在 1999 年初釋放數百名囚犯。1999 年，經過 20 年的調查之後，70 多名本地官員被判貪汙罪定讞，其中包括警察局長、警員、縣工程師和一位美國國會眾議員。

2011 年，布魯金斯研究所（Brookings Institute）發現，全美一百個大都會地區中，楊斯敦的貧困人口所占比例最高。2002 年，楊斯敦市推出「楊斯敦 2010」計畫（Youngstown 2010）。2010 年計劃透過選定目標的投資，以及把人們從低居住率地區遷移到更有活力的社區，來實現「聰明的收縮」。媒體吹捧 2010 年計畫是後工業城市復興的藍圖，楊斯敦市長也巡迴全美推廣這項計畫。我喜歡 2010 年計畫背後的認清現實。然而，它被證明還是難以執行——楊斯敦市並沒有成功的將市民從低居住率地區重新遷徙，也未能完成它的拆遷計畫。

就百分比而言，楊斯敦是 1980 年以來，美國萎縮速度最快的城市。當地人口在 2000 年降至 8 萬 2,000 人。今天約為 6 萬 4,000 人。現在最大的雇主是設在本地的大學。楊斯敦州立大學勞動研究所教授約翰‧拉索（John Russo）說：「楊斯敦的故事就是美國的故事，因為它顯示當工作消失時，一個地方的文化凝聚力就會被摧毀。文化崩潰比經濟崩潰更重要。」新聞記者克里斯‧黑吉（Chris Hedges）2010 年呼應說：「楊斯敦，就像美國許多後工業社區一樣，是一個荒廢的殘骸，深受刑案猖獗之

苦，以及社區實體崩潰後隨之而來的心理和犯罪問題的困擾。」

許多年輕人離開楊斯敦，到其他地方尋找更好的機會。有三個孩子的單親媽媽唐安‧葛里芬（Dawn Griffin）雖然留了下來，卻很難找到工作。她雖然心懷家鄉，但也計劃幾年後搬出去，因為她和她的孩子在本地沒有前途。她仍然懷念過去，還記得她父親在鋼鐵廠工作時的童年好時光：「我以為我們很富有。」她仍然幻想她的家鄉會有什麼發展：「但這裡什麼也沒有了，只剩下鋼筋水泥。」

我們在楊斯敦看到的模式是：隨著工作的消失，社會解體、犯罪、公共腐敗等日益加劇，經濟發展計畫屢屢失敗，人力資本外逃——這並不是獨特的現象。它們適用於已經出現類似工業外移的其他城市。

印第安那州蓋瑞市（Gary）是另一個工廠關閉後就業機會大量流失的鋼鐵城鎮。這是麥可‧傑克遜（Michael Jackson）和珍娜‧傑克遜（Janet Jackson）等「傑克遜五小福」（Jackson 5）1950年代生長的老家，許多當地人形容當時的成長環境非常理想。在它沒落之後，它被稱為「謀殺之都」，1993年人均殺人率躍居全美第一名。1992年，20名當地警察遭到聯邦起訴，罪名是敲詐勒索和派發毒品。1996年，為了爭取新就業機會，蓋瑞市迎來了兩艘賭場遊艇，並且開放密西根湖岸合法賭博。

2003 年，蓋瑞市投資 4,500 萬美元用於一個少棒聯盟棒球場，盼能振興經濟，可是結果仍令人失望。2014 年，一名連環殺手承認在蓋瑞市至少殺害七個人，棄屍於無人居住的空屋。今天，蓋瑞市幾近 40% 的居民生活在貧困中，全市四萬戶住宅有 25% 以上被遺棄、無人居住。市政府沒有錢拆除廢棄房屋，正在考慮切斷對許多社區的服務。蓋瑞市人口在 1960 年達到頂峰 17 萬 3,320 人，到了 2016 年降至約 7 萬 7,000 人。

85 歲的魯賓・羅伊（Ruben Roy）從前是個鋼鐵工人，回憶起蓋瑞市以前的美貌，以及他剛出社會時多麼容易獲得工作：「我起先得用鐵鍬和鏟子，鏟東西，撿東西，但是那些工作都沒了。他們現在使用機器鏟東西，撿東西。世界變囉，在我們當年，你得虎背熊腰、頭腦簡單才能找到工作。現在你體格不必粗壯，但是頭腦一定要強大。我會告訴孩子們要離家，去接受教育，去有工作、有機會的地方。他們不再住在蓋瑞市了。」

23 歲的伊瑪妮・鮑爾（Imani Powell）是本地「水牛城辣雞翅連鎖餐廳」（Buffalo Wild Wings）的服務生，在亞里桑那州念了一年大學後回到蓋瑞市，與她的媽媽和姊姊一起住。她說：「我真的好想搬到一個更美麗的地方，在那兒你不用擔心棄置的房屋。這裡有太多被棄置的建築物。每次經過它們，都讓我害怕；我可不想成為被棄置在其中一棟空屋的屍體。住在蓋瑞市的人很複雜。他們不想

搬，因為這是他們住慣了的城市。你想遠走高飛、做自己想做的事情，還是想和家人在一起？他們說家要靠你自己打造，但當它是狗屎的時候，你很難讓它變漂亮。」

　　紐澤西州康登市（Camden）是工業衰退後會有多慘的另一個例子。1950 年代，康登市的公司雇用了數以千計的造船業和製造業工人。康登市也是康寶濃湯公司（Campbell's Soup）總部所在地，公司成立於 1869 年。1950 年製造業工作機會達到 4 萬 3,267 個的高峰後，康登市的就業基礎下滑，到 1982 年僅剩下 1 萬 200 個製造業就業機會。康登市於 1985 年開設一所監獄、1989 年建造一座巨型垃圾焚化爐做為回應。1981 年至 2000 年期間，三名康登市市長因貪汙罪被判入獄。截至 2006 年，康登市 52% 的居民生活在貧困中，全市的家庭收入中位數僅為 1 萬 8,007 美元，使它成為美國最貧窮的城市。2011 年，康登市的失業率為 19.6%。康登市在 2012 年是美國犯罪率最高的城市，每 10 萬人中有 2,566 起暴力犯罪，是全美平均值的 6.6 倍。人口從 1970 年的 10 萬 2,551 人下降到 2016 年的 7 萬 4,420 人。羅格斯大學（Rutgers University）歷史學教授霍華德・吉利（Howard Gillette, Jr.）寫道：「1950 年到 1980 年之間……（在康登市）社會病理學模式成為日常生活的真實要素。康登市及其絕大多數公民在它式微後，仍然為這座虛幻的城市更新奮鬥，在人類生活與金錢報酬上都投入相當大的資金。」

《滾石雜誌》（*Rolling Stone*）的麥特‧泰比（Matt Taibbi）在 2013 年將康登市描述為「由武裝青少年經營的一個大都會地區，既無就業機會，也無安全的食品」，並指出全市 30% 的人口年齡在 18 歲或以下。2010 年至 2013 年期間，紐澤西州政府削減支持康登市許多服務的補助款，導致暴力犯罪激增。警察局長史考特‧湯姆生（J. Scott Thomson）表示，犯罪率「使我們處於宏都拉斯和索馬利亞之間的地位」。

　　縣政府於 2013 年接管了康登市的警察治安任務，花費 450 萬美元設置一座安全中心，以及安裝 121 個保安攝影機和 35 組麥克風，來偵測槍擊和其他事件，因而促成一定程度的穩定和暴力事件的下降。

　　這些簡潔的描述絕不能交代清楚這些社區的完整歷史。譬如，它們掩蓋每個城市經歷的種族動態關係，因為每個城市在衰退期間都出現「白人大逃亡」。它們也對每天在現場努力改善問題的許多英勇事蹟關切不夠──我自然會為那些堅守不退的人士加油。

　　重點就在這裡──就業機會消失的地方，社會就崩潰。公共部門和民間機構沒有足夠的能力去改進。當社區真正瓦解時，要把它重新編織在一起變成一項艱鉅的任務，或甚至是不可能完成的任務。美德、信任和凝聚力──這些文明的東西──很難恢復。令人震驚的是，政府腐敗似乎經常與經濟困難同步發生。

許多創業家已經體驗到，成為一家成長型公司的一部分，與成為一家正在萎縮和失敗的公司之間的差異。在一個不斷發展的組織中，人們更樂觀、富有想像力、勇敢和慷慨。在萎縮的環境中，人們可能變得消極、搞政治手段、自私和腐敗。在大多數失敗的新創公司中，你會看到人性低劣的一面。社區也是如此，只是更加放大了。

美國生活最大的神話之一，就是大家相信一切都會自我糾正。如果它下降，它一定會恢復；如果它太高，它一定會回到地面。但有時候事情只會一直上升或下降，或保持在某個狀態，特別是如果許多人離開這個地方的話。這是可以理解的——如果他們可以一走了之，沒有父母親想要堅守在「謀殺之都」。

楊斯敦、蓋瑞市和康登市都是極端的例子。它們的情況不太可能在各地城市中複製。但是它們也很有用，讓我們瞥見失去工作的未來，若不努力填補空白的話，對社區會有什麼衝擊。

改變可能引起幹譙

我第一次訪問俄亥俄州時，一位友善的女士對我說：「你知道嗎？在這裡，改變是一個髒字。過去 20 年我們看到的唯一變化是變糟糕。」我不明白她的意思。我無法理解有些人為什麼有如此消極的心態。

幾個月後，我在舊金山和風險投資家賈瑞德・海耶

特（Jared Hyatt）討論如何幫助中西部地區。他說：「我在俄亥俄州長大的。我們家族沒有人還住在那裡——我們全都離開了。」我們提到另一位來自克里夫蘭的朋友，他是我在埃克塞特中學的同學。他去了耶魯，現在在矽谷的臉書公司上班。

新創公司這行有一句老話：當一家公司情況開始變壞時，最強的人通常會先離開。他們對自己的機會擁有最高的標準，也最有信心他們可以在新環境中茁壯成長。他們的技能是各方都想延攬的，他們覺得沒有必要堅守在一個地方。

留下的人往往沒有那麼強大的自信和適應能力。這就是為什麼公司陷入死亡螺旋的原因之一——第一流的人看到惡兆就走了，公司更加速衰退。

社區也是如此。

當就業機會和繁榮開始拋棄一個城鎮時，第一批離開的人就是那些在其他地方擁有最佳機會的人。搬家是生活上的一項重大改變——遠離朋友和家人需要極大的勇氣、適應能力和樂觀心態。

想像一下，生活在這種地方，最優秀的人總是先離開，在這兒，出類拔萃的目的似乎是前往更蒼翠的牧場。長期下來，你很容易就會產生負面心態。你可能變得更加驕傲、或是更加偏狹。經濟學家泰勒·柯文（Tyler Cowen）觀察到，自從 1970 來，就平均教育水平方面而

言，教育程度最高和教育程度最低的美國城市之間的差異，增加了一倍——也就是說，越來越多的受過教育的人往同一個城市聚集、離開了其他城市。

　　現在商業活力的分布極不均衡。2010 年至 2014 年期間，59% 的美國各縣公司歇業的家數大過新開張的公司。同一時期，只有五個大都會地區——紐約、洛杉磯、邁阿密、休士頓和達拉斯——它們的新設公司家數超過全美其餘地區加總起來的家數。2016 年，加利福尼亞州、紐約州和麻薩諸塞州得到 75% 的風險投資的青睞，其餘 47 個州要去競爭剩餘的 25%。過去歷史上，即使在經濟衰退期間，幾乎每一年所有美國城市新開業的公司家數都超過關閉的家數。2008 年之後，這個基本的動態衡量標準崩潰了。過半數的城市，公司歇業的家數大過新開張的家數，而且 2008 年金融危機都過去七年了，這個走勢還沒有止息。大多數都會地區，企業潮流不是遷入，而是出走。

　　部分原因是由於地區分歧如此劇烈，美國經濟在過去 40 年中明顯變得不再那麼活躍。這段期間，新開張公司的比率急劇下降：

新公司淨增家數（1977～2013）

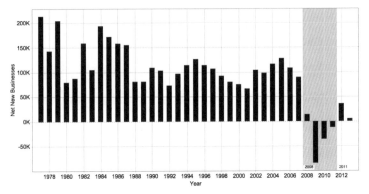

資料來源：The Atlas, "Net Annual Change in the Number of New Firms（US）."

　　讓問題變得更加複雜的是，美國人現在跨越州界、更換工作的比例比起過去幾十年任何時候都低了許多。每年跨州際搬遷率從 1970 年占全美人口的 3.5% 左右，下降到 2015 年僅有 1.6% 左右。區域不平衡的激增，同時造成的不是人口增加遷徙，而是人口原地不動。

　　經濟學家拉吉‧契蒂（Raj Chetty）和納丹‧韓德仁（Nathan Hendren）的一系列研究顯示，你所成長的地方攸關到你未來的前途。在某些縣長大的低收入戶兒童——如北卡羅萊納州梅克倫堡（Mecklenburg）、佛羅里達州希爾斯布洛（Hillsborough）、馬里蘭州巴爾的摩市（Baltimore City）和伊利諾伊州庫克（Cook），長大後比在更好地區長大的其他低收入戶兒童，賺的錢要少25% 至 35%。收入流動最佳的地區——舊金山、聖地亞

哥、鹽湖城、拉斯維加斯、羅德島的普羅維登斯，小學生考試成績較佳，雙親家庭比例較高，參與公民和宗教團體活動的比例較高，富人、中產階級和貧困家庭的住宅交融程度比較大。如果來自低流動地區的兒童遷移到表現較好的地區，每一年都會對他或她的未來收入產生正面影響。他們也更有可能上大學，比較不可能成為單親父母，更有可能因每年在更好的環境中長大而賺到更多的收入。

我們可能會覺得驚訝，美國人現在開始創業、搬家到美國另一個區域，或甚至轉換工作的可能性，竟然低於現代歷史上的任何時候。對我們經濟最恰當的描述，竟然與活潑恰恰相反——它是停滯不前，並且持續下滑的。

許多不同的經濟體

我在旅行期間，對美國各地區及其經濟前景之間的差異懸殊大感震驚。在高端，你看到主要的樞紐和沿海城市，它們充滿活力，具有競爭力，物價昂貴，由一批不斷變化的名牌公司主導。在這裡，你看到持續不斷的工程營建、不斷湧入的大學畢業生，感受到一股文化活力。有色人種和移民的人數很多。增長率很高，新創公司也很普遍。

你也看到物價飆升。在曼哈頓，公寓每平方英尺的售價超過 1,500 美元，因此一戶 2,000 平方英尺的公寓售價可能在 300 萬美元上下。美國房屋的中位數價值為 20

萬美元，目前待售房屋的平均價格約為 25 萬美元。因此，在曼哈頓買一戶 2,000 平方英尺的公寓，可能要支付其他地區一戶房子的 12 到 15 倍的價格。高物價也延伸到雜貨店，一人份奶酪可能要花兩美元；開車進入紐約需要 15 美元的通行費；電影票價為 16.50 美元。把家用速霸陸汽車停放在本地車庫每月租金 500 美元，這是其他地方許多人可能支付的住房租金。你看到很多人穿著運動褲和運動衫，上面印著他們念的大學的名字：「耶魯大學」、「賓州大學」、「明德大學」。[7]

在舊金山和矽谷，他們不會宣揚自己上哪一所大學，但是物價同樣高不可攀。帕羅奧圖（Palo Alto）和阿瑟頓（Atherton）一棟貌不驚人的房子價格超過 200 萬美元。Google、臉書、Airbnb 和蘋果的公司總部是圈內人旅遊的景點。對於一般的科技工人來說，你早上醒來，從綠樹成蔭的郊區開車到停在人間的太空船上班，留在那裡吃公司付錢的美食晚餐。或者你騎腳踏車去市中心的辦公室，或者從舊金山搭乘黑暗窗戶的公司巴士，然後帶上耳機，敲打電子郵件。你常常想到錢和房子，但是不去談論它。

---

7 譯注：明德大學（Middlebury）是美國佛蒙特州米德爾堡（Middlebury）一所私立文理學院，成立於 1800 年。它在 1823 年成為第一個授予黑人學士學位的學院。它也是美國新英格蘭地區第一個男女同校的學院，1883 年就開始接受女學生。

大多數人都是外地搬來的。

　　辛辛那提或巴爾的摩等中型城市的氣氛就大不相同，這些城市通常有少數幾家全國性知名的機構，譬如寶僑公司[8]、梅西百貨[9]和克羅格公司[10]在辛辛那提；或約翰霍普金斯大學、羅威·普萊士[11]和安德瑪公司[12]在巴爾的摩。這些地區通常處於均衡狀態，主要機構投資於社區成長，而一般組織環繞著它們興衰。物價一般。出現新的建物時，每個人都知道它是什麼，因為早已經有大量相關新聞報導。偶爾本地區的一家大公司開始跌跌撞撞，本地人會驚慌失措。人們搬到這些城市去為其中一家大公司工作，但是很大比例的居民和工人都是在這個地區出生。如果你在辛辛那提或巴爾的摩長大並上大學，一想到要離開，可能會思索良久，難以決定。這些城市的氛圍是令人愉快的堅毅，而且融合了正常、功能性和負擔得起。

---

8 譯注：寶僑公司（Procter and Gamble）成立於 1837 年，是美國一家跨國消費日用品公司，全球員工近 14 萬人。2014 年營收達 831 億美元。

9 譯注：梅西百貨（Macy's）是美國著名的連鎖百貨公司，紐約市旗艦店 1924 年開幕時曾經被宣傳為「世界最大百貨商場」。

10 譯注：克羅格公司（Kroger）是 1883 年創業的美國零售業公司，以營收而言，它是美國最大超級市場連鎖系統（2016 年營業額 1,153 億美元），第二大的一般零售業（僅次於沃爾瑪），也是《財星》雜誌評定的美國第 17 大公司。

11 譯注：T. Rowe Price，是美國一家股票公開上市的全球資產管理公司，2017 年經管的資產超過 9,000 億美元。

12 譯注：安德瑪（Under Armour，縮寫 UA）是美國的運動用品公司，主要販售運動服、配件及休閒服裝。

接下來是遭到沉重打擊的舊工業城鎮。底特律、聖路易、水牛城、克里夫蘭、哈特福、雪城[13] 和其他許多城市可以歸入這一類。它們經常感覺被凍結在時間裡，因為它們建立於 20 世紀中葉，然後就面臨各式各樣的挑戰。隨著人口逐漸減少，城裡有許多大型建築和部分地區被棄置。底特律是最著名的例子，原本 170 萬人口的城市、現在只剩下 68 萬的居民。

這些後工業的城市具有很大的潛力，但是許多人的情緒非常低落，有很多消極態度和缺乏信心。許多人為他們自己的城市道歉，並嘲笑它，通常是因為他們將它與其他地方或它的過去做比較。我有一個朋友從加州搬到密蘇里州，他說人們一遍又一遍的問他：「你為什麼要這樣做？」有位從華府搬到克里夫蘭的朋友也有同樣的發現，他說：「這裡的人們需要停止道歉或者自嘲。」

比較積極的宣示是亮出一個口號，譬如：「底特律要更忙碌。」我喜歡一個能採取正面態度的地方。

令我感到驚訝的一件事是，許多地方 —— 底特律、辛辛那提、克里夫蘭、聖路易、紐奧爾良、巴爾的摩——

---

13 譯注：雪城（Syracuse）是紐約州人口第五大的城市，在過去兩個世紀是重要的交通樞紐，先是成為伊利運河和其支流的樞紐，後來又成為鐵路樞紐。今天，雪城坐落於 81 號和 90 號州際公路的交匯處，並擁有本地區最大的機場。雪城大學亦座落於本市。

在市中心都有一個賭場。我在某些上班日的夜晚去參觀，它們並是令人興奮的地方，但是賭場裡的大多數人似乎不應該賭博。

有一次，我在中西部旅行，進到一家曾經擁有美好日子的中餐館吃午飯。廁所裡有一個小便池被打破，用膠帶覆蓋起來。我心想：「店家應該修好它才對。」我又從業主的角度思考。他們的利潤可能很薄，如果花了幾百美元來修理這個小便池，可能也不會增加來客量。我又想像了一下：如果他們變得非常樂觀，花了一、兩千美元把整個地方整理得煥然一新。然而，本地的人口明顯減少，重新裝潢並不保證會帶來新生意。於是，我意識到，如果是在一個萎縮的環境中營業，任由小便池貼著膠帶或許是一個非常合理的作法。樂觀可能是愚蠢的。當你習慣於失去顧客和資源時，你會做出不同的選擇。

最後，還有一些位於邊陲的小城鎮，這些地方彷彿真的被人遺忘了。周圍的經濟活動很少，他們彷彿很粗野，你會感覺到這兒的人類更接近自然狀態。他們低著頭，盡一切努力勉強餬口。

大衛‧布魯克斯（David Brooks）在《紐約時報》專欄文章中生動的描述這些城鎮：

今天，這些地方不再是邊疆的城鎮，但其中許多地方仍然生存於傳統主義秩序和極端解體之間的同一刀刃

上……這些地方許多人往往會把他們的社區當做……赤裸裸爭奪資源的地方──一個艱困的世界、一個不存在幻想的世界、一個衝突已經融入現實結構的世界……可能造成最大麻煩的罪惡不是社會罪惡──不公不義、不文明等。它們是個人的罪惡──懶惰、自我放縱、飲酒、亂搞男女關係。然後就像現在一樣，混亂總是一路衝到門口……社會混亂的力量在每條街道上都可以清楚看到：濫用殘障救助計畫的懶惰鬼、亂生孩子的人、吸毒者、家暴者。

住在紐約、舊金山和華盛頓特區的人們都經過層層的社會化和體制訓練。我們是在抽象中走動的金融家、技術專家和政策專家。我們爭論各種想法和主張。我們的房租很高，我們的目光鎖定在下一個有待攀越的障礙物。我們有閒情逸致關心不公不義和不文明。

在全美各地的小城鎮和後工業社區，他們卻以更純粹的形式體驗人性。他們的家庭生活因自動化和缺乏就業機會而改變，他們的未來很快也將成為我們的未來。

第十二章
男人、女人與小孩

　　自動化和經濟的變化已經改變全美國數百萬家庭和家庭關係——而且不是往更好的方向發展。

　　2000 年至 2014 年期間，美國流失 500 萬個製造業就業機會。將近 3/4 的製造業工人是男性，因此這些變化對沒有大學學位的男性造成了不成比例的嚴重影響。男性機會減少使得勞工階級男性結婚的機率降低。

　　麻省理工學院專門研究貧窮問題的大衛・歐圖（David Autor）的研究顯示，當製造業工作變得越來越少時，在受影響社區的男性結婚比例會下降。自從 1990 年以來，男性的平均工資實質下降。皮優（Pew）民調研究中心有一項研究顯示，許多男性因為沒有經濟上的安全感而放棄或延遲婚姻。同一項研究顯示，對於女性來說，穩定的工作是她們尋找配偶時最大的考慮因素。

　　結婚是一種樂觀、穩定和繁榮的行為；它也可能很昂貴。如果你沒有穩定的工作，上述所有因素都變得更加困難。過去 40 年，所有階級的結婚率都下降，在沒有受大學教育的族群中，這種下降是最極端的。勞工階級成年人結婚的比例從 1970 年的 70%，急劇下降到今天的

45%。這種下降在 2000 年真正加速，大約與製造業就業機會開始消失的時間相同。

18歲（含）以上已婚個人比例，以教育程度為分別（1970～2015）

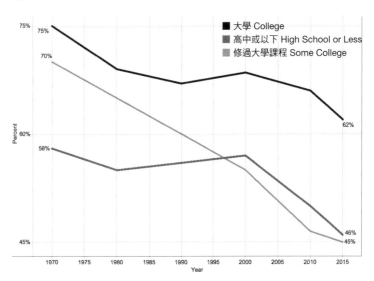

資料來源：The Pew Research Center analysis of 1970～2000 decennial census and 2006～2015 American Community Survey.

　　結婚率下降有許多原因。有些人認為是因為勞動參與率提升，讓女性有更多的選擇，而且女性現在對男性的依賴程度較低——這些都有關係。其他人則說文化規範變了。然而，勞工階級男性機會的減少無疑也造成結婚人數減少。男人之間出了什麼問題已有充分的文獻討論。2016 年《大西洋》（*Atlantic*）有一篇文章，題目是「失

踪的男性」（*The Missing Men*），它指出，美國黃金年齡（25～54歲）的男性有 1/6 失業或脫離勞動力市場——總人數達一千萬人。

從勞動力中失踪的這些男人究竟一整天都在做什麼？很多傾向於打電玩遊戲。最近根據人口普查局有關時間利用調查所進行的一項研究顯示，沒有大學學位的年輕人，已經把他們過去花在工作上的時間之 75%，改放在電腦上面，主要是花在電玩遊戲。

女性現在明顯占了大學畢業生的過半數——2017年，女性占大學畢業生的 57%，而且預計這個趨勢未來幾年內將持續下去。當你讀到這篇文章時，男、女大學畢業生的比例將會接近 2：3。女性畢業生有過半數也將繼續取得碩士和研究生學位。這也是一種國際趨勢，在絕大多數開發中國家，女性都占了大學畢業生的過半數。

男性人數在勞動力行列的減少也代表被認為「適婚」的男性人數減少。記者阿拉娜・史穆爾（Alana Semuels）採訪一位勞工階級的女性，提問婚姻的議題，這位受訪者回答說：「我還沒有遇到我認為適合結婚的對象。」對於沒有受過大學教育的女性來說，她們的男伴找不到工作，似乎就不是穩定的人生夥伴。

結婚率低，意味由單親撫養的子女比例急劇上升；雖然生育率正在下降，但人們不會因為沒有結婚而停止生育。從 1980 年到 2015 年，未婚母親所生子女的比例增

加了一倍多，從 18% 增加到 40%。

　　單身母親人數多過單身父親，呈現 4：1 之比例。全美 1,100 萬個有 18 歲以下子女、但沒有配偶的家庭中，有 850 萬個是單身母親。絕大多數情況，單親指的就是單身母親。如果你把未受過教育的男人推到一邊，讓他們無法提供家用，你就會形成許多困難的家庭情況，他們將很難撫養孩子。研究貧窮問題的大衛·歐圖針對製造業的衰落如何影響男性和女性的一份報告評論說：「我們看到生育率下降，結婚率下降，但出生在弱勢家庭的人口比例上升，因此孩子們生活在相當艱難的環境中。」

未婚女性生下嬰兒的比例（1940～2015）

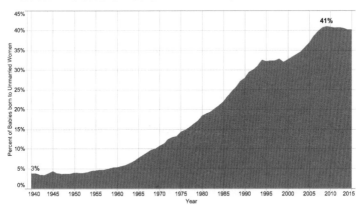

資料來源：Centers for Disease Control and Prevention, Table 1～17. Number and Percent of Births to Unmarried Women, by Race and Hispanic Origin: United States.

在單親家庭中長大的男孩似乎比女孩受更多的苦。一項研究顯示，與穩定的已婚父母一起成長，會使得小孩更有可能在學校成功，但是沒有父親對男孩的影響比對女孩更大。沒有父親的男孩更有可能從小學起就陷入困境，並且似乎「對父母的投入（或缺乏投入）比女孩的反應更敏感」。一項研究的作者說：「隨著更多男孩成長時、家裡沒有父親，並且由於女性（尤其是勞動階級社區）被視為更穩定的成就者，男孩和女孩都認為男性的成就取向較低，高等教育的能力傾向較差……大學成為許多女孩去念，但只有一些男孩會去念——這與早期的文化規範恰恰相反。」

　　凡斯對男孩會忽略上學有同樣的觀察，他說：「小時候，我把在學校功課好與女性氣質聯繫在一起。男子氣概意味著力量、勇氣、願意打架，以及後來能把妹、交女朋友。成績好的男孩太『娘娘腔』……現在的研究顯示，像我這樣的勞動階級男孩在學校表現更差，因為他們認為念書是女生幹的事。」

　　我自己家裡有兩個小男孩，對於男孩在小時候掙扎的過程較少受到關注，並不感到驚訝。注意力不足過動症（Attention Deficit Hyperactivity Disorder, ADHD）的年輕男孩比女孩多出二到三倍，2015 年美國疾病控制中心（U.S. Centers for Disease Control）的一項研究發現，多達 14% 的男孩有這種症狀。我一些朋友的女兒看起來像

個小大人，可是我家兒子卻沒有。男孩和女孩成熟的不同，女孩子成熟得更快、更早。有明顯證據顯示，相對成熟度使得女孩子在學校成績更好。2012 年，代表畢業生在高中畢業典禮致答詞的學生有 70% 是女孩，而且在絕大多數已開發國家，女孩升大學的比率較高。

受過大學教育的女性站在光譜的高端，不喜歡與沒有大學畢業的男性結婚，這是可以理解的。由於大學畢業生的男女比例是 2：3，每兩名男性大學畢業生出現，相對就有三名女性大學畢業生，這意味著近 1/3 受過大學教育的女性如果想找一個男性伴侶，連理想的匹配程度也找不到。因此，在受過教育的婦女中，越來越多婦女要嘛是在沒有伴侶的情況下撫養子女，要嘛就乾脆不結婚生子。在我的社交圈中，這種情況比比皆是；我認識許多紐約市有專門職業的成功女士，她們若不是沒有家庭生活，就是以單身母親之力撫養孩子。她們之中許多人才華橫溢、美麗動人。就某種程度而言，這樣很好，但是就某種程度而言，它又遠遠不夠理想。有位在哈佛商學院念書的媽媽私下告訴我，她一直感到內疚，她的女兒將是一個獨生女、沒有手足，但是她無法想像自己如何撫養一個以上的孩子。

我明白——有小孩、撫養小孩，對我和內人來說都是我們生活中最艱難的經驗。我原先很自大，心想：「開天闢地以來，人們就能生孩子。這有什麼困難？」現在，

我試著提醒新手父母，無論他們經歷了什麼，都是完全正常的，他們必須預期生活會發生變化，精神也會繃得很緊。有了孩子，對我和對內人，都是個人和婚姻的重大考驗。我們都同意，除非有家庭成員在身旁給予令人難以置信的支持，我們根本不知道任何單身母親或父親是如何挺過來的。

數據證明了這一點——從任一方面看，單親家庭撫養子女的結果都顯著不利：教育、收入、結婚率、離婚率、健康等，甚至控制了父母的收入。

它還部分解釋了為什麼 50% 的美國人要住在距離他們母親 18 哩的地方——一旦你生了小孩，你就知道家庭的可貴。

佛瑞德里克·道格拉斯（Frederick Douglass）寫道：「打造堅強的孩子比修復破碎的男人更容易。」他沒說的是，打造堅強的孩子也很困難。我認為創辦一家公司很難，但是當父母同樣艱難或甚至更難。我意識到身為父母和成為創業家之間有許多相似之處。以下是部分列表：

- 每個人都有意見，但沒有人知道他們在做什麼。
- 頭兩年最艱苦。
- 沒有人像你一樣關心。
- 最高興的是，它充滿了意義和目的。
- 人們總是撒謊，不說實話。
- 明智的選擇你的夥伴。

- 心比金錢更重要。但是金錢會有幫助。
- 想要外包出去，非常、非常困難。
- 你會發現誰是真心朋友。你也會結交一些新朋友。
- 有時候責任會讓你抓狂。
- 如果你知道它後來的發展，你可能不會開始。但是你很高興你做了。
- 會有千百個你從未想到的小事冒出來。
- 你如何花你的時間，比你說了什麼更重要。
- 一切都比你想像的要貴。
- 大多數工作都是骯髒的、吃力不討好的、堅韌不拔的。
- 有時候你甚至不知道你為什麼這麼做。
- 你對自己有了更多的了解。你會受到你無從想像的方式考驗。
- 當你發現有人真心能幫助你的時候，你會感到非常感激。
- 你必須為自己騰出時間，否則就不會有時間。
- 無論你的弱點是什麼，它們都會曝露出來。
- 你認為它很脆弱，但它會讓你大吃一驚。
- 有時候你會做一些連你都不確定自己有能力做的事情。
- 當它做了很棒的事情時，沒有什麼比它更好的了。
- 剛開始的時候你非常重要。然而，目標是讓自己

變得無關緊要。

- 人們有時會對你褒過於貶。
- 會有很多噪音，但是畢竟一切由你決定。
- 它賦予你的生活不同的面向。你會有新的成長。
- 它比任何人預期的都更難。但是它是有生以來最棒的事情。

創業家精神被定義為，在不考慮當前你所控制的資源的情況下，全力追求機會。每個父母每天都在超越障礙和限制，同時又要為他或她的孩子尋求最好的機會。所以在某種程度上，所有的父母都是創業家。

儘管內人擔下大部分最艱苦的工作，我要創辦「為美國創業」，同時又要撫養孩子（並維持婚姻），這些就差點把我搞瘋了。你永遠不得休息。基本上，做父母的有一大堆瘋狂的工作，獨力完成它們似乎是不可思議的困難。這就是我們讓越來越多的人──其中絕大部分是女性──去單獨面對的情況。在撫養和教育子女、並形成我們的人力資本至關重要的時候，我們卻正朝著另一個方向走去。

第十三章
永久活在陰影下的階級：
勞工大汰換的慘狀

　　2015 年，安妮・凱斯（Anne Case）和安格斯・迪頓（Angus Deaton）這對夫妻檔經濟學者發現，1999 年以後中年白人美國人的死亡率急劇上升，每年上升半個百分點。他們認為他們肯定犯了什麼錯誤——在已開發國家或多或少從來沒聽說過，任何一個群體的預期壽命會有曇花一現的下跌現象。迪頓說：「我們認為這一定錯了……我們不敢相信這會發生，或者如果發生的話，其他人肯定早已經注意到了。」

　　事實證明，是的，它已經發生了；而且是的，沒有人注意到。

　　凱斯和迪頓發現，自殺事件飆升、服用處方藥過量的情況更是高出許多，酒精性肝病也很常見。歷史紀錄顯示，比起白人，非洲裔美國人的死亡率高、預期壽命低。但現在，具有高學歷或較低學歷的白人，與具有相同教育水平的非洲裔美國人的死亡率相同。這個令人不安的趨勢背後是什麼。

　　凱斯和迪頓把問題原因指向工作。迪頓解釋說：「就

業機會已經慢慢消失，越來越多男性發現自己處於一個更加惡劣的勞動力市場，工資更低、素質更低、永久性工作也更少。這使他們更難結婚，他們也不了解自己的孩子。隨著時間的推移，會出現很多社交功能障礙。有一種感覺，這些人已經失去了這種地位感和歸屬感……這些是走向自殺的經典先決條件。」他們注意到，在他們的研究中，死亡率和因絕望而死的比例升高，同樣適用於中年男性和女性，只不過男性的比例更高。

年齡層50～54歲因絕望而死（自殺、服毒和酗酒）的情況，以種族為區分（1999～2015）

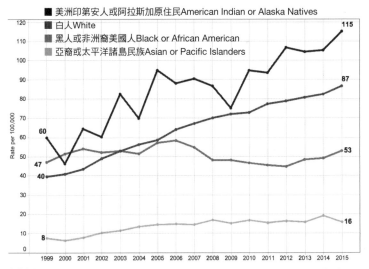

資料來源：Centers for Disease Control and Prevention, National Center for Health Statistics. Underlying Cause of Death 1999～2015 on CDC WONDER Online Database, released December, 2016. Data are from the Multiple Cause of Death Files, 1999～2015 as complied from data provided by the 57 vital statistics jurisdictions through the Vital Statistics Cooperative Program.

許多死亡原因是使用麻醉劑藥物過量。2016 年，大約有 5 萬 9,000 名美國人因藥物過量而死亡，比 2015 年的 5 萬 2,404 人，增加了 19%。這是美國首次藥物過量而死的人數超過車禍致死者，更成為首要的意外死亡原因。俄亥俄州的法醫辦公室報導，由於某些地區藥物過量受害者的人數在兩年內增加了兩倍，使得他們不堪負荷——他們現在必須打電話給附近的殯儀館尋求幫助，存放待驗屍體。

　　2016 藥物過量死亡率最高的五個州是西維吉尼亞州、新罕布什爾州、肯塔基州、俄亥俄州和羅德島州。根據最新的政府報告，過去一年中估計有超過 200 萬美國人依賴麻醉劑藥物，另有 9,500 萬人使用處方止痛藥——超過抽菸的人。有 12 個州，醫師開出的麻醉劑藥物處方箋比其居民人數還多。藥物成癮是如此普遍，以至於辛辛那提市各醫院現在要求對孕婦全面進行藥物檢測，因為在過去幾年中 5.4% 的母親藥物檢測呈現陽性反應。辛辛那提兒童醫院的新生兒專家史考特・衛克瑟布拉特（Scott Wexelblatt）博士解釋：「麻醉劑藥物是我們最擔心的，」

　　人們常常認為麻醉劑藥物成癮是源於處方止痛藥的使用。奧施康定（OxyContin）於 1996 推出「神奇藥物」，它的製造商普度製藥公司（Purdue Pharma）在 2007 年被罰款 6 億 3,500 萬美元，理由是藥品標籤標示不當，而且淡化成癮的可能性。但是這家公司在 2000 年銷售價值 11

億美元的止痛藥，這個數字在 2010 上升至令人咋舌的 30 億美元。該公司光是 2001 年就花了兩億美元在市場行銷上面，其中包括雇用 671 名業務代表，這些業務代表若業績達到目標，最高可獲得將近 25 萬美元的獎金。這一群穿著西裝的藥販子向醫生們推銷會上癮的麻醉劑藥物，還可領到數十萬美元的報酬。關於奧施康定，疾病預防控制中心（Center for Disease Control and Prevention, CDC）主任湯姆·佛瑞登博士指出：「我們不知道還有其他藥物如此例行性的用於治療非致命的情況，但是它如此頻繁的殺害病人。」一項研究顯示，使用麻醉劑藥物治療的患者，每 550 人當中有一人，在首次使用麻醉劑藥物處方後會死於麻醉劑相關病因，它的中位數年限是 2.6 年之後。

現在許多使用者已經從麻醉劑藥物畢業，升級到使用於海洛因。一種常見的成癮模式是，人們使用處方止痛藥緩解疼痛，或是在派對中用來自嗨取樂——他們把藥丸碾碎、嗅聞，可以有持續好幾個小時的快感。後來他們改用海洛因，麻醉劑藥物使用者說是比較容易買到海洛因。《新英格蘭醫學雜誌》（*New England Journal of Medicine*）的一項研究顯示，66% 的受訪者在使用奧施康定後轉用其他麻醉劑藥物。

過去海洛因使用者大多數是男性。但是，由於女性服用處方麻醉劑藥物的比例較高，今天海洛因使用者的男女別呈現五五波。90%的海洛因使用者是白人。

加州大學舊金山分校醫師丹尼爾・席卡羅尼（Daniel Ciccarone）專門研究海洛因市場。他說：「我們看到令人難以置信的這種悲傷的流行病，吸食海洛因是那麼的普遍，迄今還看不到任何止境。到 2017 年為止，我們還看不出這玩意兒已經到達流行的高峰。海洛因會生生不息。」販毒集團開始出售含有芬太尼（Fentanyl）的海洛因，這是一種合成麻醉劑藥物，可增加興奮度和成癮水平，又比海洛因便宜；而卡芬太尼（Carfentanil）則是一種可用來讓大象安靜下來的鎮定劑，單單只是接觸它，透過皮膚就會吸收過量。[14]

　　製藥公司和醫療系統已經製造了數十萬個麻醉劑藥物成癮者，他們開始轉向毒販購買海洛因吸食。海洛因毒販已經無處不在——俄亥俄州警方表示，他們看到毒販發簡訊給客戶，宣傳買一送一的星期天特價，而且還在當地公園倚著汽車引擎蓋提供免費試用。某些毒販還安排定期的營業時間。有些人更囂張，用印上電話號碼的紙條包裹「試用品」扔進路過的汽車裡，希望吸引新客戶。刑警布蘭登・康恩理（Brandon Connley）在俄亥俄州逮捕一名小咖毒販後後說：「現在啊，每個人和他們的老媽都在賣

---

14 譯注：太尼是一種強效的、類鴉片止痛劑，起效迅速而作用時間極短。芬太尼比嗎啡效力高出 50 至 100 倍。卡芬太尼又比芬太尼效力強大數百倍，比海洛因強大數千倍。

毒品。總會有人等著買。」許多毒販本身就是癮君子，他們除了賣給同好，也試圖保持穩定的供應來源可以自用。

這種麻醉劑流行病將會伴隨我們多年，部分原因是勒戒非常困難。海洛因和麻醉劑藥物是眾所周知的難以勒戒的毒癮，勒戒過程會出現的症狀包括強大的渴望、噁心、嘔吐、抑鬱、焦慮、失眠和發燒。大多數人在復原的過程中又多次復發，許多人被迫使用美沙酮（methadone）等麻醉劑替代品來控制他們的成癮。根據 2014 年的研究，只有約 10% 的患有藥物濫用障礙的人接受適當的治療。大多數人不能靠自己勒戒，需要很長的康復期。醫生兼教授莎莉・薩特爾（Sally Satel）有治療海洛因使用者多年的經驗，她說：「很少有重度成癮者可以簡單的服用藥物就走上康復之路，這是依據我長期經驗所說的。它往往需要良性的大家長作風，在某些情況下，也需要通過民事承諾進行非自願的護理。」勒戒中心收容住院病患 30 至 90 天的療程，費用介於 1 萬 2,000 美元至 6 萬美元之間，門診病人 30 天療程費用從 5,000 美元左右起跳，還不保證勒戒成功。

伴隨著自殺與藥物成癮的飆升，同時出現申請社會安全殘障救濟方案的人數令人難以置信的增長。目前將近 900 萬個工作年齡的美國人領取社會安全殘障救濟金。這個數字比起紐澤西州或維吉尼亞州的全州人口還要多。2017 工作年齡的美國人領取社會安全殘障救濟金的占比

為 5.2%，比起 1980 年僅為 2.5%、高出不少。申請殘障救濟金的案例從 2000 年開始激增，同一年製造業就業率開始暴跌。2017 年 6 月的平均救濟金金額為每月 1,172 美元，全年政府花費約為 1,430 億美元。殘障人士的年齡也已經下降——2014 年，30 多歲或 40 多歲領取殘障救濟金的男性和女性分別為 15% 和 16.2%，高於 1960 年代的 6.6% 和 6.4%。

另一個現象是，殘障率與高失業率地區吻合。在阿帕拉契（Appalachia）、深南部（Deep South）和其他地區形成一個「殘障帶」（disability belts）。維吉尼亞州有幾個縣，18 歲至 64 歲的工作年齡成年人目前足足有 20% 領取殘障救濟金。西維吉尼亞州、阿拉巴馬州、阿肯色州、肯塔基州和密西西比州是殘障受益人人數排名前五位的州，其中 7.9% 至 8.9% 的勞動力領取替代所得。這五個州的受益人領到的殘障救濟金每個月超過十億美元。在這些地區，領取殘障救濟金是如此普遍，以至於支票寄達的那幾天就像是每個月一次的假日。處理殘障救濟金申請案件的一位西維吉尼亞州官員說：「它們是我們經濟的重要部分，很多人依靠它們來過活。（在支票到期那幾天）你最好避開藥房，你最好避開沃爾瑪。你知道，你也要避開餐館……每個人都收到了救濟金。我們去血拚吧！」

有些殘障率上升是反映人口老齡化和人口結構發生變化。但其中不少案例代表了一位專家所謂的「經濟殘障」。殘障類別中人數增加最多的是「精神障礙」和「肌肉骨骼和結締組織」受傷，它們現在共占約50%的殘障申請案件，幾乎是20年前的兩倍。就醫生而言，這些症狀也是最難獨立驗證的。

2014年有248萬5,077人申請社會安全殘障救濟金。任何一個上班日，就會有9,500人提出申請。全美有1,500名裁定官，經常在沒有見到申請人的情況下做出判定。現在在大多數州，等待獲得聽證的時間超過18個月。要申請殘障救濟金，申請人必須從醫療專業人員那裡蒐集證據，他們整理好醫生的診斷證明，送出申請，然後等待回覆。沒有代表政府的律師對他們進行交叉審查，也沒有政府的醫生檢查他們。大約40%的申請案在初審或上訴時獲得核准。一般領取殘障救濟金的人一生可累計收到約30萬美元。

由於涉及的利益相當高，代辦申請變成一項大生意。律師事務所定期在深夜電視節目做廣告，號稱幫客戶指導流程，當然要收取費用，通常是裁定的救濟金金額之若干百分比。80%的上訴人都聘了律師代表，然而1970年代聘請律師的人還不到20%。一家律師事務所在一年內因為代表殘障救濟金申請人這項業務就進帳7,000萬美元。

某人一旦處於殘障狀態後，會對工作產生巨大的抑

制作用，因為如果你工作，並證明自己身體健康，就會失去救濟金。所以，幾乎沒有人從殘障狀態恢復過來，全美的變動率不到 1%。貧窮問題研究員大衛‧歐圖斷言，今天的社會安全殘障救濟金基本上是全美的失業保險金。它不是為此而設計的，但是這就是成千上萬美國人的情況。

一位主管殘障人士裁定的官員說：「如果美國公眾知道我們的系統是怎麼運作，一半會感到憤怒，另一半會跑來申請救濟。」

我和朋友東尼（Tony）談到他申請殘障救濟金的經歷。他和我在同一條街長大，自小玩在一起。東尼是一位房屋油漆匠，以前當過樂師和音響技師。他短暫結婚，但是現在離婚了。幾年前東尼在一所公立大學拿到大學學位。他自小以來大部分時間沒有健康保險——他的父親是個包工、和自營職業者。2011 年，他搬到麻薩諸塞州西部，首次獲得健康保險——因為被認定是低收入戶，依照「羅穆尼醫療方案」（Romneycare）免費享有保險。

東尼在一、兩年前，由於健康問題無法工作，幾個月之後，治療師告訴他：「你應該試試看申請殘障救濟金。」東尼起初認為他不會合格，因為他的傷大多數是與腦部相關的——小時候事故造成多處創傷性腦損傷（九歲時跌在水泥地上，11 歲時從踏板車摔下受傷），和高中打足球的腦震盪導致認知能力受損和情緒波動。他還患有慢性疲勞、肌肉疼痛、抑鬱症和慢性萊姆病症（Lyme's disease）。

東尼接受治療師的建議，到社會安全殘障收入（Social Security Disability Income, SSDI）網站申請。他提出他的治療師、護士、精神科醫生、主治醫師、替代醫學專家和傳染病專家的診斷證明。「多年來，我的身體裡累積了很多東西。有時候我會認為如果小時候得到適當的治療，今天可能就不會殘障。」東尼在 2016 年 3 月提出書面申請，五個月後接到通知，申請被駁回。全美大約有 75% 的首次申請遭到拒絕。他又上網找到本地一位專門從事殘障救濟金上訴的律師，律師代表東尼走完上訴程序。兩個月後，東尼獲得批准，每個月開始收到約 1,200 美元的殘障救濟金。「律師接手後，就得到這樣的結果。這筆錢出現在我的銀行帳戶中。」律師收取大約 2,700 美元上訴處理費——相當於追溯到東尼被視為殘障時起計的殘障救濟金的 25%。

東尼目前正處於殘障狀態，第一次審查排訂在兩年後。「感謝上帝，我被核定為殘障。如果沒有殘障救濟金，我會做到死。」東尼今年 42 歲。他在本地一家教堂當志工。「我住在麻薩諸塞州西部，不是人們認為會過苦日子的地方。但是太瘋狂了，有那麼人踏進教堂求助，他們住在帳篷裡和街上。人們做他們必須要做的事情才能勉強餬口。」

我個人很高興東尼得到殘障救濟金。對他而言，殘

障救濟金實在是救星。

然而，凡斯寫到，俄亥俄州老鄉氣壞了，他們拚命努力工作，過著捉襟見肘的日子，可是其他人無所事事，靠著政府發救濟金生活。他舉出對政府發放救濟金的怨恨，也可以解釋為什麼像俄亥俄州這樣的地區會更加傾向支持共和黨。

殘障人數上升已經發展到更可怕的地步；目前領殘障救濟金的人數多過營建業工人。2013 年，未參加在勞動力市場中的 25 歲至 54 歲青壯年齡男性，有 56.5% 領取殘障救濟金。雖然隨著這個年齡層的人越來越多的進入社會安全退休階段，這些數字已經穩定下來，但是它們已經超出了任何人的意向。殘障保險基金最近用完了，改與更大的社會安全基金合併，而社會安全基金本身估計在 2034 年也會用完。

這個原本為相對較少數美國人設計的計畫，現在卻成為人們和社區如此重要的生命線，這就是勞工大汰換的一部分。我們假裝我們的經濟表現不惡，其實數以百萬計的人已經放棄，靠領救濟金過活。對於失業者或無法再就業者來說，這是一個每年 1,430 億美元的減震器。而這些失業者的人數還在有增無減。一個人殘障後，他就進入永久領取救濟金，活在陰影下的階級。即使你開始好轉了，你也不會冒險為一件可能隨時消失的脆弱工作、而放棄終身生的福利救濟。而且認為自己是真正的殘障者，而不是

為了一張每個月的支票欺騙社會的人，也比較容易。

　　許多美國人，無論是否殘障，都有某種程度的健康問題。如果你有一份好工作，你可能會忽略你的背部傷害，或者，如果你的工作提供健康保險，可以獲得一種經濟實惠的方式來治療它、並繼續工作。如果你沒有工作，而且壓力開始上升，你很容易開始感到體弱多病。在工作主要是靠體力、而且非常疲累的環境中，這種感覺更會倍增。對許多人來說，情況是從原本的製造業工人逐漸走到領取殘障救濟金。另一個主要的避難所是進入零售業工作。在這些工作消失後，領取殘障救濟金的隊伍將會膨脹。

　　殘障問題說明了要求政府管理如此大規模計畫，實在困難重重。它本質上是最糟糕的一個世界，因為真正的殘障人和有需要的人可能會發現自己被繁文縟節、官僚規定拒之門外，可是這個流程卻獎勵那些雇得起律師的人和律師本身。它發出了一個訊息：「大家來玩這套系統，設法搬錢」，並「將自己視為無能和無法工作者」。有人會耍詐，而且一旦你領了救濟金，你永遠不想離開。

第十四章
電玩遊戲與（男性的）生活意義

> 「虛擬世界把那些從現代生活中挖走的東西還給我
> 們……它把社群還給我們，讓我們有一種勝任感，成為一
> 個人們可以依賴的大人物的感覺。」
>
> ——強納森・戈德夏爾（Jonathan Gottschall）

　　七歲的時候，父母親給我和我哥哥買了第一台大型
遊戲機 Atari 2600。機台上內建的遊戲是《爆破彗星》
（*Asteroids*），我們愛死它了，幾乎天天玩。有一天半夜，
我們偷偷溜下樓，卻發現老爸已經在玩了。

　　我哥哥和我喜歡到本地的遊樂場流連，並且設法讓
口袋裡有限的幾個銅板能多玩一些遊戲。這是一套完美的
獎懲規則——你贏，你就繼續玩；你輸，就被迫站在那裡
看其他人玩。總希望有人被迫在中場離開，這樣你才可以
跳進去玩。我們變得非常擅長打電玩遊戲，我最喜歡的是
《快打旋風 II》（*Street Fighter II*），我記得《真人快打》
（*Mortal Kombat*）系列裡的死亡畫面，狠狠的修理敵人。
在桌上型電腦上，我九歲第一次玩《古代戰爭藝術》（*The
Ancient Art of War*）時，就迷上了它。隨著年齡增長，像

《魔獸系列》（*Warcraft*）和《星海爭霸系列》（*Starcraft*）這樣的即時戰略遊戲出現，結合高效率的組建軍隊，以及處理戰場上被擊敗的對手。我和朋友會坐在一個房間裡，幾台電腦連線，一邊打屁，一邊和陌生人格鬥。

大學畢業後，我在電玩遊戲上花費的時間大幅減少。我想和女生約會，但電玩遊戲並沒有幫助。我有一個想法，那就是虛擬世界的建構和現實生活世界的建構相互矛盾。我開始閱讀有關投資和財務報表分析的書籍，在我看來，它在真實世界裡就等於擅長電玩遊戲。等到我重新開始打電動，並且要求我的小舅子在假期中教我《遺蹟保衛戰》（又稱「刀塔」）（*Defense of the Ancients, "DotA"*）時，它們已經跳升到讓我感覺自己又老又慢的地步。想記住關鍵指令似乎超出了我的能力。

也就是說，我仍然相當了解和欣賞電玩遊戲。我甚至想再次進入這個世界。他們觸動一系列原始的衝動——創造世界，能力建構，成就、暴力、領導力、團隊合作、速度、效率、地位、決策和大功告成。它們有一系列特別吸引年輕人的東西——對我來說，這個清單包括遊戲、股票市場、體育競賽、賭博、籃球、科幻小說／極客電影以及加密貨幣，其中大部分涉及數字和優化的混合。這需要精通、進步、競爭和敢冒風險。

就去年而言，年齡在 21 歲至 30 歲之間、不具學士學位的男性中，有 22% 的人說他們在前一年根本沒有工

作——而 2000 年只有 9.5%。而且有證據顯示電玩遊戲是一個重要原因。根據人口普查局最近進行的一項有關時間使用的調查顯示，沒有大學學位的年輕人已經把他們過去花在電腦上工作的 75% 時間，改用到其他方面，最主要是打電玩遊戲。從 2004 年到 2007 年，沒有大學學位的年輕失業男性每週花費 3.4 小時玩電玩遊戲。到 2011 年到 2014 年，每週平均花費在電玩上的時間增加了一倍多，達到 8.6 小時。

芝加哥大學艾瑞克・赫斯特（Erik Hurst）所領導的經濟學家們一直努力想弄清楚，究竟是脫離工作職場的人利用電玩來打發時間，還是電玩遊戲才是真正導致他們退出工作行列的原因。結果證據指向後者。他們的研究顯示，科技娛樂的改善及選擇——主要是電玩遊戲——造成男性工作時數降低 20% 至 33%。這個趨勢在女性身上則不同，她們沒有犧牲工作時數以增加電玩遊戲時間，而且更傾向於在失業時重返校園。然而，對於許多男性而言，電玩已經變得如此美好，以至於他們對失業安之若素。

有位 22 歲的年輕人和他的父母親住在馬里蘭州銀泉市（Silver Spring），他說：「當我玩電玩時，我知道如果玩上幾個小時，我會得到獎勵。若是必須工作，工作時數和獎勵都懸在空中，搞不定。」密西根州 21 歲的青年賈可布・巴里（Jacob Barry）發現電玩比起他在當地的吉米瓊斯快餐店（Jimmy John's）兼差打工、製作三明治，

來得有意思，特別是他在網路上可以找到社群夥伴感。他每週的電玩可以玩上 40 個小時，相當於一份全職工作。

　　這些玩電玩的男性到底怎麼過日子的？他們大多和父母親住在一起，典型的「靠爸族」或「靠媽族」。2000 年，低技能年輕男性只有 35% 與家人住在一起。現在，超過 50% 的低技能年輕男性與父母親住在一起，多達 67% 的失業者也是如此。皮優研究中心的數據更顯示，18 至 34 歲的美國男性現在與父母住在一起的人數，超過與浪漫伴侶同居的人數。

　　以使用時間為基礎來看，電玩是極為廉價的娛樂。投資遊戲主機或電腦之後，邊際成本接近於零。玩家買了一份遊戲或把它租回家後，可以玩上數百或數千個小時。經濟學術語把花在遊戲上的時間稱為「劣等財」──你越窮，花在電玩上的時間就越多。最近的研究發現，每年所得在 2 萬 5,000 美元到 3 萬 5,000 美元之間的家庭，每週在網上花費的時間比每年所得在十萬美元以上的家庭多出 92 分鐘。

　　一大群男子窩在他們父母家的地下室裡，一連好幾個小時玩電玩，這個景象看起來可能很可悲或哀傷，但是這些人的自我滿意度很高。芝加哥大學的艾瑞克‧赫斯特說，儘管失業率很高，「這個群體的幸福感已經上升了」。赫斯特把他的發現形容為「很驚人」。他也觀察自己 12

歲的兒子，「如果由他自己作主，我毫不懷疑他每天會玩上 23.5 小時的電玩遊戲。他就是這麼告訴我的。如果我們沒有對玩電玩設限，我不知道他會不會吃飯。但是我很肯定他不會洗澡。」

電玩遊戲很有趣，也具有共通性。如今，它們的設計也非常精良，如果工作的進度是以分鐘和小時計、而不是以數週和數月來衡量，那麼許多電玩幾乎就有如工作。在許多電玩中，你執行各種平凡、重複的任務，以便建立積分或貨幣或累積項目。然後，你可以使用這些東西來提高自己的能力。你可以與朋友共同完成任務、或與電腦對抗。你將經驗到持續進步和成就的感受。

你可以想像，問題會在以後才出現。將電玩視為一項沒有薪水的偽性工作，在 10 幾歲和 20 幾歲時可以很有趣，可以結交朋友，甚至很酷。當你年逾三十時，你的朋友可能已經往前邁進，不知跑到哪裡去了，而你還流連在本地電玩店成為魯蛇。赫斯特說：「有證據顯示，這些年輕、低技能的男性在 20 多歲時滿快樂的，到了 30 多歲或 40 多歲時可就沒那麼快樂了。」他們的工作技能和前途將受到限制，在勞動力市場中的競爭將越來越艱難。在某種程度上，他們若想要跳出來、建立一個家庭，它可能越來越不現實，無法如願。他們可能會一直與人群隔離，也可能從電玩轉向賭博、吸毒和酗酒。

的確，最近的「一般社會調查」（General Social

Survey）顯示，31% 脫離勞動力市場的工作年齡層男性承認，在過去12個月中曾經非法使用毒品。2014年的「年度時間使用調查」（Annual Time Use survey）顯示，除了每天花費超過八小時「社交、放輕鬆和休閒」以外，相當多時間用在「進出賭博場所」、「吸菸和吸毒」、「收聽廣播」，以及「藝術和手工藝等業餘嗜好」。同一項調查顯示，儘管他們有更多的時間，比起仍在工作職場的男性，他們從事志願服務或參加宗教活動的可能性較低。

經濟學家、《平凡已經過時了》（*Average is Over*）一書的作者泰勒・柯文說：「每個社會都有『壞人』的問題。」他預測未來的世界，相對少數的一小撮高生產力的個人創造大部分的價值，而低技能人員則忙著玩廉價的數位娛樂，以保持快樂和過他們的生活。

自從我還是小孩子以來，電玩遊戲已經有了相當漫長的進展，它們即將迎來又一次的大躍進。虛擬實境裝置正在創造將模擬世界帶到一個全新水平的體驗。數位娛樂將變得越來越好。類比和現實世界將變得越來越不吸引人。不久之後，電子遊戲、虛擬實境和色情將融合成為新的身臨其境體驗形式，它們將越來越引人注目。就純欣賞的角度而言，它將很難被擊敗。

想像一下，一個21歲的大學輟學生，他對於在吉米瓊斯快餐店製作三明治實在提不起勁，他更喜歡和他的遊戲社群瞎攪和。

你可以對他說：「嘿，吉米瓊斯這份工作提供你升遷的機會。當然你現在每小時只賺八美元，但是如果你堅守崗位幾年，你可以成為餐廳經理。最後，如果你真的很優秀，並且願意長時間工作，包括早上五點鐘起床，每天早上切蕃茄和黃瓜，那麼你可以賺到年薪 3 萬 5,000 美元左右。」

以上情況可能成真。但或者，吉米瓊斯餐廳的周圍零售地區可能萎縮，管理職工作可能永遠不會有缺；更或者吉米瓊斯可以引進一個自動化系統，在兩年後取代收銀員和前台工作人員；或者他的經理會選擇其他人接班。

我不能說食品服務業工作比電玩業更具智力刺激性或社交性。主要的好處是，它能付你薪水、要求紀律、與其他人類有面對面接觸的機會、也可能帶領你往某個地方發展。在從前的經濟成長時代，它確實可能有機會。

我很同情這些孩子，部分原因是因為我覺得箇中的權衡取捨比大多數人意識到的還要困難。如果我必須在沒有什麼前途的低端工作做幾個月，或者和朋友一起打電玩兩者之間做選擇，那麼選擇後者就很容易了，下場不明而且一段時間後才會知道。男人們可以想像自己是國王、戰士、企業執行長、運動員、國民男友、天才、士兵、工人、成功者和樂團成員的一部分──這些角色在網路上都有可能實現。

當然，我相信人們應該走進現實世界，找份好工作、

墜入愛河、結婚、置產、生小孩、做個好父母、讓世界變得更美好等等，我自己也這樣做。這是生命和人性的實質面，它需要一定程度的進化和積極的社會強化——特別是努力成為一個好父母。

但是，對於越來越多的美國人而言，上述的美好生活型態越來越難維持。他們的工作沒有前途可言，甚至還可能會消失，社會強化的力量非常有限。隨著外在世界變得更加艱難和冷酷，引誘他們沉浸在虛擬世界中的理由也將會增加，更何況外面有人花數十億美元在迷惑這些人浸淫其中。

我有不少男性朋友在30、40歲時就已經離婚，其他人則跟社會越來越疏離。男性功能障礙讓他們變得虛無主義，選擇退出。整個世界和人際關係發生變化，你穿著盔甲進入工作職場，如果你把它脫下來，停止工作，你就會被淘汰。

許多男人的內心深處都有一個仍然窩在地下室的男孩。其中比較幸運的人能夠把他甩了，但是我們對男孩的訴求瞭若指掌。他還在那裡等待著——一旦我們的生命崩潰，他就準備接管。

第十五章
我們的情況／解體

「幾十年幸運的發展，很容易因為幾年的麻煩就毀於一旦。」

——萊恩・艾文特（Ryan Avent）

工作流失和因為科技發展而失業是我們社會史上所面臨的最重大挑戰。它們甚至比任何外部敵人還可怕，因為敵人和受害者都很難識別。每當幾百名工人被取代或是工廠關閉時，周遭的人都會注意到，社區也會受到影響。但是對我們有些人來說，每次關廠都被視為是經濟進步的一環。

由於美國現在的社會狀況不佳，挑戰更是被放大來看。有一些趨勢也會使如何管理向新經濟過渡變得更加困難：

- 我們變老了。
- 我們沒有足夠的退休儲蓄。
- 我們在財務上不安全。
- 我們吸毒。
- 我們沒有開辦新事業。

- 我們很沮喪。
- 我們欠很多錢，公部門和私人都債台高築。
- 我們的教育體系表現不佳。
- 我們的經濟只圍繞著最重要行業的少數幾家超級大公司進行整合。
- 我們的媒體支離破碎。
- 我們的社會資本很低。
- 我們不再相信機構組織。

最後一項讓一切變得更艱難——它讓我想起了我與尼克隊（Knicks）的關係。

當我成為紐約尼克隊的忠實粉絲時，我才 15 歲。我看到派屈克・厄文（Patrick Ewing）領軍的尼克隊以 2：0 連勝，領先邁可・喬丹（Michael Jordan） 的公牛隊（Bulls），最後卻以二勝四負輸掉了大賽，我和朋友都非常痛苦，渴望雪恥。尼克隊成為我生命的一部分，我會緊密追蹤他們在 1994 年和 1999 年季後賽的優秀戰績。只要有時間，我一定觀看每一場比賽，甚至在大學宿舍裡打開收音機裡聽比賽的實況轉播。當我搬到紐約時，每年都排隊等著買 10 美元和 20 美元的廉價門票。在尼克隊失去競爭力之後，我在以賽亞・湯瑪士（Isiah Thomas） 時代咬牙切齒的追蹤著佛蘭克・威廉斯（Frank Williams）和麥可・斯威特尼（Frank Williams）等新秀的潛力。

連續多年的波折之後，我對尼克隊的熱愛變淡了。不是因為它戰敗——我完全不介意一支球隊因為培養年輕人而暫時失去競爭力。但是一連串無休止的不良行為和糟糕的決定，開始讓我感到噁心。我原本是全心全意的死忠球迷，卻越來越感覺自己遭到凌辱，我再也不能跟隨尼克隊了。他們的領導高層腐敗，他們的數字顯示無能、不值得同情。我在 2014 年發誓告別尼克隊，從此不回頭。

基本上這就是今天許多美國人對於大多數機構組織的感受。他們的愛和信任被視為理所當然，卻遭到濫用。與過去的時代相比，民眾對醫療系統、媒體、公立學校和政府的信心都處於歷史最低點。

對美國機構組織的信心（1970年代與2017對比）

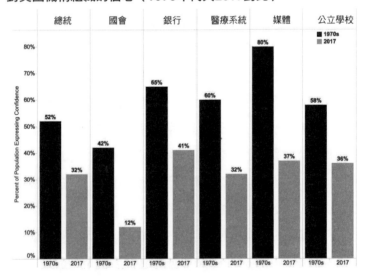

資料來源：Gallup, Confidence in Institutions, Historical Trends（2017）.

我們已經進入一個透明的時代，我們可以看到我們的機構組織和領導者的所有缺陷，只有容易受騙的人才會信任它們。現在一切都將是戰鬥，訴諸共同利益將更困難。

在音樂劇《漢密爾頓》（*Hamilton*）中，主角將新建立的美國稱為「年輕、鬥志旺盛、飢腸轆轆」，但我們已經很久沒有這種感覺。自從 1960 年代以來，學校母姊會、紅十字會、工會和娛樂俱樂部等組織的成員數量普遍下降 25% 至 50% 之間。甚至花在非正式社交和拜訪上的時間也降低了相同的水平。我們的社會資本長期以來一直在下降，而且沒有出現回轉的跡象。

這一切使得如何處理因科技進展造成失業，變得更加困難。我們不再相信我們有能力在沒有戲劇性大轉變之下扭轉局面。我們的資本主義制度是遭到質疑的項目之一。在年輕人中，民意調查顯示對其他類型經濟體制出現高度的同情，部分原因是他們在過去幾年中目睹了資本主義的失敗和過分行為。

我喜歡資本主義——任何擁有智慧型手機的人都必須了解市場驅動價值和創新的力量。我們今天能享受許多方便，都必須感謝資本主義。它提升了數十億人的生活水平，使我們的社會更加美好。

也就是說，資本主義在科技的協助下即將不利於一般人。資本和效率將越來越傾向偏愛機器人、軟體、人工

智慧和機器，而不是人類。資本主義就像我們的導師和指引方向的光線，多年來我們一直聽從他。長久以來，他幫助我們做出重大決定。但是在某個時點，他變老了，與他的朋友科技結合，他們一起變得更加極端。他們開始說：「噢，讓一切都自動化一切吧」，以及「如果市場不喜歡它，就甩了它」，這讓理性的人越來越緊張。

即使是心腸最硬的商人也應該認識到，前所未有的科技進步帶來的損益將會產生大量的人類贏家和輸家，並且系統需要考慮到這一點才能繼續下去。如果人們沒有錢購買東西，或者如果社區正退化為匱乏、憤怒和絕望，資本主義就無從運作。

問題是，該怎麼辦？

如果我們什麼都不做，社會就會在我們無法想像的水平上顯著分叉——在少數超級大城市，有錢人人數會萎縮，會去理髮廳理髮、並且照顧其子女的人也會減少。在全美各地日益衰敗的城鎮中，則會出現大量越來越貧困和流離失所的人們，卡車經過這些城鎮也不會停下來。如果這個情景成真，我的一些朋友預測將會出現暴力革命。歷史也顯示，這正是即將要發生的事情。

美國在許多最可以衡量社會不安的項目上變得越來越不是那麼暴力——暴力犯罪、抗議等都比過去低，儘管看起來並不像是如此。譬如，1971 年至 1972 年期間，美國發生了大約 2,500 起左派安置炸彈的爆炸事件，這在今

天看來是不可思議的。有可能我們已經被市場打敗,並且麻醉,因此不會發動革命。有可能我們已經滿足於在網路上抒發仇恨評論,並且觀看無數的 Youtube 節目,只會偶爾在許多安靜的自殺事件中看到暴力。

然而,幾乎可以肯定的是,越來越高水平的絕望將導致社會不穩定。我們可以想像針對特權階層的孩子,發生一件廣為人知的綁架或隨意發動的惡意行為,將會導致保鑣、防彈車、對兒童裝置嵌入式安全晶片和其他措施。我所認識的有錢人對於自己和家人的安全往往趨於過度緊張。對我來說,沒有什麼戲劇性的變化,最好的情況就是有如暢銷小說《飢餓遊戲》(*The Hunger Games*)中那樣一個超級分層的社會,或是瓜地馬拉偶爾爆發的大規模槍戰。最糟糕的情況是普遍的絕望、暴力,以及我們社會和經濟徹底崩潰。

有些人可能認為這種觀點太極端。但是你不妨想一想,蘇聯即將崩潰的最後階段,卡車運輸工人的抗議活動十分普遍,中東政治動盪國家常見的一個共同特徵,就是有一大群工作年齡層的失業男性。而美國民間約有 2 億7,000 萬至 3 億 1,000 萬枝槍械,幾乎達到人手一槍的地步。我們是人類歷史上最全副武裝的社會——一旦社會解體不太可能會是溫和的。1920 年代末期經濟大蕭條時期的失業率約為 25%。在所有工作消失之前,社會已經相當分裂。

學者彼得‧屠爾金（Peter Turchin）在他的著書《不和諧的年代》（*Ages of Discord*）基於對整個歷史上的社會之分析，提出一個政治不穩定的結構—人口學統計理論。他認為革命有三個主要先決條件：一、菁英供過於求又不團結；二、生活水平下降，民眾備嘗苦難；三、國家陷入財政危機。他使用一系列變數來衡量這些條件，包括實質工資、婚姻趨勢、雙親家庭子女比例、最低工資、財富分配、大學學費、平均身高、律師供過於求、政治兩極分化、富人所得稅稅負狀況、參觀國家古蹟、信任政府和其他因素。屠爾金指出，社會一般經歷了長期的融合和繁榮之後，會出現所得不均時期，民眾生活日益艱苦，和政治不穩定，走向分裂解體——而我們今天正處於後者狀況。他所衡量的大多數變數在 1965 年至 1980 年間已開始出現負面趨勢，現在已達到接近危機的水平。通過他的分析，「美國現在與南北內戰前的 1850 年代有很多共同之處，更令人驚訝的是，⋯⋯也與法國大革命前夕的法國極其相似。」他預計到 2020 年前將會日益動盪不安，並且警告說：「我們正在迅速接近美國社會特別容易受到暴力劇變影響的歷史尖端。」

　　如果革命出現，它很可能源於種族和身分認同，以自動化驅動的經濟做為基礎。高層人士中，將有非常不成比例的人數是受過良好教育的白人、猶太人和亞裔人士。根據估計，到了 2045 年，目前美國的多數族群將成為少

數民族。非洲裔美國人和拉丁裔美國人在自動化浪潮之後，幾乎肯定會在弱勢群組中占了不成比例的多數，因為他們目前已經享有較低的財富和教育水平。由於新的多數族群仍在外面，種族不平等將變得更加不和諧。性別不平等也將變得更加明顯，女性在大學畢業生中已明顯居於過半數，可是在許多環境中的代表比例仍然不足。弱勢的白人或許更有可能把他們的地位日益縮萎和社區破碎，怪罪到有色人種，移民或不斷變化的文化規範，而不是責怪自動化和資本主義制度。文化戰將成為經濟背景下的代理戰爭。

這種情況已經發生了。作家和亞歷克·羅斯（Alec Ross）是巴爾的摩市居民，他把將 2015 年因佛雷迪·格雷（Freddie Gray）死亡事件爆發的動亂描述為部分出自經濟絕望的產物。抗議活動導致 20 名警察受傷、250 人被捕、300 多家企業受損，造成 150 起車輛起火災和 60 起建築物起火，另有 27 家藥房遭到搶劫。「雖然（騷亂的）觸發事件是一名 25 歲的男子在警察拘留下死亡，但是抗議者本身仍然根深柢固的認定他們的抗議……不僅僅是反對警察施暴。這是涉及到在由於巴爾的摩的工業和製造業基地的損失、而被忽視的社區中成長為窮人和黑人所帶來的絕望。黑人勞動階層的家庭實際上已經因為全球化和自動化而失業。」2017 年在夏洛特維爾（Charlottesville）因為移除南方邦聯標誌而引起的暴力

事件，一部分原因也是經濟混亂所造成的。開車闖入人群、撞死一名年輕女子的駕駛人，來自俄亥俄州一個經濟蕭條的地方，他被軍隊淘汰。詹姆斯・霍奇金森（James Hodgkinson）是一名自由派活動家，在 2017 年的一場壘球比賽中射殺四個人，並嚴重傷害一名國會議員。他是一名來自伊利諾伊州的 66 歲失業的房屋檢查員，他的婚姻和財務狀況都陷入慘敗。

我最擔心的族群是貧窮白人。即使是現在，儘管經濟形勢更壞，但是對有色人種的樂觀程度高於貧窮的白人。因為他們從感覺像是一個社會的支柱，變成像是一場空或失敗一樣，這狀況是很艱難的。許多白人社區有強大的從軍傳統，將會被顛覆轉為反政府的民兵、白人民族主義者和樹林中的掩體。隨著中年白人自我毀滅，並感到人生毫無意義，未來幾個月將會有更多的隨機濫射殺人事件。隨著匱乏的思維傳播和深化，人們的執行功能將逐漸消失。需要自我控制來壓制基本的衝動。即使在某些部門受到監管，種族主義和蔑視女性也將變得越來越普遍。

把反對的想法或言論等同於暴力和仇恨的氣氛，也是造成不和諧的原因之一。正義可以助長令人憎惡的行為，許多人會對和他們衝突的觀點、以及持有這種觀點的人，出現令人震驚的尖酸刻薄和輕視的反應。仇恨很容易，譴責也很容易。解決滋生仇恨的環境非常困難。隨著越來越多的社區出現相同的現象，催化劑將會不同，但是

反應將更加強烈。攻擊其他人比攻擊系統要容易得多。

一些地方的極端行為甚至可能先於這個國家的政治解體出現嗎？人們可以想像一下，加利福尼亞這個種族最多元化、進步和富裕的州，針對美國其他地方被認為具有返祖和倒退的事件，要舉行全民公投表決是否退出聯邦。

目前加州的技術專家、自由意志主義者（libertarians）和其他人已經出現一個新萌芽的運動，以經濟為理由想脫離聯邦，包括最近的「是的、加利福尼亞」（Yes California）運動推動加州退出聯邦（Calexit）；以及加利福尼亞國民黨（California National Party）──大約 1/3 的加州人在最近的民意調查中支持退出聯邦，從以前的比例大為提高。加州如果獨立，將成為世界上第六大經濟體。如果加州選民公投通過，按照美國憲法規定，還需國會 2/3 以上、以及 3/4 的州之通過，現在看來這是不可能的。然而，加利福尼亞的離開將永久的改變美國的政治平衡，這可能會吸引執政黨。這樣的投票也可能引發報復或懲罰。德克薩斯州也有歷史悠久的分離主義運動歷史。

我在前文提到，由於自動卡車進入市場，卡車司機很快就會開始失去工作或者工資降低。讓我們想像一下，有一位麥克擁有一家小型卡車公司，旗下有十輛卡車和 30 名司機。他看到他的一生積蓄即將化為泡沫，因為他欠銀行數十萬美元的購車貸款。麥克對他的手下說：

「我操。我們不能被機器人卡車取代。讓我們到春田市（Springfield）去，討回我們的工作。」他在伊利諾伊州發動抗議，數百名卡車司機加入，其中一些人開車出門阻擋公路。警方雖然回應，但是不願意使用武力。隨著越來越多的司機和暴民到來，群眾越聚越多。

受到他們在社群媒體上看到的景象啟發，卡車司機們開始成千上萬的在其他州的首府抗議。國民兵動員起來，總統呼籲全民保持冷靜，但是情勢日益紊亂。各種反政府民兵組織和白人民族主義團體都說，「我們的機會來了」，聲援卡車司機。有些人帶來各種武器，暴力事件爆發。抗議和暴力蔓延到阿拉巴馬州、阿肯色州、愛達荷州、印第安那州、肯塔基州、密西西比州、密西根州、俄亥俄州和內布拉斯加州的首府。本地人利用這些地區的警察注意力轉移，開始搶劫附近的藥房。

總統呼籲恢復秩序，並表示他將願意與卡車司機坐下來討論。然而，抗議活動蛻變成為許多不同的衝突，需求不明確，領導層分散。麥克被視為工人的代表，但是他無力控制局勢。動亂持續數週，事後統計有數十人死亡，數百人受傷和被捕，另有價值數十億美元的財產損失和經濟損失。暴力畫面在網路上瘋傳，數百萬人即時收看。

動亂發生後，情況繼續惡化。數十萬人不肯繳稅，拒絕支持一個「殺害勞工階級」的政府。有個男子守住一個碉堡，被數十支槍團團包圍住。他發布一段視訊，宣稱：

「來啊，國稅局，你來收稅呀！」反猶太人的暴力事件也頻頻爆發，專打「擁有機器人」的猶太人。有個白人民族主義政黨出現，它公開提倡：「讓美國回到根本」和恢復「傳統的性別角色」，它在南方贏得好幾個州的選舉。大學校園裡出現各種塗鴉和文章支持此一新政黨，導致抗議和靜坐示威。來自一個名為「人類第一」的團體的槍手，跑到舊金山一家科技公司的大廳，開槍打傷幾個人。各個科技公司雇用安全部隊，但是出於恐懼，30% 的員工要求遠距離工作。有些科技公司以希望員工安全為理由，搬到溫哥華。加州的分裂運動也升高，州政府官員開始增強保護邊境並廣設檢查站。

或許，我上面描繪的場景不太可能出現。對我而言，它也的確讓人洩氣。但是這個場景的先決假設是：我們保持現有的制度不動，以資本效率為最高優先，並把人類視為經濟投入。市場將繼續推動我們走向特定的方向，即使機會在每個轉折點都會減少，也要走向極端。

預先防止自動化和保留工作或許會有所幫助。有人會爭辯，我們應該要求每輛卡車上都配一個司機，或是只有醫生才能檢閱放射影片，並且維持速食店和客服中心的就業水平。但是，幾乎不可能在所有行業中都有效的長期控制住自動化的發展。其結果是某些工人和行業將受到保護，而其他比較不是核心的行業（如零售業）之人員將很

快就被取代。

這讓我想起了經濟學家米爾頓・傅利曼（Milton Friedman）曾經講過他訪問中國某個工作現場的故事。他注意到沒有大型拖拉機或設備，只有拿著鏟子的人。他問他的導遊：「所有能挖洞、移地的機器都到哪裡去了？」

他的導遊回答說：「你不明白的。這是一個旨在創造就業機會的計畫。」

傅利曼想了一下，然後問：「那為什麼要發給他們鏟子？」

時間只朝一個方向流動，只要好處能夠共享，進步就是好事。

什麼事都不做會肯定導致毀滅，試圖阻止進展，長期而言，也可能是一種注定要失敗的策略。

那我們還能怎麼辦？

當你沒有其他選擇時，無從想像就成為必要。我們必須透過大規模的歷史性轉變，來改變和重新構建經濟和社會，以求進步。這本書的大部分內容可能讓人覺得相當消極，這種轉變確實非常困難，但未來的機遇是巨大的。

羅伯・甘迺迪曾經說過一句名言，國內生產毛額「不會規定我們孩子的健康，他們的教育品質，或他們的遊戲樂趣⋯⋯ 簡言之，它衡量一切，但是什麼使得生活變得有價值，則不是它管得到的」。我們必須開始更深入思考是什麼讓生活變得更有價值。

第三部

解決方案與人本資本主義

3

第十六章
自由紅利

　　讀到這裡，你可能會覺得：「哇，這傢伙對未來的看法可真是黯淡呀！」有位朋友讀了前面幾頁，對我說：「讀了它，感覺好像臉上被重複打了好幾拳。」另一個朋友說：「你應該把書名改為《我們被 X 了》。」

　　不過這些問題都有可能解決的方案。隨著工作消失，未來幾年的情勢肯定會非常困難，但還是有些事情我們可以做，而且可以讓事情戲劇性的變好。不過，這需要想像力、意志力、自信心、同理心和「有志者事竟成」的精神。

　　《四種未來》（*Four Futures*）的作者彼得・佛瑞斯（Peter Frase）指出，工作包含三件事：生產商品和服務的經濟手段，人們賺取所得的手段，以及為許多人的生活帶來意義或目的的活動。我們應該逐一解決這些問題，先從最簡單的問題開始。在沒有工作的未來，人們需要能夠照顧自己，滿足他們的基本需求。最終，政府需要進行干預，以防止普遍的骯髒、絕望和暴力。政府越早行動，我們的社會就越有能力運作。

　　第一個重大變化是實施全民基本收入（Universal Basic Income），我稱之為「自由紅利」（The Freedom

Dividend）。美國政府應該提供每個 18 至 64 歲的人民每年 12,000 美元的收入，其金額隨通貨膨脹而調整。它需要憲法上的絕對多數來修訂或修正。自由紅利將取代絕大多數現有的福利計畫。這項計畫是由美國最大的工會前任負責人安迪·史騰（Andy Stern）在他的著作《升高樓地板》（*Raising the Floor*）中提出的。美國目前的貧困線為 11,770 美元。我們基本上要把所有美國人帶到貧困線以上，緩和赤貧現象。

全民基本收入是社會安全制度的一種版本，所有公民每月都可以獲得一定數額的金錢，而且跟他們的工作狀態或所得無關。從紐約的避險基金億萬富翁到西維吉尼亞州的貧困單親媽媽，每個人每個月都可以收到一張 1,000 美元的支票。也就是說，如果某位女性擔任餐廳跑堂或某男性擔任營建工人，每年可賺 18,000 美元，他或她基本上就會有三萬美元的年收入。全民基本收入消除了大多數人認為傳統福利計畫帶來人們好逸惡勞的弊端——如果你工作，你實際上可以開始儲蓄，並且力爭上游。隨著自動化的威脅不斷增強，這一概念得到了新的關注，目前在奧克蘭、加拿大、芬蘭以及印度和其他發展中國家都在進行實驗。

今天，人們往往把全民基本收入與科技烏托邦連在一起。但是，美國在 1970 年和 1971 年差一點出現某種形式的全民基本收入立法，眾議院兩度通過法案，但都被

參議院擋下來。幾十年來，許多不同黨派的強大思想家都提出類似想法的版本，其中包括美國生活中某些最受尊敬的人物。我們舉幾個案例來說：

湯瑪斯・潘恩（Thomas Paine）在 1796 年時說，可從土地所有者收取來的資金當中，「在每個人年滿 21 歲時，發給他 15 英鎊做為部分補償，以彌補他或她失去了天然遺產……分發給每個人，無論貧富」。

馬丁路德・金恩（Martin Luther King Jr.）在 1967 年說：「我現在確信最簡單的方法將是最有效的方法——解決貧窮問題的辦法是透過現在廣泛討論的措施——保證收入——直接消滅貧窮。」

理查・尼克森在 1969 年 8 月說：「我建議聯邦政府在每個不能照顧自己的……美國家庭的收入下建立一個基礎——不論這個家庭居住在美國哪個地方。」

諾貝爾經濟學獎得主米爾頓・傅利曼在 1980 年說：「我們應該改用發放現金的單一綜合收入補充計畫，取代特定福利計畫的大雜燴——一種負所得稅……這將改善我們現有的低效率和不人道的福利制度，變成更加有效和更加人道。」

伯尼・桑德斯（Bernie Sanders）在 2014 年 5 月說：「在我看來，每個美國人都有權享有最低標準的生活……有許多方法可以實現這一目標，這是我們應該努力達到的目標。」

史蒂芬‧霍金（Stephen Hawking）在2015年7月說：「如果機器生產的財富能夠分享，每個人都可以享受奢侈的休閒生活；反之，如果機器所有者遊說成功，反對財富再分配，大多數人都可能淪為可憐的窮人。到目前為止，大趨勢似乎是傾向第二種可能性——科技推動不平等並且不斷的惡化。」

巴拉克‧歐巴馬（Barack Obama）總統在2016年6月說：「我描述的方式是，由於自動化，由於全球化，我們將必須檢討社會契約，就像我們在19世紀早期那樣做的，然後在經濟大蕭條時期和之後也這麼做的。每週工時40小時、最低工資、童工保護法等等概念——這些都必須針對新的現實更新。」

歐巴馬總統在2016年10月又說：「無可爭辯的部分是……隨著人工智慧進一步整合，社會可能變得越來越富裕。生產和分配，以及你工作多少和你領多少薪水之間的聯繫，都會越來越削弱……我們將在未來10年或20年內針對無條件免費發放現金進行辯論。」

華倫‧巴菲特（Warren Buffett）在2017年1月說：「你必須搞清楚如何分派它……鵝下了金蛋、而有些人非因他們本身的過錯卻失去機會，這些人仍然應該有機會參與繁榮，這就是政府可以著力的地方。」

比爾‧蓋茲（Bill Gates）在2017年1月說：「過度（自動化）的問題迫使我們注意受到影響的個人，應該採用這些額外的資源，確保他們在再教育和收入政策方面能

身受其惠……」（蓋茲後來建議對機器人課稅。）

伊隆・馬斯克（Elon Musk）在 2017 年 2 月說：「我認為我們最後將會實行全民基本收入……這將是必要的……機器人無法做得更好的工作會變得越來越少。我想說清楚一點，這可不是我希望會發生的事情，但是這是我認為可能會發生的事情。」

馬克・祖克伯（Mark Zuckerberg）在 2017 年 5 月說：「我們應該探索……全民基本收入，這樣子每個人都可以有個緩衝去嘗試新想法。」

我家老媽在 2017 年 9 月說：「如果你認為這是一個好主意，安澤，我相信這會是一個好主意。」

你可能會想：「這是絕對不可能的事情。如果確實發生了，它不會導致通貨膨脹失控嗎？不會製造好幾個世代的敗家子嗎？」

每年 12,000 美元只夠勉強維持溫飽。除非他們處於邊緣或受剝削狀態，否則很少有人會因為如此區區之數的保障收入就辭職不幹。現有數據證實了這一點。

從另一方面看，好處絕對更巨大：

● 對低收入地區來說，這將是一個巨大的刺激因素。
● 它將使人們有能力避免在財務匱乏和每月需求的基礎上做出可怕的決定。
● 它對創造力和創業精神來說，是一個非凡的福音。
● 它將使人們有能力更有效的從不斷萎縮的行業和

環境，過渡到新的行業和環境。

- 它可以減輕壓力，改善健康，減少犯罪，並加強彼此關係。
- 它將支持父母和看護人執行工作，特別是有助於母親。
- 它將使所有的公民在社會中樂於分享，也有前途感。
- 它將恢復各地社區的樂觀和信心。
- 它將透過自動化浪潮刺激和維持消費者經濟。
- 它將透過歷史上最大的經濟和社會轉型，維持秩序，並維護我們的生活方式。
- 它將使我們的社會更加平等、公平和公正。

根據羅斯福研究所（Roosevelt Institute）的分析發現，每個成年人每年領取 12,000 美元的話，將使經濟永久性的成長 12.56% 至 13.10%——亦即到 2025 年可創造約 2 兆 5,000 億美元的經濟價值，這將使勞動力增加 450 萬至 470 萬人。把錢交到人們手中保管，將是對就業增長和經濟的永久性推力和支持。雖然預估比現有的福利計畫，每年需增加約 1 兆 3,000 億美元的費用——但大部分現有的福利計畫將納入本計畫，節省成本，還會增加應稅收入。保守派會高興的是，126 個帶有不當獎勵措施、牽涉繁瑣官僚機構的各式計畫大部分會消失。

1 兆 3,000 億美元的費用聽起來似乎非常多。但讓你

參考一下，聯邦一年預算約為四兆美元，整個美國經濟約為 19 兆美元。此外，有很多方法可以找到財源。在我看來，最明智的財源是加值稅——一種消費稅——向最從社會受惠的人和企業取得稅收。

以下是挑戰之所在：我們需要從自動化中汲取更多的價值，以支付公共利益和支援失業工人。但事實證明，「自動化」和「機器人」是很難認定或徵稅的東西。如果 CVS 藥房採用自助結帳和 iPad 取代收銀員，應該認定它是自動化嗎？或者，如果銀行用程式取代兩百名客服中心員工，銀行該付多少錢？你要設定適當的人員配備水平是不可能的。另外，實際上你並不想對自動化過度課稅，因為你不想太打擊它——你需要利用它創造的價值來支付費用。

還有一件事要記住——科技公司非常擅長避稅。譬如，蘋果公司把在海外賺的 2,300 億美元放在海外帳戶，以避免納稅；微軟有 1,240 億美元，Google 也有 600 億美元。我們目前的稅收制度很難從因自動化而得到好處的大型科技公司身上課稅，這些公司將成為最大的贏家之一。另外，政府也很難向小型科技公司課稅，因為它們的獲利通常並不那麼豐厚。隨著越來越多的工作由機器和軟體完成，要對人類課徵所得稅也會變得越來越困難——因此比爾·蓋茲建議我們應該開始對機器人徵稅。

能確保公眾從自動化浪潮獲益的上策是加值稅，人

們和公司在購買商品或使用服務時都要繳稅。對企業而言，它會成為各層面的生產成本。對那些擅長降低稅負的大公司而言，它很難不支付費用就從美國的基礎設施和公民中受益。這也能讓我們願意全力以赴爭取進步——這會使每當有人致富的時候，連阿帕契公司的技工都能分到一杯羹。

全世界 193 個國家中有 160 個國家已經徵收加值稅或商品和服務稅，除了美國。所有已開發國家都開徵這一個稅目，像歐洲的平均加值稅是 20%。它發展良好，功效也已經確立。如果我們採用的加值稅率是歐洲平均水平的一半，我們支付所有美國成年人全民基本收入的財源就有了著落。

加值稅會導致物價略為升高，但科技進步將繼續降低大多數東西的成本。在全民基本收入 12,000 美元的情境下，繳交 10% 的加值稅會使你虧本的唯一狀況是，你每年消費超過 12 萬美元的商品和服務——但如果真是如此，這代表你事業有成，收入不錯，可能屬於高所得族群。企業將因為他們的顧客每個月有更多錢可花而獲益匪淺——大多數美國人將把大部分的錢用在本地。

避險基金億萬富翁每年花費 1,000 萬美元購買私人飛機和豪華轎車，他將向這個制度貢獻 100 萬美元加值稅、並領回 12,000 美元。單親媽媽將繳付約 2,500 美元的稅，但獲得 12,000 美元，並且還可以放心，她的孩子高中畢

業時也將開始每月收到 1,000 美元。

認為這是一場鬧劇的人，不妨回憶一下，金融危機期間聯邦政府撒下的救援金額。你可能不記得美國政府在 2008 年金融崩潰後，為它的量化寬鬆計畫印了超過四兆美元的新資金。這些錢進入銀行的資產負債表，並且降低利率，它懲罰了儲戶和退休人士。通貨膨脹幾乎完全消失。

我們在名目上這樣做，以便銀行能放款給企業，企業隨後可以創造就業機會，並繼續支撐經濟發展。但實際上，大部分資金進入銀行的資產負債表，並在各地擴大資產泡沫，主要是位於曼哈頓和矽谷的房地產，另外也反映在 Uber 和 Airbnb 等私人公司的股票價格上。許多人確實從瘋狂印紙鈔中致富，但他們是地位最高的人、不是最不利的人。我們這樣做，是因為我們相信企業機構，遠遠超過我們信任自己的人民。

在空前未有的經濟混亂時期，發放自由的紅利，錢將放在我們的公民手中。它會促進消費增長，它會刺激人們，每個月絕大部分的錢將直接灌注到經濟當中：支付帳單、餵養兒童、探望親人、青少年體育、在本地餐館用餐、上鋼琴課、課外輔導、汽車維修、小型企業、住家修繕、產前維他命、老人護理等。大多數美國人手頭的現金吃緊，因此大部分的錢將快速的花在當地社區。

政府需要將管理自動化帶來的經濟轉型當作它的首

要任務。我們已經遠遠落後，需要快快趕上。

我相當懷抱希望，美國將在未來幾年內通過類似自由紅利這樣的全民基本收入政策。它很簡單、公平、平等、容易理解，至少有 80% 的人口將會受益。在自動化浪潮中維持社會穩定結構是有必要的，全民基本收入政策將變得越來越流行和合乎常識。它只需國會通過一項法案就可施行，支票／轉帳可以立刻開始。勞工領袖安迪・史騰評論：「政府在許多方面做不好事情。但是它在向大量人群、發送大量支票方面表現卻非常出色。」即使目前處於衰弱狀態，政府也可以很容易的開始徵收加值稅，並發送自由紅利以終結我們所知道的貧困，並為社會做好準備、迎接未來。

套用溫斯頓・邱吉爾的話來說：「美國人總是會做正確的事——尤其在他們嘗試所有其他的方法之後。」但我心中的問題是，從現在到真正執行之間會發生什麼問題，以及事態會變得有多糟糕。

信不信由你，自由紅利是這項過渡最簡單的部分。籌措財源並不難，難搞的是人。全民基本收入所能帶來的巨大效益，以上只是第一步。正在進展中的挑戰將是如何保持一種成長、負責任、社區、人性、家庭和樂觀的心態，這個時代過去有許多堡壘都將被推翻，成為過時的舊事物，而且許多生活方式將不可逆的發生改變。

我從來沒玩過《魔法風雲會》（*Magic: the*

Gathering），但是它的創造者理查・賈菲爾（Richard Garfield）以我很喜歡的方式寫下對於全民基本收入的描述。他說：「全民基本收入……不是見不得人的事──每個人都可以參與。它並沒有試圖從上而下控制經濟──人們可以把錢花在他們想要的東西上，從而引導經濟，因為消費者總是最懂得引導經濟走向。它可以用難以理解的方式釋放就業市場……我被全民基本收入所吸引，不僅僅因為它是一個必要的解決方案，而且是一個釋放人們潛力的機制……我發現自己確信，全民基本收入是自然的，將導向一個更有生產力、更快樂的世界──它將使我們能夠充分利用人們的創造力以及他們創造的科技。」

現在的我們試著相對剝奪，但顯然它已經失效。半調子的政策只會浪費時間。匱乏拯救不了我們，富足的心態才能拯救我們。

在我深入討論全民基本收入之前，讓我們回顧一下這個概念的歷史──以及它已經有哪些版本被具體實現。

第十七章
真實世界的全民基本收入

　　我們現在可能很難理解，但是保證年收入的想法是1960年代末期、1970年代初期美國的主流政治思想。醫療保險和醫療補助計畫於1965年通過，大家頗能接受解決社會問題方案的主張。1968年5月，超過一千名大學經濟學家簽署一封聯名信，支持保證年度收入。1969年，尼克森總統提議一項「家庭援助計畫」（Family Assistance Plan），該計畫將為每個家庭提供約一萬美元的現金福利，並配上若干資格條件、做為保證年度收入；當時接受民意調查的受訪者中有79%支持這項法案。「家庭援助計畫」以懸殊比例在眾議院獲得通過——243贊成、155票反對，但隨後在參議院受阻。種種原因當中，有一項是因為民主黨人想要有一個更加強大的計畫。紐約州民主黨國會眾議員威廉萊恩（William Ryan）提出一個相當於今天3萬3,000美元的收入底線，原始的法案多年之後進入辯論及重新提議階段。

　　聯邦政府在1968年至1975年間資助一系列研究，以便深入了解保證收入會如何影響個別家庭。首要議題是要了解人們如果從政府無條件獲得金錢，是否會繼續工

作。紐澤西州的「工作激勵實驗計畫」（Graduated Work Incentive Experiment）在 1968 年至 1971 年間提供現金給 1,300 多個家庭，幫他們超越貧困線。研究人員發現對工作意願的影響微乎其微——男性每週工作時間只減少一小時，而女性則每週工作減少五小時。母親們花更多的時間陪伴孩子，孩子在學校的成績提高。高中畢業率在這段期間大幅上升，提升高達 30%。

北卡羅萊納州、愛荷華州、印第安那州、科羅拉多州和華盛頓州也都推出類似的研究，大多數研究顯示的結果與紐澤西州相似。然而，在丹佛和西雅圖進行最嚴謹、最慷慨的研究卻發現，男性的工作時間減少約 9%，人妻減少 20%，單親媽媽減少 14%。丹佛的研究還顯示，離婚案例會增加——這個發現讓許多人驚訝，助長反對此一法案的人士聯手在 1978 年將它永久封殺。1988 年，威斯康辛大學的學者們重新審閱數據，發現基於錯誤的模型，對於婚姻的影響被過度誇大。其他學者後來也質疑工作時間減少不該根據受測者自己報告的時間。但到這時候，相關議題的辯論已經過去了。

美國現行的研究觸及個別家庭，卻從未試圖衡量對社區的影響。加拿大則全部集中在一個小鎮做研究。1974 年 2 月，加拿大花費相當於 5,600 萬美元的資金，讓位於溫尼伯（Winnipeg）西北方 1 萬 3,000 人的多芬鎮（Dauphin）每個人全部跨越貧困線。1,000 個家庭每個

月都會收到數目不等的支票，而且沒有任何的使用限制，他們稱之為「Mincome」，意即最低收入。在保守派政府上台執政、停止此計畫之前，它持續了四年。

多年後的 2005 年，曼尼托巴大學（University of Manitoba）經濟學家伊芙琳傅吉特（Evelyn Forget）追蹤並分析其結果。傅吉特回憶說：「在政治上，一般人會擔心，如果你開始保證年收入，人們就會停止工作，開始出現大家庭。」可是，她發現對工作的影響其實微乎其微，工作時數明顯較少的唯一群體是新手媽媽和青少年，後者是因為花更多的時間上學。25 歲以下女性的生育率下降；高中畢業率上升；也許最引人注目的是，傅吉特發現，醫院就診率下降 8.5%，工作場所受傷和急診就診次數明顯減少。家庭暴力案例下降，與精神疾病相關的看診和治療也減少。基本上，沒有貧困的城鎮，生活品質明顯好轉。

可能很難相信，但是美國有一個州幾十年來都有類似全民基本收入的方案。阿拉斯加州自從 1976 年起，因為州有土地獲得數十億美元的石油收入。共和黨籍州長傑伊・哈蒙德（Jay Hammond）有一個創新的計畫——他推動將石油收入放進「阿拉斯加永久基金」（Alaska Permanent Fund），然後每年將基金盈餘發放給州民。他堅稱，這個基金有「保守的政治目的」，制止政府過度支出，並將更多的錢直接分配給人民。

阿拉斯加永久基金累積了收益，於 1982 年開始支付

紅利。現在每個阿拉斯加居民每人每年領到的石油紅利在1,000 美元到 2,000 美元之間；一個四口之家在 2015 年領到 8,000 多美元。石油紅利使阿拉斯加減少了 1/4 的窮人，它也是讓阿拉斯加州所得懸殊成為全美第二低的原因之一。研究顯示，石油紅利還增加新生兒出生時的平均體重，並有助於阿拉斯加農民維持生活無虞。由於每年經濟活動增加，它也創造至少 7,000 個就業機會。儘管政府歷經多次換黨主政，這項計畫現已進入第 36 個年頭，仍非常受歡迎。64% 的受訪者甚至表示，如果有必要補充紅利資金，他們願意接受調高稅率。

1995 年，一組研究人員開始追蹤北卡羅萊納州 1,420 名低收入戶兒童的人格發展。然後，發生一些沒有預料到的事情——其中 25% 的家庭每人開始收到 4,000 美元，他們是切羅基印第安人（Cherokee Indians），附近剛蓋了一座賭場，所以將盈餘回饋給部落的成員。這個意想不到的發展使當地變成一個研究寶庫。加州大學洛杉磯分校經濟學教授藍道爾艾奇（Randall Akee）說：「要再複製這種縱向研究幾乎是不可能的。」艾奇發現，平白多出一些收入，長期下來確實影響了孩子們的個性，行為和情緒障礙下降，盡責和友善這兩種人格特質變得更加明顯。兩者都與具有工作和保持穩定的人際關係密切相關。這些變化在研究一開始時生活條件較匱乏的兒童身上最為顯著。

艾奇推測這種影響，部分原因是由於環境壓力較小，

夫妻之間的關係有所改善，酒精消費量下降。艾奇說：「我們知道貧窮夫妻吵最兇的就是錢。」消除這種衝突導致「更和諧的家庭環境」。

約翰霍普金斯大學經濟學教授艾米莉亞西梅諾娃（Emilia Simeonova）研究相同的家庭樣本，她說：「有很多文獻顯示，要改變孩子的結果，最好是先從父母下手。」她認為：「（增加收入）在父母身上明顯產生改變。我們意識到，即使只多一點點錢就能改變這些事情，改變他們的生活。」

2008 年，哈佛大學研究生麥克費伊（Michael Faye）和保羅聶浩斯（Paul Niehaus）研究國際發展，到海外實地進行田野調查。他們訪問肯亞，所到之處，看到的是援助金遭到浪費：有許多扔棄的水龍頭、未使用的衣服等。他們因而相信，人們更想要現金，遠超過食物、蚊帳、教科書、運動器材、牛、水壺或任何其他東西。那年夏天，麥克和保羅捐出幾千美元給貧窮的村民，並且開始衡量效果。他們發現，拿到現金的村民當中，家暴率下降，心理健康有所改善，人們也開始改善飲食。

他們注意到這一點後，加以擴大研究。2012 年，一位朋友把他們介紹給 Google.org，後者捐獻 240 萬美元幫助他們推動研究。他們越深入評量，越發現顯著的正面效果：人們開始創業，孩子們的體重增加，女孩們更頻繁的去上學，婦女有更多的獨立性。事實證明，提供現金非

常有效。與大多數組織不同,他們記錄所有結果後向全世界提出報告。

之後,GiveDirectly 募集超過 1.2 億美元,有部分用在以新方式配發現金給開發中國家。2016 年,他們宣布要在肯亞西部某地區展開一項為期 12 年的 3,000 萬美元基本收入試驗。《衛報》有一篇報導說:「GiveDirectly……已經向整個慈善界發出震波。(組織)如果想代表窮人要錢,得能夠證明他們比窮人自己還管理得更好……(對大多數非政府組織而言)這是一個很大的挑戰。」基本上,如果大多數援助組織別礙事、直接把錢交出去,對全球窮人會更有幫助。

如今,因為經濟不平等、就業市場受損和自動化的早期跡象,在全球已經點燃對於全民基本收入的巨大熱情。芬蘭 2017 年開始進行為期兩年的試驗,兩千名 25 至 28 歲的失業者每個月收到約 660 美元的基本收入,沒有任何附帶條件。印度研究顯示基本收入比現有計畫更有效之後,他們正在積極考慮明年在全國審慎實施基本收入。加拿大正在試行針對安大略省的 4,000 名參與者,從 2017 年至 2020 年提供給個人最多 1 萬 2,570 美元、夫婦 1 萬 8,900 美元的資助,並測量其結果。荷蘭和蘇格蘭也都在進行小型的試驗。

為了應對大幅削減石油和天然氣補貼,伊朗在 2011 年實行每年發放約 1 萬 6,000 美元的全民基本收入。經濟

學家衡量了勞動率，發現工作時間沒有減少——反而發現服務業從業人員擴大了他們的業務。由於樣本規模巨大，長時間觀察下來，將具有極大的指標意義——伊朗約有8,000萬人口，相當於紐約州、加利福尼亞州和佛羅里達州的人口總和。

最近，美國出現一項小型試驗。從2017年初開始，加州奧克蘭的科技公司YCombinator的負責人山姆艾特曼（Sam Altman）在奧克蘭每個月向一百戶家庭提供約一千美元到二千美元的現金，為期大約一年，以衡量對受助者有何影響。他們的目標是在之後推出一項更大規模的五年試驗。山姆和他的朋友們捐出兩百萬美元，並且聘請研究人員，想看看會有什麼結果。我很欣賞山姆投注資源來研究這個問題，他展現了領導力和遠見。在理想的世界中，我們的政府就應該要有這種能力。

基於全民基本收入在知性上和道德上的吸引力，以及迄今在真實世界也實施得相當成功，這激發我們對於全民基本收入的熱情。然而，主要的反駁論點通常是：

「我們負擔不起。」

錢必須來自某處。我們習慣於政府花費數十億美元、又沒有產生多大的效用。在任何情況下，想加稅更是一項艱鉅的任務。

妙的是，全民基本收入實際上不會擴大政府編制，

幾乎免費就可以管理、執行它，它不需要建立新的官僚機構。這比較不像是一項支出，比較像是轉帳給公民，讓他們可以利用這筆錢來改善生活、交易、光顧本地企業，並支持消費者經濟。它不必雇用一大批新的政府官員，每一塊錢都將放進每一個美國公民手中，然後大部分花在美國經濟中。

根據定義，這些錢都不會浪費，因為它歸於公民。這類似於公司向股東發派股息或現金。沒有人認為這是浪費錢，因為理論上股東就是公司的所有者。

身為美國公民，我們不是這個國家的所有者嗎？

做為一個國家，我們相當富裕，甚至足以管理一個全面性的全民基本收入政策。僅在過去十年中，我們的經濟增長四兆美元以上。美元仍是全球準備貨幣。我們是人類歷史上科技最先進的社會，自動化程度的提高將使我們的經濟繼續保持良好的發展。

不僅如此，我們還將透過新的業務和經濟活動、更好的教育成果、改善的健康和預防性護理、更好的心理健康、減少犯罪和監禁、減少對無家可歸者的服務以及其他許多社會福利，收回大量資金。

你知道什麼才真的叫昂貴嗎？反功能（dysfunction）現象！革命！

花在維持人民和家庭的正常運作上則非常值得。

「這將摧毀人們的工作誘因。」

所有數據皆顯示，發放全民基本收入後，個人工作時間仍然保持穩定，或最多只出現溫和下降。

如果說有人花在工作上的時間減少，他們往往是年輕的母親和青少年。如果是為了照顧孩子或上學，可能我們不會介意他們減少工作時間。

許多人似乎同時持有兩種完全對立的觀點：

第一、工作是至關重要的，也是人類經驗的核心。

第二、如果不需要，沒有人願意工作。

這兩個想法彼此南轅北轍、完全不同。如果工作是人類經驗的核心，即使我們不一定必須做，我們也會這樣做；再不然，如果工作是我們沒有興趣做的事情，我們為了生存也只好做。

設定每人每年 1 萬 2,000 美元的自由紅利，只能使人勉強過活。任何人想要成就任何事情，買些好東西，或為孩子建立更美好生活，仍然需要工作。

每年 1 萬 2,000 美元，相當於有 30 萬美元儲蓄，然後靠每年年利 4% 的被動收入過活。你有沒有聽說有人存了 30 萬美元、然後就停止工作？至少我沒有。我見過很多人存下一些錢，然後又想存更多錢。

安迪史騰開玩笑說，他所知大多數的中產階級孩子都有一種叫做「父母基本收入」的東西，他們的生活有一部分由父母補貼。所有手機帳單、房租押金、家庭旅行和

度假費用等都來自「爸媽銀行」。這是我所見大多數富裕家庭的常態。大多數他們的孩子在工作倫理方面都中規中矩。

工作汰換將是我們這一代人的挑戰，需要這個時代的偉大思想和心靈來應付。但是賺錢過活是另一個獨立的問題，如果能夠獲得生活不虞匱乏的錢，即使不一定是在辦公室或商店工作，也可以使我們清楚思考我們實際想做什麼，這是比當「月光族」、每個月栖栖皇皇為生存打拚，更加深刻、更加基本的問題。

「這不會引起瘋狂的通貨膨脹嗎？」

多年來通貨膨脹一直很低，部分原因是科技和全球化一直抑止許多東西的成本。在金融危機之後，即使搞「貨幣寬鬆」、印了四兆美元，也沒有引起有意義的通貨膨脹。如果全民基本收入是以上述提議的加值稅為財源，我們就不會增加貨幣供給量，因此不會有資金浮濫而產生通貨膨脹的問題。

像自由紅利這樣的全民基本收入可能會導致一些通貨膨脹，因為供應商會趁民眾購買力增加來提高某些商品價格，但是許多方面的成本將持續下降，因為科技繼續降低生產的潛在成本。如果你回頭想想自己的花費，會發現大多數受經濟競爭、全球化和科技影響的東西都變得更便宜，或品質更好，或甚至質高價降。我不敢相信衣服的價

格如此便宜——H&M 的 T 恤一件 8 美元、褲子一條 15
美元，讓我買起來都覺得內疚。汽車各種配件售價與我成
長時差不多，但是今天坐進車內，感覺像是太空船，絕非
我當年的老式笨重本田可以比擬。音樂、電影和大多數形
式的娛樂也都比以往更便宜。

在影響通貨膨脹的主要支出當中，最顯著的是醫療
保健費用和教育費用，近年來這兩種費用都爆增。醫療保
健和教育並非沒有真正受到市場力量的影響，迄今為止也
一直抗拒自動化和加強提高效率。它們也是美國人變得更
緊張的一些主要原因——我們的工資一直持平，但我們想
要為子女提供美好生活，主要的成本卻有部分已經失控。
全民基本收入不僅不會引起通貨膨脹，而且把購買力交到
美國人手中，將有助於解決物價上漲的最糟糕情況。

「人們會把錢花在愚蠢的事情上，譬如吸毒和酗酒。」

沒有數據顯示這一點。每一項對於基本收入的研究，
都沒有出現藥物和酒精的使用會增加的證據。研究反倒顯
示，人們意識到未來前途將有所改善，會激勵自己研訂如
何改善命運的計畫。譬如，許多阿拉斯加人每年把領到的
石油紅利大量儲蓄起來。

的確有真正的吸毒癮君子，也有些人的確不知自愛，
自取滅亡。但是這些癮君子不會因為沒錢就不使用麻醉劑
藥物和酗酒——他們會設法立刻找到錢，繼續買毒品，有

時甚至使用非法手段。全民基本收入可以抑制反社會行為，至少提高某些人尋求治療的能力。

還有一點——窮人往往比富人更加小心看待錢。我從來都不窮，但是我記得自己年輕時，感覺口袋空空、窮得要命，跑到一家中餐館打工洗碗盤，每小時工資 5.20 美元，外加小費。我還記得當時對我來說現金 50 美元真是不得了，我多麼小心處理這筆錢。

窮人對他們的錢不負責任，會浪費亂花，這種想法似乎出自根深柢固的偏見，但並不是事實。富人有一種傾向——看扁窮人，認為窮人是意志薄弱的小孩子，沒有成本紀律概念。其實，證據指向另一個方向，誠如荷蘭哲學家魯特格布雷格曼（Rutger Bregman）和其他人所說：「貧窮不是缺乏品格，而是缺乏現金。」

針對匱乏所做的研究顯示，改善決策的最佳方法是釋放人們的頻寬。人們永遠不會做出完美的選擇，但是，當他們知道基本需求已經有了著落，會使數百萬人每天做出更好的選擇。

第十八章
時間是新型金錢

「能夠知性的填補休閒時間是文明的最新產物……」

—— 羅素（Bertrand Russell）

「一個男人……沒有辦法填補時間，就像綁在鍊子上的狗一樣悲慘。」

—— 喬治‧歐威爾（George Orwell）

即使「自由紅利」已經照顧到人們可以養活自己，一旦工作遭到取代，仍然讓人害怕的問題就是：「我們一整天要幹什麼呀？」工作已被證明是健康人生和社會的重要組成部分。長期失業是一個人所能碰上最具破壞性的一件事。得到一點錢未必能改變這一點。

政府應該保證工作或創造就業機會嗎？我認識的許多理想主義者都倡導普遍服務的機會。問題是組織、培訓和雇用人員非常昂貴。「為美國教課」（Teach for America）在兩年期間為每個團員花費大約 5 萬 1,000 美元，用在無報償的項目：召募、選拔、培訓、排課、支援

等。「和平工作團」（Peace Corps）年度預算 4 億 1,000 萬美元，平均每名志工要花掉 5 萬 6,000 美元。我創辦的組織「為美國創業」每兩年為每位年輕創業家花費大約三萬美元，用於召募、培訓等。美國軍方每年為每名士兵花費大約 17 萬美元，用於薪餉、維修、住房、基礎設施等。

為人們建立一個組織非常昂貴。在任何人獲得薪酬之前，用在招募、培訓和基礎設施上就要花費數萬美元。有時你還得創建非常大的組織和官僚機構；譬如，和平工作團擁有 1,000 多名全職員工，為 7,200 名志工提供支援。

許多種族，最渴望能受雇、不讓他們投閒置散的一群人，通常是最不能幹、無法被民營企業雇用的人。很自然的趨勢就是花費大筆金錢、雇他們處理實際上沒有價值的事情。由於我們談論的是教育和技能層次較低的數百萬人，如果我們試圖用為政府服務的工作取代任何相當大比例的民間就業機會，很可能就會導致這種情況發生。

我相信國民義務和投資人力的力量——適合的人選做適合的事甚至可以移山。但是，大多數人為政府工作的經濟體，在許多環境中都經過測試，最後都失敗了——最明顯的例子就是 1978 年以前的共產中國和解體崩潰之前的蘇聯。

目前，以替政府工作的公民比例而言，美國在已開發國家中的比例相對較低——約為 15%，而加拿大為 22.4%，英國為 23.5%。儘管如此，政府資助的職位仍需

要非常謹慎和明智的創建，並且最好專注於高影響力的角色。如果沒有足夠的就業機會，它們肯定不會成為治療一個國家的藥方。

1930 年代經濟大蕭條期間，美國政府雇用四萬名文康活動官員和藝術家，耗資 33 億美元——相當於今天的 470 億美元，以利局勢變得愉快一點，也讓人們有參與感。根據從當時至今的人口增長率計算，這相當於現在要雇用大約十萬人前往各地城鎮製造歡樂氣氛。這讓我查覺政府為了製造公民參與意識、能力所及的上限。經濟大蕭條期間，政府開辦各種講座，包括男女分開的體育和遊戲、藝術和手工藝、音樂、戲劇、書籍閱讀、討論小組、遠足派對、木製品、金屬製品、家具製作、歡樂合唱團和管弦樂隊、以及衛生講座、飲食，甚至社交禮儀等。

讀到上述清單可能會使人渴望過單純的生活。目前的好方法是嘗試增強企業、人們和當地組織的既有利益和機會。全民基本收入在這方面將有很長的路要走。譬如，我們不妨想像一下，有一個本地非營利組織為弱勢家庭兒童提供課後輔導，它有五名員工，現在每人年薪三萬美元。通過全民基本收入政策後，他們可以改為雇用七名員工，每人年薪 2 萬 1,000 美元，就雇用人員工人數而言，增加 40%，因為具有一定財務保障水平的人可能願意接受薪水較低的工作。同樣的情況可以適用在學校招募志工支援教師的能力，教會召募團契導師的能力等等。荷蘭教

授羅伯・范德文（Robert J van der Veen）和經濟學家菲立普・范・帕里吉（Philippe van Parijs）觀察到，全民基本收入將使有吸引力的、本質上讓人覺得有意義的工作之平均薪資下降。人們想要做有趣的事情，儘管社會和個人的報酬減少，還是有許多人想做。更多人透過教導孩子、輔導他人、照顧親人等得到工作和成就感。

繪畫、製作音樂、拍攝影片、體育運動、寫作，以及許多美國人想做、但是今天似乎沒有時間做的一些創意活動，也會出現戲劇性的擴展。許多人有一腔藝術熱血，如果不需要擔心下個月會不會餓肚子，他們會願意去追夢。全民基本收入可能是我們所見過、人類創造力的最大催化劑。

或許最關鍵的是會出現無數的新事業。如果你住在密蘇里州一個人口五千人的小鎮上，人人都在苦苦掙扎過日子，那麼，開一家麵包烘焙坊可能不是好主意。但是，透過全民基本收入，明年這個城鎮將增加六千萬美元的購買力。即使麵包烘焙坊業績不好，你個人也有基本收入可以依恃。於是，開一家麵包烘焙坊可能會讓你覺得是個好主意，也容易讓你的朋友和家人感到興奮。在整個經濟面上，將掀起一波又一波的作用，並且創造出數百萬個新就業機會——根據羅斯福研究所的分析是 470 萬個。全民基本收入將透過增強人性、關懷，創造力和企業，來解決大部分人缺乏工作的問題。

換句話說，我們需要更積極的有所作為。

　　我們想像一下，2026 年有個平凡的卡車司機被資遣回家。讓我們稱他為泰德。他 49 歲，有些健康問題，念了一年大學後就輟學，幹過一系列的營建工作，然後當了 12 年卡車司機，才因為自動化丟掉工作。他住在俄克拉荷馬州一個不起眼的移動式房屋裡。他有一個孩子，但和遠在幾個城鎮之外的母親住在一起，他每個月會和兒子見一兩次面。他有一些戶外休閒活動和興趣。以前他每週有四天都在公路上奔走，透過無線電與同行卡車司機聊天。他喜歡偶爾喝兩杯老酒。他自幼是個基督徒，但是已經多年沒有上過教堂。泰德在附近沒有太多工作機會，可是他不想搬家——但由於他有積蓄、自由紅利以及從 2022 年的「卡車司機過渡法」中得到一些補償，如果他夠節儉，財務上還過得去。如果任自己選擇，泰德可能花很多時間看電視、喝酒，讓健康狀況一路惡化。所以我們的目標是讓泰德重新發展一系列興趣和人際關係，取代以前工作所提供的。

　　現在，讓我們再想像一下，泰德在他位於俄克拉荷馬州的家中，坐在他的躺椅上透過電視機看影片——他不喜歡年輕人使用的新式虛擬實境護目鏡。手機上傳來一則訊息說：「你的一個鄰居，安妮，需要人幫忙換裝她的液化瓦斯桶。你能幫她嗎？」訊息附上安妮的頭像，她是住在附近的一位 60 歲婦人。泰德聳了聳肩、回答：「好呀。」

然後輸入當天稍晚的一個時間。下午一點，泰德開車到安妮家，拆掉她的空瓦斯桶，換上從羅威商店那裡搬來的新瓦斯桶。當他搬動瓦斯桶時，背部有點疼，但是換瓦斯桶這件事讓他覺得自己挺有用的，還能幫助人。安妮非常感謝他，兩人聊了一會兒，他發現安妮是附近一家醫院的祕書——她的手腕很纖弱。聊天中還發現，原來她家小孩和泰德以前念同一所高中。

泰德回到家後，收到一則訊息說：「謝謝你幫助安妮！你已經獲得 100 點社交積分。你已存 1,600 點社交積分。你這輩子已經獲得了 1 萬 4,800 點社交積分。」他也接到安妮傳來訊息說：「謝謝你的幫忙。你是救星。」他回答說：「沒問題。很樂意幫忙。」他每天要出一兩次這樣的任務——通常是搬搬東西或是載人一程。他希望能夠遇到有狗的人家，在下次和兒子碰面時能借來玩玩。他兒子喜歡狗。他可以在土爾沙數位社交積分交易所（Tulsa Digital Social Credit Exchange）發布請求，但是他寧願不這麼做——他不喜歡尋求幫助。他喜歡幫助他人，贏點積分。他的目標是換兩張俄克拉荷馬市雷霆籃球隊（Thunder）門票，或者到卡貝拉體育用品社（Cabela's）買一個帳篷。他前陣子才使用了一大堆社交積分支付一趟釣魚旅行。在本地的撲克牌遊戲店最近也剛開始使用社交積分，而不是用現金美元——有一些人開始在本地青年中心當志工，交換免費游泳。

或許你會笑笑、不相信我的「社交積分」概念，但是這個場景是根據目前在美國約兩百個社區使用的「時間銀行」（Time Banking）制度來的。所謂的時間銀行就是，一個人透過執行各種幫助人的任務——運送物品、遛狗、清理院子、做飯、載人到醫院就診等——在社群裡交換時間和建立積分的一種制度。這個想法是在1990年代中期，由法學教授兼反貧困活動家艾德加・卡恩（Edgar Cahn）在美國所倡導，透過它來加強社區關係。

　　譬如，今天的佛蒙特州布瑞特波洛市（Brattleboro），時間銀行有315名會員，在過去八年中彼此相互幫忙、交換6萬4,000個小時的工作。布瑞特波洛時間銀行由兩名研究生創辦，2009年有30名成員，每年人數都有成長。40歲的單親媽媽母親阿曼達・魏特曼（Amanda Witman）寫下她的經驗：「三年前，我的處境很艱難。我和先生分居了，我住的大房子需要大量的修繕整理。我監督孩子在家自修上學，自己也在家做兼職工作，從事網站客戶服務。我面臨巨大的財務挑戰，我的朋友們知道我不知所措，不只一個人說我應該加入布瑞特波洛時間交易。起先我想，誰會有時間願意拿出來交易？後來我才知道可以先賒欠——先獲得別人幫助，然後在你條件允許的時候償還時間。所以我在網站上發布徵人修理房子的訊息，我原本希望有一兩個會員回應，不料卻出現一大堆人願意幫忙。藍迪・布萊特（Randy Bright）幫我修好牆上

的洞孔，更換了水箱。其他人幫忙把一堆東西載到垃圾場倒掉，更換老舊的電線，也幫我開闢一個菜園。在加入這個小組之前，我從來都不放心請求陌生人的幫助。但是現在你不覺得自己在糾纏別人，因為人人樂於志願幫忙，他們總是面帶笑容來幫忙。儘管我的時間表非常緊湊，但是我總能找到適合我時程安排的工作，譬如幫忙別人照顧寶寶或者做飯。事實上，後來我們全家人都投入時間銀行。我告訴我的孩子們──15歲的艾佛瑞斯特（Everest）、14歲的艾爾登（Alden）、11歲的艾樂理（Ellery）和9歲的艾維莉（Avery）──我們正在為鄰居堆放木材，以便換取別人修理我們的燈具。這讓他們覺得很有用。事實上，我們已經意識到我們一些嗜好的價值，譬如製作音樂。有一次，我們在本地一個花園聚會上全家出席表演，換回四個小時的積分。我們家有兩個小提琴手，一個吉他手和一個哨子手！」

交易的另一端是49歲的雜工藍迪・布萊特。他說：「當我加入時，很明顯，雜工的需求很大。而且，既然我離婚了，我心想，很好呀，我可以認識一些單身女性！雖然這方面還沒有成績，但是我已經擴大了社交圈。我用了一些可交易時間換了幾頓家常飯。它也在財務上幫助我：我開發了一個介紹推薦網絡，幫助我推展自己的能源效率生意。我的私人生意已經讓我很忙，但我仍然做時間交易，而且我經常捐出我賺來的時間。這些交易給我無形的

東西，讓我感覺良好。我特別喜歡向我的女兒娜拉表示，不是每次交易都要涉及金錢的——娜拉才14歲，經常一起幫忙。」

時間銀行創辦人艾德加‧卡恩原本幫羅伯‧甘迺迪撰寫演講稿，他寫道：「當社會救助計畫的財源不繼時，我苦思有什麼新辦法可以對抗貧窮。美國人面臨至少三個相互交纏的問題：最底層的人獲得最基本的商品和服務的不平等現象日益嚴重；需要重建家庭、街坊和社區，卻出現越來越多的社會問題；以及對想要解決這些問題的公共計畫日益失望。」他提倡時間銀行是「（重建）信任和關懷的基礎設施，可以強化家庭和社區」。

儘管時間銀行在布瑞特波洛等社區相當成功，但它們並沒有在美國廣泛流行起來，部分原因是他們需要一定程度的管理和資源來運作。

現在想像一下由美國聯邦政府支持的時間銀行，除了提供社會價值之外，它還有真正的貨幣價值。這種新貨幣——數位社交積分（Digital Social Credits, DSCs），或稱「社會信用」（Social Credits）——獎勵人們為社區服務。政府初始將透過投資在每個市場布下種子，但管理者必須是當地人。數位社交積分制度將鎖定在表明需要增加凝聚力的區域和社區。任何時候你為鄰居做事，譬如照顧孩子、幫忙做車庫拍賣、修理家電、在聚會上演奏音樂等，都可以獲得一些社會信用。任何時候你在本地避難所

當志工、參加城鎮活動、指導少棒隊打球、選修新課程、畫壁畫、在本地樂隊演奏、指導年輕人等，也可以獲得社會信用。現有的組織可以根據它們協助多少人數來獲得獎勵和賺取社會信用。

政府可以提供大量的數位社交積分作為重大舉措的獎勵和誘因。譬如，「頒發一億個數位社交積分，用於獎勵降低密西西比州居民的過度肥胖」，或是「頒發十億個數位社交積分，用於提高伊利諾伊州的高中畢業率」，然後讓人們以各種不同的行動去領取它。公司企業也可以協助達成目標，或是根據各種理由創建和贊助活動。非營利組織和非政府組織可以根據它們做出多少績效，產生數位社交積分，然後將積分分發給志工和員工。新的組織和倡議活動可以透過數位社交積分、而不是現金來進行眾籌（crowdfunded），因為人們透過發送積分來「投票」。吸引人潮的活動和媒體可以根據出席或投票的人數領取數位社交積分——這種貨幣將成為支持新聞、創意和地方活動的新方法。

有些人可能會問，「為什麼要創造新的數位貨幣、而不只是使用現金呢？」第一，人們對收到小額現金支付和對待積分，會有相當不同的反應。如果你告訴我，我因為做了某件事可以拿到兩美元，我可能會忽略它。但如果是 200 點，我會覺得它滿不錯的。現在人們花費無數時間參加 Yelp Elite、King Wazers、Foursquare 上的市長、

Google 的在地嚮導，以及其他基於積分和社交獎勵的線上活動。

第二，如果它是一種新型態的社會貨幣，每個人都會感到更加開放和放心的分享餘額。你希望激勵他們行動及廣為宣傳他們的行為，如果行動具有社會性、會被表彰，那麼就更有可能激勵更多的行動。這也是為什麼人們加入團體更有可能實現減肥或其他健身目標的原因之一。

第三，透過創造新貨幣，基本上政府可以誘導數十億美元的正面社會活動，而不必花費這麼多錢。

當個人累積數位社交積分時，他們將擁有在一生中累積起來的永久餘額，以及當前餘額。他們可以拿點數兌現體驗，向參與廠商購買東西，支持某些目標，以及在特殊場合將點數轉移給其他人。隨著他們的永久性餘額變得更高，他們可能有資格享受各種優惠，譬如在本地的球賽中開球、投球，受到本地國會議員接見，或者與本州最具公民意識的運動員或名人會面。或許社區最領先的數位社交積分得主可以得到參訪白宮的殊榮。人們和公司也可以使用現金來購買數位社交積分──這將有助於系統募集資金，但是這些數位社交積分會以不同的顏色出現，並且明顯是購買的、不是透過貢獻而賺取的。

圍繞著社會公益，我們可以創造一個全新的平行經濟。

有些與社會疏離的人最有可能忽略這一切。但是很

多人都喜歡獎勵和感覺受到尊重，像我著迷於在我本地的熟食店因為光顧十次、憑打卡可換取一份免費三明治。我們可以在不花那麼多錢的情況下，刺激出前所未有的高度社交活動。數位社交積分可以變得比現金更酷，你可以誇耀你擁有多少積分，而且它在社會上是可以被接受的。如果你想推廣採用數位社交積分制度，你可以針對特定的人口統計和區域，制訂各種不同的獎勵和活動；對較低級別的數位社交積分的人所做的事情，可以當做是額外附加的。

數位社交積分制度可以成為利用市場動力來刺激社會公益的一個例子。聯邦政府可以幫忙建立、資助此一平台，但是地方政府、非營利組織、個人和公司必須找出實現各種目標的最佳途徑。整體目標是提高社會凝聚力，並維持人們在後工作經濟（post-work economy）中的高度參與。

自由紅利將使社會超越對生存和匱乏的需求。無論市場如何看待人們的時間，數位社交積分則把社區聯繫在一起，讓人們既能創造價值又感受到被尊重。

第十九章
人本資本主義

想像一下有一個具有歐普拉（Oprah）或湯姆·漢克斯（Tom Hanks）嗓音的人工智慧生活教練，試圖幫助父母撫養孩子；或者是一個新的營建和拆除軍團，在全美安裝數百萬塊太陽能電板，升級我們的基礎設施，拆除廢棄的建築物，同時也雇用數萬名工人；或者是一種數位個人化教育刊物，它不斷為您提供新資料，並且把你和其他正在研究同一題目的人兜在一起；或者是一種穿戴式設備，可以監控你的生命跡象，將數據發送給你的醫生，同時建議你偶爾改變生活行為；或者透過智慧型手機在本地選舉中安全的投票，無需擔心會有作票之弊。

使用現有的科技，上述每一種情況都有可能成真。但是，它們的資源和市場激勵措施並不存在。目前，將家庭聚合在一起、或升級基礎設施、或終身教育學習、或預防性護理、或改善民主，它們的市場獎勵仍然有限或根本不存在。雖然在數百億美元投資研發推動下，我們的智慧型手機每一季都變得更加有智慧，我們的投票機器、橋梁和學校在 1960 年代卻萎靡不振。

這是我們必須改變的。

目前，市場有系統的傾向於低估許多事物、活動和人，其中有許多是人類經驗的核心。譬如：

- 養育或照顧親人
- 教育或培養孩子
- 藝術和創意
- 為窮人服務
- 在困難的地區或環境中工作
- 環境
- 閱讀
- 預防性護理
- 性格
- 基礎設施和公共交通
- 新聞
- 婦女
- 有色人種／代表性不足的少數民族

現在又逐漸出現：

- 非技術勞工和一般人
- 有意義的社區聯結
- 小型獨立企業
- 有效的政府

在某些時期，市場對這些事情的支持比現在更大。今天，則需要引導它這樣做。美國已經到達這樣一種地步，目前的資本主義形式在為大多數公民提高生活水平方

面步履蹣跚。現在該是升級的時候了。

資本主義的下一階段

蘇格蘭經濟學家亞當・斯密（Adam Smith）1776年寫成《國富論》（*The Wealth of Nations*），經常被視為是現代資本主義之父。他的思想，譬如有一隻隱形的手指導市場分工，以及自我利益和競爭導致財富創造，已經被我們深深的內化，今天我們將其中的大多數理論視為理所當然。我們的普遍想法是將「資本主義」與19世紀初出現的「社會主義」對比，後者倡導社會所有制或對工業實施民主控制。卡爾・馬克思（Karl Marx）於1867年發表了《資本論》（*Das Kapital*），主張資本主義包含的內部緊張會壓迫勞動階級，他們最終會崛起並掌控一切。我們的認知是，資本主義——以西方和美國為代表——透過產生巨大的增長和財富，以及提高數十億人的生活水平，贏得了這場思想戰爭。社會主義——以1991年崩潰的蘇聯，以及在1980年代緩和了它的作法的中國為代表——在實踐中沒有奏效，徹底失去信譽。

這種簡單的評估忽略了幾個重點。第一，根本沒有純粹的資本主義制度這一回事。自從七千年前發明貨幣以來，好幾百年來，西方資本主義經濟出現許多不同的形式。中世紀的市場封建主義，演變為歐洲貿易公司的擴張型的重商主義，而重商主義再演變為20世紀美國

的工業資本主義，爾後再進入 1960 年代的福利資本主義，美國和其他許多先進國家建立類似社會安全和醫療補助的安全網。我們目前的制度、資本主義和統合主義（corporatism）只是許多版本中的最新版本。

同理，目前世界上出現許多形式的資本主義。就人均國內生產毛額而言，新加坡是世界上第四富有的國家。自從 2009 年以來，它的失業率在 2.2% 以下，被認為是世界上最自由、開放、有利於商業的經濟體之一。然而，新加坡政府經常制訂投資政策，有政府關聯的公司主宰電信、金融和媒體，這在美國是無法想像的。新加坡的資本主義制度與挪威、日本、加拿大和我們的資本主義大不相同。許多國家的資本主義形式不是由看不見的手引導、而是由明確的政府政策引導。

現在，再想像有一種新型的資本主義經濟，它要最大化人類福祉和生命的體現。這些目標和國內生產毛額有時候會齊頭並進。但有時候它們也會不一致。譬如，一家航空公司把已經登機的乘客請下飛機，以便最大化它的獲利能力，這對資本有利，但對人們不利。一家製藥公司將能夠挽救人命的藥物收取高到不能再高的價格，也是如此。我認為，大多數美國人都會同意航空公司應該接受營收的損失，而製藥公司只能接受適度的利潤。如果這個想法在整個經濟中一再的重複出現，會是什麼狀況？

我稱它為以人為本的資本主義，簡稱人本資本主義。

人本資本主義將有下列核心原則：

1. 人類比金錢更重要。

2. 經濟單位是每個人、不是每一美元。

3. 市場存在是為了服務我們的共同目標和價值觀。

企業間有一種說法是：「可以測量的東西就會受到管理。」但我們需要開始測量不同的東西。

經濟大蕭條來臨之前，國內生產毛額和經濟發展的概念根本都不存在。它們被發明來方便政府能夠弄清楚經濟的糟糕程度，以及如何改善經濟。經濟學家西蒙・顧志耐（Simon Kuznets）1934 年向國會介紹國內生產毛額概念時說：「除非知道個人所得的分配，否則就不能適當的衡量經濟福祉。而且沒有任何所得的計量用來估計所得的反面，亦即賺取所得時的努力程度和不愉快程度。因此，幾乎不可能從衡量上述國民所得的方面推斷出一個國家的福祉。」彷彿他已經看到了所得不均和糟糕的職場環境即將來臨。

我們的經濟制度必須轉向專注於改善一般人的命運。必須使資本主義服務於人類的目的和目標，而不是讓我們的人性被顛覆來服務市場。我們打造制度。我們擁有它，而不是反過來讓它擁有我們。

除了國內生產毛額和就業統計數據外，政府還應採取以下措施：

- 中位數所得及生活水準
- 投入工作的水平及勞動參與率
- 依據公共衛生條件而調整的人類壽命期限
- 童年生活成功率
- 嬰幼童死亡率
- 調查國民福祉
- 平均體格適能和精神健康
- 基礎設施的品質
- 老年人受高品質照護的比例
- 人力資本的開發及接受教育
- 結婚率及其成功
- 因絕望而死亡／絕望指數／物質濫用
- 國民樂觀／富足心態
- 社區融合與社會資本
- 環境品質
- 全球溫度變化和海平面升高
- 更生人的再適應和犯罪率
- 藝術與文化的活力
- 設計與美學
- 資訊整合／新聞
- 動態與流動
- 社會與經濟平等
- 公共安全

- 公民參與
- 網路安全
- 經濟競爭力與成長
- 政府要有反應及進化
- 有效運用資源

　　我們可以為上述每一項目直接建立衡量標準、並定期更新，類似史蒂夫・巴爾默 [1] 在 USAFacts.org 上設置的測量。然後，每個人都可以看到我們正在做的事情，從改進中受到激勵。

　　這可以與數位社交積分制度聯繫在一起；根據這個制度，幫助社會向特定方向發展的人將獲得獎酬。譬如，發現特定廢棄物來源的記者、或美化城市的藝術家、或加強我們電網的駭客，他們都可以獲得社會信用。幫助他人從藥物成癮勒戒成功，或幫助更生人適應社會再進入勞動力隊伍，也都可以得到獎勵。即使某人只是保持自身高度體格健康、再幫助其他人維持健康，也可以獲得獎勵和認可。

　　這種新市場和貨幣的力量不容小覷。我所知道的大多數科技專家和年輕人都拚命想要解決這些問題。他們一直在努力。如果我們光只是創造一種「貨幣化」及衡量這

---

1 譯注：Steve Ballmer，微軟公司執行長（2000～2014）。

些目標的方法，我們就可以利用美國的聰明才智和精力改善數百萬人的生活。

　　我不是大政府的粉絲。組織越大，它經常變得越累贅和荒謬。我坐在華盛頓特區的會議室裡填寫表格，意識到即使是用心良苦的公職人員能做的也有限。從本質上講，我是一個創業家，喜歡貼近人群，腳踏實地經營。

　　我也曾經花時間與最高層級的政府人員相處，令人驚訝的是，他們大多數人都感到被卡住、無能為力。一位國會議員對我說：「我在這裡只想做一件大事，這樣我才能回家。」那時他在國會已經待了七年。另一個人開玩笑說，在華府就像在羅馬一樣，大理石提醒你：一切都不會改變。政府不是魔術，而且恰恰相反。系統已經變得比人民更大。

　　換句話說，我得出的結論是，除了讓聯邦政府重新改造和重新組建經濟，特別是利用科技滿足人類需求之外，沒有其他辦法可以改變、管理妥當，並且度過喪失工作的危機。

　　我接觸過一些世界上最富有的人、慈善機構和公司。即使是最富有、最雄心勃勃的企業，要嘛以錯誤的規模經營，要嘛就是因為多個利害相關人使它難以維持長期、巨大的承諾。他們當中大多數人都在等待政府自我改造，重新出發。既然億萬富翁大部分時間都在運作十萬到一千萬美元的資金，我們眼睛盯著數兆美元的問題，我們就需要

相對稱的解決方案。

　　基層人員的努力令人欽佩、也鼓舞人心。但是支持大部分人的市場並不存在，而且它們周圍的情況也正在惡化。任何程度的積極行動都不能彌補工人的流離失所。

　　因此我們需要的是一個願意長期建設的、新的、充滿活力的政府。我們目前陷入一場即將加快速度的緩慢危機，這需要大刀闊斧的干預。人本資本主義將重新改造我們衡量價值和進步的方式，也重新定義為什麼我們做我們正在做的事情。

第二十章
強國家與新公民

領導人超越金錢

我曾經參加過由比爾·柯林頓和小喬治·布希兩位前任總統出席的一次熱身小組討論會。他們受邀和一家金融機構的闊客戶談話。這次活動氣氛十分融洽——兩人並沒有分享國家機密，他們講一些任內有趣的故事，以及對時事的看法。兩個人顯然變得非常友好。他們各有一支特勤局隨扈隊，這些人理平頭、戴耳機，使得場面頗具電影畫面效果。隨後，這些闊客戶與兩位笑容滿臉的前總統一一合影留念。

在不久之前，這還是不可思議的事情。

哈利·杜魯門總統 1953 年卸任時非常貧窮，只好搬進密蘇里州她岳母的家。他只能靠每月 112 美元的退役軍官養老年金過活。他拒絕拿他的名人身分賣錢，也謝絕利潤豐厚的顧問諮詢和商業安排。他寫：「我永遠不會拿自己去做任何交易，無論是多麼的受人尊重，都會使得總統職位的聲譽和尊嚴變成商業化。」他唯一的商業獲益就是把他的回憶錄賣給了《生活雜誌》（*Life*）。

很長一段時間，卸任總統都傾向於淡出公共和商業

場合。這種作法開始有了變化，起於 1977 年福特總統卸任後加入美國運通公司（American Express）和 20 世紀福斯公司（20th Century Fox）董事會，此後就有如雨後春筍般湧現。自從卸任以來，比爾‧柯林頓已經累積收下 1 億 500 萬美元的演講費；小布希比較克制，只收下 1,500 萬美元的演講費。目前一位前任總統的演講費用為 15 萬美元至 20 萬美元，外加雜項費用。

頗具諷刺意味的是，1958 年艾森豪總統和國會覺得非常對不起杜魯門，通過「卸任總統禮遇法案」（Former President Act），讓每位卸任總統終身每年可領 25 萬美元養老年金，政府並撥列預算為他們聘用工作人員及健康保險等。可是在我們開始照顧他們之後，卸任總統的賺錢活動卻暴增。

有沒有可能，現任總統會因為過幾年卸任後有機會向不同人士或企業收取 20 萬美元、甚至 40 萬美元的演講費報酬，現在就對他們高抬貴手、大開方便之門？我們的社會之所以迷失方向的原因，其中一個就是市場連我們的領導者也壓垮了。

這種現象並不僅只發生在總統身上。社會菁英們彼此都太親密了，大家都上同一所大學，子女們也上同一所中學，住在同一個街坊，參加同樣的會議和社交活動，並且經常從同一家公司領到報酬。有一套非常強大的激勵措施要求大家和善相處。

為了讓人本戰勝資本，國家必須公共利益至上。我們的目標應該是創造一個領導階級，勇於面對他人的仇恨，而且不擔心卸任後會被凍結機會。

我們應該從上面做起。我們應該讓總統從目前的每年 40 萬美元增加到 400 萬美元免稅的年金，再加上 1,000 萬點社會積分。附帶條件是——他們在卸任後不能接受演講費或任何董事會職位，從中獲取任何個人利益。這將使他們不需為了讓有權勢的人開心，而昧著良心做事。對於內閣成員和所有監理機構的負責人，我們也應該這樣做。

在華府工作很辛苦。我認識的大多數人之所以踏入公職，動機都很純正，希望能有一番作為。但是很快就被系統搞得厭倦不堪，他以自己的方式行事好像頗有影響力，但是走到哪裡，發現跟他互動的人，每個人賺的錢都比他多。其中許多人都是他的同學，等他在政府任職的時間屆滿了。然後呢？大多數政府員工年薪大約十萬美元。民營企業的薪水可能是四到十倍。產業界顯然是他最應該考慮的選擇。

我朋友有這方面的經驗。在政府單位任職四年之後，很容易讓他覺得自己像個大笨蛋。要求一個監察官員緊咬著產業界是不合理性的，因為產業界拿著一張高薪支票等你卸任下台。我曾有個朋友向我指天畫地發誓，說他絕對不當說客，可是幾年之後他搖身一變成為說客。我其實一點都不責怪他——他花了好幾年時間才培養的人脈關係，

正是產業界付錢想買的。他離開華府之外的選擇其實是不確定的。

聯邦存款保險公司（Federal Deposit Insurance Corporation）前任董事長希拉・拜爾（Sheila Bair）自己就經歷過這種天人交戰的考驗。現在她提倡終身禁止監察官員轉到曾經受他們監管的機構工作，以換取把薪水增加到 40 萬美元。拜爾女士表示：「這將會改變監管機關的心態。」它將會剷除監理官員「太阿倒持」的誘因，不會在任上就討好業者，以利日後索取高薪。

要讓人本資本主義站穩腳，我們就需要能夠真正無視市場運作的領導者。這是第一步。

真正的當責制

第二步是引進相當程度的個人當責制，對付那些採取有利於資本、而不是人本作法的人。回想一下普度製藥公司的案例，這家民營公司於 2007 年遭司法部處以 6 億 3,500 萬美元的罰款，因為它不實的將奧施康定（Oxycontin）當做不會上癮的藥來賣，又篡改證據。6 億 3,500 萬美元聽起來似乎是很大一筆錢，但是自從奧施康定在 1995 年上市以來，普度製藥公司的營收已達 350 億美元，主要就是來自這項標誌性產品。擁有普度製藥公司的沙克勒家族（Sackler family）現在是全美第 16 大巨富家庭，資產 140 億美元——他們在哈佛大學有一個博

物館，在耶魯大學有一個以他們家族命名的建築物。

如果你賺到 350 億美元，要支付 6 億 3,500 萬美元罰款——只有 2% 左右——似乎挺划算。與此同時，我們其他人卻在未來好幾年必須處理成千上萬的麻醉劑藥物成癮者。他們送給我們一個看不到盡頭的現代瘟疫。換句話說，成千上萬的家庭、生活和社區遭到破壞和影響，卻只為了成就一個家庭的發財致富。

在金融危機期間和之後也出現了類似的狀況——絕大多數主要銀行多年來發行數百億美元、以抵押貸款為主的證券，從中獲利。然後市場發現這些證券毫無價值，金融危機旋即爆發，經濟陷入混亂，所有主要銀行都需要納稅人出錢拯救它們。大銀行最終各以數十億美元與司法部達成和解——摩根大通在 2013 年同意支付 130 億美元，美國商業銀行在 2014 年同意支付 166 億 5,000 萬美元——但是大多數人都保住飯碗。儘管經濟遭受嚴重破壞，沒有任何罪魁禍首出現，沒有任何一個高階主管扛起責任。即使是就此倒閉的公司，如雷曼兄弟（Lehman Brothers）、美林證券（Merrill Lynch）和貝爾斯登（Bear Stearns）的執行長，也都領走了數億美元的退職金。

在當前的制度下，公司積極的橫衝直撞，濫用公眾信任，盡可能多賺錢，然後再付一些小額罰款，在財務算盤上是划算的。通常，它們並沒有任何觸犯刑法的行為，或者即使觸法，這些行為也無法被起訴或證明。難怪目前

制度下資本主義的版本對於在經濟衰退期間長大的年輕人來說，它們是如此的惡劣不堪。年輕人處於一個道德遊戲的接收端，結局是壞人帶著錢揚長而去，留下爛攤子的就業市場。

我們該做些什麼才能夠認真緩解這種行為，並將國家和公共利益提升到超越動輒數十億美元的巨型公司的利益之上？

我在這裡要提出一個戲劇性的規則——一家公司被司法部罰款每一億美元、或得到聯邦政府紓困一億美元，其執行長和最大的個人股東都要坐牢一個月。我們不妨將新法律稱為「反對市場濫用公共保護法」（Public Protection Against Market Abuse Act）。如果是外國公司，就罰美國業務負責人和美國的最大股東。每一個案都必須由法庭經過正當程序審理。總統將有能力赦免、暫停、縮短或以其他方式修改刑期。總統也有能力沒收這些人的資產以賠償公眾。

不可否認，這種激烈的做法有擴大國家權力之虞。但是顯然有必要針對那些犧牲公共利益、以惡劣行為致富的企業高階主管和個人採取一些懲罰措施。如果在金融危機期間就有這道法令，我們就會讓各大銀行的負責人排隊等候入獄。沙克勒家族會吃牢飯。它肯定會建立一個層級，讓企業執行長不會凌駕於公共利益之上。

科技在我們心中

有效管理自動駕駛汽車和人工智慧等科技創新，將需要更加活躍和充滿活力的國家機關。馬斯克在 2017 年呼籲對人工智慧進行積極的監管，稱它為「對文明存在的一個根本風險」。科技人員通常不會要求對自己的行業進行監管，因此你了解它一定很嚴重了。

另一個需要政府干預的主要科技問題，是智慧型手機對人類心智的影響，特別是對青少年的影響。最近的研究顯示，青少年對智慧型手機使用量的增加，恰好同步出現抑鬱症、焦慮、社交能力降低和自殺率等數據前所未有的激增。Google 前任設計倫理學專家崔斯坦·哈里斯（Tristan Harris）撰寫了令人信服的文章，講述如何設計應用程式，讓它們像吃角子老虎機爭取我們的注意力，並且提供給我們各種不可預測的獎勵，以保持我們的參與度。當有人試圖控制我們和我們孩子的行為時，我們就輸給了資產數十億美元的巨型公司。崔斯坦寫道：「想像一下，數以百計的工程師每天的工作，就是努力創造新方法來吸引你上鉤。」另一位科技專家感嘆道：「我們這個世代最優秀的人才正在思考如何讓人們點擊廣告。」他們正在成功。

在一個更美好的世界中，我們可以想像一個具有「最大刺激」、「適度參與」和「寧靜」等設置的智慧型手機，以及相應修改其通知和主屏幕的應用程式。政府監理

機關——姑且稱之為「注意力經濟部」——可以深入到社群媒體、遊戲和聊天應用程式的內涵,並且允許用戶和家長看得到和控制。或許甚至會出現通知,告訴你上網太久了,譬如:「你現在進入連續使用智慧型手機的第四個小時。可能需要走出房間,或看看另一個人。」

我家有兩個小男孩,我並不想看到他們變成反社會的宅男,老想打破電玩的最高分數。然而,觀察大多數父母與孩子的互動後,我可以預見這種情況很容易發生。做父母的知道孩子們總是不斷尋找新遊戲來填補空檔。如果沒有一些時間管控,改變就不會發生,因為遊戲和社群媒體公司(其中許多是股票公開上市的)都有強大的財務誘因去最大限度的提高使用者的黏著度。

新公民

重新定義「公民權」和「人本」將需要讓公民有不同的體驗。這句話是什麼意思?國家都有一些重大責任,維持人民健康和教育人民是其中兩個主項,我們下面將很快的討論它們。

公民權的另一層面是歸屬感和共同性。隨著大家越來越分散住在農村和城市社區,大多數美國人與其他行業的人士接觸的程度越來越少,彼此間的差距變得越來越難以彌合,這導致政治越來越焦慮。我的許多朋友都主張藉「服務年」(service year)的機會,培養更大的團結意識。

其中一個想法是建立一個「美國交流計畫」（American Exchange Program）或「公民旅行」（Citizenship Trip），這段期間，所有高中應屆畢業生都必須前往國內不同地區，進行為期一個月的旅行，由寄宿家庭接待、並由政府付費。他們將參加當地組織擔任志工，與來自全美各地的其他24名高中生一起參加活動。這25名年輕人將以結構化、又具個人特色的方式相互了解。它可以在每年八月由該地區的頂級學校教師和教授主持，並在高中或社區學院舉辦。關於公民身分和公民投資的基礎知識將有一些必要的規則。

之後，每個人至少都會有幾個來自非常不同背景的朋友。年輕人有機會在適當的背景下，短時間內就建立重要的關係。這種關係也會永久的改變我們的政治，我們不再只是單單希望自己和親人能夠過好生活而已，我們會把所有美國公民都看成同胞。

人們很容易感受到你是否真心要投資在他們身上——這也是所有高檔公司進行精心培訓的原因之一。做得好的話，「美國交流計畫」會給人們更多的理由探索美國的其他地方，甚至如果有機會，大家可能想搬到不同的地方。這會打開我們的思想和心胸。

為了使我們的社會度過自動化浪潮，再次繁榮起來，國家必須變成一支全新的活潑力量。公民權必須培養起來，讓它再次具有意義。我們必須明確表明，我們重視人本，不受任何特質或資格的影響。

第二十一章
失去工作的醫療照護

　　隨著就業機會的消失和臨時雇用變得更加流行，改革我們的醫療照護系統也變得越來越重要。現在，我們大多數人依靠雇主支付及提供健康保險。隨著附帶福利的工作變得越來越難找，醫療保險將越來越難以維持。從消費者方面看，螺旋式上升的醫療保健費用已成為美國人的沉重負擔。醫療帳單是 2013 年個人破產的頭號原因，該年的一項研究發現，5,600 萬美國人——超過 20% 的成年人口——因為無力負擔醫療費用而苦苦掙扎。我們都看到、聽過病人們出院回家後的恐怖故事，例如竟然收到數萬美元的帳單。對於許多美國人來說，一旦你生病，這會是雙重打擊——你不僅需要對付疾病或傷害，更要想辦法支付治療費用。

　　2002 年至 2005 年期間，我在紐約一家醫療保健軟體新創公司工作。當時我 27 歲。我們的執行長是一位才華洋溢的前醫師瑪努・卡普爾（Manu Capoor）。我們是早期的電子醫療記錄公司之一，專門把醫療書面資訊數位化。我們的利基是手術前的資訊，因此我們的客戶是執行很多手術的大型醫院。我是客戶參與組的負責人——我領

導的小團隊將我們的軟體推廣給文書員、醫生辦公室、祕書、護士、辦公室經理、居民、麻醉師，以及偶爾和外科醫生接觸。我們花了一段時間訓練可能觸及特定患者檔案的數十人或數百人——我們正在修改從紙張到數位的工作行為。我會花好幾週、好幾個月時間在布朗克斯區（Bronx）、莫寧賽高地（Morningside Heights）或西棕櫚灘（West Palm Beach）的城市醫院分發用戶姓名和密碼、培訓人員、排除故障，並回答偶爾會接到的憤怒電話。我早上七點就守在手術室外面，因為外科醫生喜歡早起、早點開刀，我在紐瓦克紐澤西醫科及牙醫大學（UMDNJ）附設醫院街對面的「國際煎餅之家」（IHOP）吃過無數次飯，直到今天無法再去光顧。

雖然我們熱切的相信我們產品的好處，但是我們發現很難促成看起來非常簡單和直接的流程改變。這有很多原因，其中最重要的原因是醫院能夠監管醫生辦公室行為的能力相當有限。外科醫生主導一切——他們的手術是能賺大錢的發電機。每位外科醫生辦公室都是他自己的事業體，各有不同的系統和作法。有些醫生喜歡投資在技術和人身上，也有些醫生顯然不願意花錢、只想最大限度的提高獲利。他們只想每週工作 3.5 天，然後儘快去打高爾夫或開船出海。這就像一條快速移動的裝配線，人們爭先恐後的度過每一天，沒有什麼人要負責，也沒有什麼激勵誘因去改善。

幾個月下來，我們常常開玩笑說：「醫療保健業是抹煞好主意的地方。」我們從未實現過令人興奮的目標，因為採用新辦法太辛苦、也太艱難。我四年內幫忙建立十幾家醫院客戶群之後，就辭職了。我直接了解到，即使是有意義而且應該能夠提高效率的東西，在醫療保健業中也會推動得很緩慢。因為它們沒有真正的動機去改變。

　　我知道，我一直在試圖使用科技改善醫療保健系統，十幾年前的經驗至今仍在其他人身上反覆重演。一般來說，運用科技並沒有像樂觀主義者盼望的那樣改變醫療保健。2016 年，醫療保健費用占經濟活動的比例繼續攀升至創紀錄的 17.8%，高於 1989 年的 11.4% 和 1960 年的不到 6%。我們的人均醫療保健費用約為其他工業化國家的兩倍，然而結果則較差。根據 2014 年大同基金會（Commonwealth Fund）的一份報告，儘管支出比其他任何人都多，但我們在醫療保健方面的效率、公平和健康成效仍在主要工業化國家中位居最後一名。另一項研究顯示，美國在基本衡量指標，如婦女因懷孕或分娩而死亡的比率、以及五歲前嬰幼童夭折率方面，在已開發國家中敬陪末座。在使用新技術的情況下，往往因為得採用昂貴的新設備和植入物，驅動成本越來越高。醫學的基本實作以及培訓，幾十年來一成不變。

　　其實，以工作為基礎的健康保險制度做了我們最想避免的一件事情——它阻礙企業招聘人員的意願。我經營

過幾家公司，如果我以年薪 4 萬 2,000 美元在紐約雇用一名全職菜鳥員工，我必須額外支付 6,000 美元的醫療保險費用。對於雇主而言，公司補貼的醫療保險費用是阻礙招聘和成長的主要因素。雇用有家小的資深人員，成本還要更高——我的上一家公司每個月在某些人的保險項目上花費超過 2,500 美元。如果這些費用不需要我們負擔，我們肯定會聘請更多的人。

健康保險還促使公司盡可能雇用兼職人員或把工作委外承攬。我經營的組織很慷慨——我的教育公司把每週工作超過 20 小時的導師視為全職員工，提供相關福利。但在我們這一行裡，這是非常不尋常、而且非常昂貴的作法——我們做得到這一點，是因為我們正在成長，也有獲利，而且照顧員工對我來說一直都很重要。然而，對於許多公司而言，保險費用越來越失控，甚至可以決定一家公司的成敗和生死。公司很難將增加的成本轉嫁給員工，或者收回員工的福利，因此不論時機好壞，你都處於成本上升的境地。

對員工來說，我知道有很多很多人純粹因為健康保險，才待在他們並不想做的工作上。經濟學家把它稱為「工作鎖定」（job lock）；它使得勞動力市場的動力降低，這對年輕員工尤其不利。更換健康保險是阻礙人們自行創業的主要原因，特別是如果他們有家小的話。在我們試圖讓更多人創造就業機會和創辦事業的世界裡，以雇主為基

礎的醫療保險制度成為枷鎖，把我們困在一個地方、也有理由不聘用人。

隨著工作的消失，將一個人的醫療保健與就業聯繫起來，會變得越來越難以持續下去。我們越來越需要新作法。

由於種種原因，醫療保健並非真正受到動態市場影響。在正常的市場中，保險公司透過提出不同價值的提案來爭取你的業務，讓你做出明智的選擇。就醫療保健而言，你通常沒有太多選擇。你不知道不同提供者和醫生之間的真正差異，成本很高、又極其不可預測，因此很難為它們擬訂預算。複雜的程度使得許多美國人無力處理，因此高度依賴專家或機構的建議。當你真的生病或受傷時，你會變得對成本不敏感，只想趕快好起來。醫院通常定價不透明，導致患者對保險實際涵蓋的內容不能確定。甚至，當你生病時，你的身心機能力可能因疾病、情緒困擾、甚至失去知覺而受損。

作家史蒂芬・布瑞爾（Steven Brill）在《時代週刊》雜誌發表過一篇討論醫療保健費用的佳作。他說：「除非你受到醫療保險的保護，否則醫療保健市場根本就不是一個市場。它是屁話。」缺乏真正的市場紀律或成本控制誘因，已經導致醫療保健成本上升。應該降低成本的技術反而一直被擋在門外，因為對於系統中的大多數參與者而言，目標是增加營收和獲利能力。您使用的服務、測試、

看診、手術和昂貴的小儀器越多越好。系統會獎勵活動和產出，而不是改善健康和效果。

改變這些誘因是關鍵。最直接的方法是轉向單一支付者醫療保健制度（single-payer healthcare system），政府既保證所有的人都享有健保，又協商固定價格。現在的醫療保險——政府為 65 歲以上的美國人提供的醫療保健計畫——基本上為老年人服務，並成功降低成本，為數千萬人提供高品質的醫療照護。大多數人都喜歡醫療保險——它在政治上是無懈可擊的。

Y Combinator 負責人山姆艾特曼（Sam Altman）建議，透過逐漸降低被保險人年齡，把「醫療保險」逐步推廣到全體人民。逐步擴大被保險人將讓醫療照護行業有時間規畫和調整。這是一個很好的推進方式，支持「全民健保」的熱力正在加溫。對於超級有錢人來說，不可避免的還會有少數的個人選擇，但大多數人都會使用一般化的健保。

嚴峻的現實是，任何醫療保健成本的合理化都將遭遇極大的阻力，因為它會減少很多人的收入。「經濟暨政策研究中心」共同主任狄恩・貝克（Dean Baker）撰寫文章討論醫療保健費用高昂，包括醫生薪水是否過高的問題。他說：「我們確實在保險方面浪費錢，但是基本上我們也為所有的事情支付兩倍的費用，我們付給醫生兩倍的費用。單一支付者制度會讓我們的醫生接受一半的薪水

嗎？」貝克說，改成單一付款者制度代表「與所有這些強大的利益集團開戰」。

　　至少有一些醫生表達他們對當前安排的不滿，認為這種安排重視金錢和效率，輕忽花時間在患者身上的重要性。心臟病專家兼作家桑迪普・昭哈爾（Sandeep Jauhar）博士寫說，今天的醫生認為自己不是「任何社區的支柱」，而是「裝配線上的技術人員」，或是「醫院管理人員賺錢遊戲的馬前卒」。昭哈爾指出，在 2008 年的一項調查中，只有 6% 的醫生「認為他們的士氣為積極正向」，而且大多數人對醫學專業的未來感到悲觀。

　　「醫生基金會」（Physicians Foundation）2016 年針對美國醫生進行的一項調查發現，63% 受訪者對醫學專業的未來持負面看法，49% 的人表示他們經常或總是有倦怠感，還有 49% 的人不會建議他們的孩子從事醫學專業。同一份調查發現，過多的文書和監管工作一直是重大負擔，只有 14% 的醫生認為他們有足夠的時間為患者提供最高品質的醫療服務。幾乎有一半的人計畫退休、擔任非臨床職位、改成兼差執業，或因各種挫折要減少看診時間。在每位患者身上花費的時間較少，使得醫生不快樂，沒耐心聽患者訴說，造成費用上升。昭哈爾指出，許多醫生以「超快速」（hyperspeed）工作，找專家來會診也只是為了「掩蓋屁股」，以防他們錯過了什麼導致被病患提起訴訟，這導致更多的測驗和費用產生。

我在 1990 年代中期在布朗大學唸書時，身邊大約有一半的人念醫學院預科。我記得他們 K 有機化學 K 得一塌糊塗。有機化學這門課是個門檻，它決定誰即將成功進入醫學院，誰應該對前途再三思。許多非常渴望成為醫生的人沒有成功。我特別記得一位朋友，當她意識到自己無法實現童年以來的抱負時，傷心欲絕。但其實，我的醫生朋友們都沒有把有機化學拿出來派上用場，它只是為了讓當醫生變得非常困難所設下的柵欄。

　　想成為一名醫生必須要從競爭極其激烈、重重關卡的制度中殺出重圍。在醫學院預科課業上要先獲得 GPA 高分[2]，參加 MCAT[3]，花一個夏天追隨一位醫生或研究員，在醫學院又要競相以優異成績畢業，申請能與理想居住地「匹配」的醫院，然後展開實習和拜師學藝。在每個層面，周圍的人變得越來越聰明。有些專業需要在醫學院畢業後六年、或大學畢業後十年，才能出師。不同的專業需要具備不同的性格——麻醉師需要圓融，骨科矯正外科醫生需要運動員氣質，小兒科醫生要喜歡孩子等等。你能賺多少錢很大程度上取決於你在專業訓練中花了多少年時

---

2 譯注：成績平均積點（Grade Point Average, GPA）是大多數大學及高等教育院校採用的評估學生成績的一種制度。
3 譯注：美國醫學院入學考試（The Medical College Admission Test, MCAT）是透過電腦對申請進入醫學院就讀者的標準考試。

間。家庭醫學科醫生平均年收入約 20 萬美元，而骨科矯正外科醫生年收入超過 50 萬美元。醫學院畢業生的平均學貸負債為 18 萬美元，而有 12% 的醫生因接受培訓舉債高達 30 萬美元。

有部分因制度使然，全美缺少初級保健醫生以及在農村地區執業的醫生。大約有 6,500 萬美國人生活在被某位專家稱為「初級保健沙漠」的地方。「美國醫學院協會」（Association of American Medical Colleges）估計，2014 年為了服務不足地區提供適當護理，需要增加 9 萬 6,200 名醫生，光是初級保健的缺口約為 2 萬 5,000 人。許多州正在提供補助金和激勵措施來解決醫生短缺問題，目前有 12 個州的初級保健醫生人數，還不及提供初級保健所需醫生人數的一半。經歷所有的競爭、學校教育和舉債念書之後，許多醫生不願意接受較低薪水，跑到名氣又不會高的醫療匱乏地區工作。

這個過程也沒有篩選出有具同理心的人。大多數醫學院都使用機械式的篩選來決定面試對象，譬如根據申請人大學 GPA、選修過什麼課程和 MCAT 分數。雖然有些學校表示他們正在努力尋找具有各種個人特質的申請人，我們今天還是每年僅有 2 萬 1,030 名理科學生、並且 MCAT 表現優秀的人進入醫學院。這是一群非常局限性的人。

《機器人崛起》（Rise of the Robots）一書的作者馬

丁‧福特（Martin Ford）表示，我們創造了一個新的醫療保健提供者階級，藉人工智慧的協助，大學畢業生或碩士生不需要額外接受多年的、昂貴的專業訓練，就有能力前往農村地區行醫。人工智慧可以幫助人們監測肥胖和糖尿病等慢性疾病，並將特別棘手的問題轉介給更有經驗的醫生。我們可以稱他們為「初級保健專家」。人工智慧很快就會發展到一個地步，科技可以和非醫生攜手，在很多病例上提供與醫生相同的醫療品質。在一項研究中，IBM的華生電腦系統（Watson）在 1,000 個醫療案例中，提出與人類醫生 99% 相同的建議，另外還提出 30% 人類醫生錯過的建議。人工智慧可以比最有經驗的醫生參考更多病例，同時還保持對最新的期刊和研究之了解。

可以預料得到，醫生們已經對執業護士和住院醫師在無人監督下看診展開反對的遊說，無疑會對這一批新的「初級保健專家」更反感。但是，這種變化將使醫療保健服務更普及，為真正想要多花時間在患者身上、聰明又富有同情心的大學畢業生開闢一個嶄新的就業類別，最後還能減輕個別醫生的時間負擔。

這讓我們又回到如何實施新的單一支付者制度的問題。我們需要做的不僅僅是使當前的成本合理化——我們需要改變醫生獲得報酬的方式。

實行全民健保採用或單一支付者制度將解決收費浮濫猖獗和費用不斷增高的最大問題。但是，「醫療保險」

通常仍然根據個人看診、手術和檢驗報帳請款，這樣可以保持誘因讓醫生為獲得更多報酬而看診。目前有一個運動推動「以價值為基礎」或「以品質為基礎」的請款報銷制度，它試圖衡量患者的結果、再入院率等，據以付錢給提供者。透過提供獎勵給降低成本的初級保健醫生，馬里蘭州一家新創業公司艾樂達德（Aledade）取得了成功。但是這些「按績效付酬」的計畫難以衡量，只影響到目前醫師／醫院等提供者收到很小比例的費用，其結果好壞參半。

最好的方法是「克里夫蘭診所」[4]的作法——醫生只領單一薪俸。當醫生不必擔心收帳時，他們可以專注於患者。克里夫蘭診所執行長德洛斯・柯斯葛洛夫（Delos Cosgrove）博士說：「我認為你必須承認，人們做你付錢要他們做的事。如果你付錢請醫生做更多的事，他們也會做。如果你把重點放在照顧病人身上，他們會照做。」克里夫蘭診所一直是全美國最好的醫院之一，醫生每年流動率僅為 3.5%，遠低於正常水平。

克里夫蘭診所有一部分成功原因是因為透過建立全

---

4 譯注：克里夫蘭診所（Cleveland Clinic）總部位於俄亥俄州克里夫蘭市，是集醫療、教育和研究為一體的非營利組織，它隸屬於「克里夫蘭臨宋基金會」（Cleveland Clinic Foundation），在俄州和佛羅里達州、內華達州共經營十家區域醫院和十家家庭健康中心。

面成本控制的意識，取得了財務上的成功。他們在物品上貼上價格標籤，這樣每個人都知道它的成本，譬如打開一盒新縫合線、要花多少錢清清楚楚。它們不允許進行過多的檢驗，讓醫生參與採購決策。每個人都關心公司的財務永續性，因為他們具有所有權和使命感的意識。另外，如果醫院做得好，他們更有可能加薪。

我們需要對有志成為醫生的人很坦白、誠懇的說：「如果你成為醫生，你會受人尊敬、欽佩，每天幫人治病，你會過上舒適的生活，但是當醫生不會是致富捷徑。從好的一面來說，我們不會強迫你每天看一百萬名病人還一直寫文書報告，活活把你累死。我們會提供給你一大批具有同理心的人，他們配備人工智慧，負責處理例行性的病例。當病例真正需要明確的人類判斷或同情時，我們才會找你。我們希望你成為最好和最人性化的自己，而不是速度惡魔博士，九分鐘就可以看完一個病人。這種事可以交給華生去做。」

我相信很多醫生都會喜歡這樣的角色轉變，成為更好、更有同情心的臨床醫生。改變他們的誘因，可以改變一切。

誘因轉變也將使醫生能夠全面的治療患者。「中南基金會」（Southcentral Foundation）是提供醫療保健給阿拉斯加原住民的一個組織，它把健康問題和行為問題視為相關問題治療。當你接受健康檢查時，你也會被安排看

心理醫生。事實證明，像肥胖和憂鬱症是相互關聯的問題，當地公民最關心的問題——兒童遭遇性虐待、兒童被棄養不理，家庭暴力和藥物成癮——也都涉及心理學和行為，就像醫學和毒品一樣有關聯性。中南基金會的實體和心理服務的整合，在 2000 年至 2015 年期間，將住院率和到急診室求助率降低了 1/3 以上，97% 的患者表示他們對受到的護理感到滿意。整合醫療和行為健康照護每年可以節省全美數百億美元的醫療保健費用。中南基金會執行長凱薩琳·高德雷（Katherine Gottlieb）本身就是阿拉斯加原住民，因其工作表現獲得麥克阿瑟「天才」獎學金。

隨著時間的推移，不必因每次提供服務就收費，將使得醫生和組織有機會以新的方式解決問題。首先，目標是衡量患者的結果，並減少再入院率和錯誤。最終，你可以想像醫院將根據周遭人口健康狀況的統計數據來衡量。「初級保健專家」可以分發生物識別設備、監控患者與其他醫生的互動，並鼓勵採取預防措施。人工智慧教練可以被用來提醒人們堅持他們的治療，或治療方案，或者協助患者治療心理障礙。患者可以自願分享他們的健康數據，以引入革命性的新方法。目標是使每個醫院成為健康和活力的中心，解決或減少在醫院之外的問題。簡化成本和改善患者護理的技術將成為臨床醫生最好的朋友。

我們有這麼多優秀的醫生——他們應該是創新者、偵探、導遊和安慰感的來源，而不是光榮的裝配線工人。

把醫療保健從瑣事中解放出來，對於經濟成長和活力來說，將是一個巨大的福音。

即使在患者的照護大有改善的情況下，當前系統中有些贏家將在新世界中賺不太到錢。但傳遞出的訊息應該是：「謝謝你照顧我們。現在，國家需要你協助調整和演進。你可能知道這個時間遲早會到來——我們希望你能夠更興奮，更夠幫助人們康復，而現在你也真正有時間專注救人。」

第二十二章
培養民眾

自動化時代的教育

在自動化時代重新思考大學教育，會浮現一個根本問題——人們進到大學是要學什麼？起先，教育的目的是培養道德意識。曼荷蓮學院校長 [5] 瑪麗·伍爾麗（Mary Woolley）在 1901 年曾說：「教育的主要目標是品格。」哈佛大學心理學家和哲學家威廉·詹姆斯（William James）在同一時期也說，「品格和道德意義是透過自我要求的英勇理想所建立，而理想又必須透過勇氣、耐力、正直和奮鬥追求。」大學教育的目的曾經是拓展我們的理想。

但是，幾十年下來，大學的重點在於讓人們為就業做好準備。一旦就業機會消失時，會發生什麼狀況？與醫療保健類似，自動化浪潮不該引導我們在教育和人力資本開發方面投入更多的人。它也應該促使我們大力增加對高中階段技術和職業培訓、以及學徒制度的重視，以便善於

---

5 譯注：Mount Holyoke College，位於麻薩諸塞州、美國七姊妹女子學院之一

利用還繼續存在的工作。困難的是，即使教育的金錢回報減少，就業機會難以出現，學校還是需要進行再投資和做調整適應。

有些人認為我們可以使用最新科技、以低成本教育大量人員。幾年前，我和可汗學院（Khan Academy）創辦人薩爾曼·可汗（Salman Khan）在一項頒獎晚宴上碰面交談。如果你不認識可汗學院，那麼你應該趕快去了解它——他們製作教育錄影帶，這些錄影帶已經被全世界數百萬人採用，項目包羅萬象，從基本算術、偉大的文學，乃至量子物理學的方方面面。薩爾從一位避險基金分析師變成對萬事萬物都有解答的萬應公。比爾·蓋茲的孩子過去常常觀看薩爾曼的錄影帶，以做為課外補充補充，促使比爾成為對可汗學院捐助數百萬美元的善心人士之一。學院的使命是要教育全世界。

薩爾當天晚上發表了相當鼓舞人心的演講。他的演講重點是：「回到中世紀，如果你問博學的高僧和學者，有多少農民能學會閱讀，他們會嗤之以鼻的說，『閱讀？這些農民大多數人一輩子都學不會讀書識字。』他們可能會猜測，只有 2% 到 3% 農民能夠識字。今天我們知道實際數字接近 99%。幾乎每個人都學會讀書識字。但是如果我今天問你，有多少人夠聰明能研究量子物理學，你可能會說只有 2% 或 3%。然而，這跟中世紀的僧侶一樣短視。我們只抓到問題的表面，問說如果我們給了他們學習

的工具，人們會變得多麼聰明？在未來的歲月裡，我們將會發現人們的能力遠遠超出我們的想像。」

薩爾的演講獲得了熱烈的掌聲。這是一個令人振奮的願景。科技和普遍可獲得的低成本教育材料，將加速更聰明的人類新時代之來臨。一般假設，這些更聰明的新人類將會創新、並創造新的就業機會和企業。

當我們離開時，我發現自己在問自己：「他說得對嗎？」

至少在美國，很難說他對。互聯網在 2002 年受大眾廣泛應用、普及。大多數美國家庭在家中使用寬頻互聯網已經超過十年，今天有 85% 的家庭擁有寬頻家用網路或智慧型手機。我們多年來都聽說過，無限制的取得像可汗學院這樣的材料是如何又如何影響全美各地的學習者。但不幸的是，SAT 分數在過去十年中顯著下降。高中畢業率略為上升，大學準備度（college readiness）則普遍下降。儘管線上學習課程無處不在，我們似乎沒有得到更多的啟發。

不過，不喜歡可汗學院是不可能的。我已經想好，在我的孩子準備好之後立即把他們和可汗學院綁在一起，我幻想回到家就聽到他們說：「今天我學會了熱力學！」但是，如果有一個 12 歲的孩子可以進入高速互聯網，他們更有可能與朋友聊天、打電玩或觀看最新的「電影老實說」（*Honest Trailers*）影片，而不是深入研究一場關於

戰爭與和平的發人深省的討論。從可汗學院學到最多東西的大贏家是國外的人和比爾‧蓋茲的孩子，他們已經有了若干心得。

迄今為止，科技對青少年發展的影響顯而易見是負面的。根據心理學家珍‧特溫格（Jean Twenge）2017年出版的《i世代》（*iGen*）所說，使用智慧型手機導致1995年以後出生的人憂鬱和焦慮加劇，社交能力和獨立性降低。《大西洋》（*The Atlantic*）刊出她這本書的摘錄，標題很貼切：「智慧型手機摧毀了一個世代嗎？」他們並沒有使用智慧型手機來學習微積分，他們努力利用它搞網路照片聊天。

2011年，人人都開始談「大規模開放線上課程」（Massive Open Online Courses）──簡稱「慕課」（MOOCs）──許多人認為它們將會使教育起革命性的大變化。2013年，線上學習機構Udacity推出史丹福大學和麻省理工學院的核心課程，介紹人工智慧等主題。全世界成千上萬的學生報名選課。評論家和專家預測大學這種機構將會被它打垮。不過，這些「慕課」似乎並不成功。大約只有4%的學生完成了一般課程，許多人只上了一到兩節課就退出。有一個案例，一個線上數學課程被發現不如補習班課程有效，被迫縮小。不過，雖然這些線上課程不斷改進，申請念大學人數仍然比以往更高。

人們（仍然）向其他人學習

　　人們經常把文本誤認為是教育，或是把教育誤認為是文本。我們表現得好像只要我們把教科書或課程放到網路、並使它能夠互動，然後它就可以教育別人。但是，沒有人會認為把孩子與教科書放到一間空教室，就叫做「教育」。我們會說他在讀書，或甚至受懲罰。馬克斯・文蒂拉（Max Ventilla）是 AltSchool 的創辦人和執行長。他曾經表示：「（在教育上）利用軟體的最壞方式就是拿它替代人類……那是瘋狂的……（教育）它關係到孩子與儕輩、與成年人的關係。從這兒才創造動機，進而創造了學習。」AltSchool 是成立於 2014 家公司，為全美各地所有兒童提供個性化教育。AltSchool 從馬克・祖克伯、愛默生集合體[6]和其他人那裡籌集了超過 1 億 7,500 萬美元。它已經開設了六所學校，共同為舊金山和紐約的數百名小學生提供服務。它雇用 50 多名工程師，他們每天都在開發教師所要求的工具。學校使用錄影攝影機監控學生細微的互動以便能再播放。

　　馬克斯解釋說：「我們相信絕大多數的學習應該是

---

6 譯注：愛默生集合體（Emerson Collective）是由羅琳・鮑爾・賈伯斯（Laurence Powell Jobs）2004 年創辦的一個組織，名字出自作家愛默生（Ralph Waldo Emerson）。它的宗旨是要推動教育、移民改革、環境、傳媒和衛生等方面的改進。羅琳是蘋果公司創辦人史蒂夫・賈伯斯的遺孀。

非數位化的。」馬克斯從前主持 Google 的個人化運用，他有三個年幼子女，所以希望能夠建立為兒童的未來做好準備的學校。「在任何一個 AltSchool 的教室裡，孩子所做的大部分事都不在螢幕上，但是對於每個孩子，我們都會對與孩子的學習有關的重要事情做出數位化的東西，不僅僅是他們的學術性學習，還有他們的非學術性學習。（他們會知道）他們的個性技能很重要，他們的勇氣、他們的毅力，以及他們在失敗多次後獲得成功的經歷，這也是教育的一部分……學習歷史事實並知道如何將兩個數字相乘。」

　　AltSchool 代表一種複雜的融合，一方面是使用軟體來完成科技最擅長的工作──在越來越多人身上記錄和綜合大量數據，並做出建議，另一方面則保留人們如何學習的本質：即從別人身上學習。我去年在舊金山與馬克斯和他的妻子珍妮共進晚餐。我可以看到 AltSchool 為什麼能夠募集到 1 億 7,500 萬美元；馬克斯是一位傑出的人物，他真誠相信他的使命是完善我們孩子的學習方式，他決心長期投入。他的母親和妹妹是老師，這一點可能也有幫助。

　　或許 AltSchool 最棒的地方是，它專注於個性技能發展。在就業機會越來越少的時代，自我管理和社交的能力將成為人生成功的新關鍵。我們應該認識到，大多數高中生不會上大學，他們的工作能力應該和進一步接受高等教

育關聯不大。勇氣和毅力、適應能力、金融知識、面談技巧、人際關係、對話和溝通、掌握科技、駕馭衝突、準備健康的膳食、維持身體健康、堅韌和自律、時間管理、基本心理學和心理健康實踐、藝術和音樂——這些都將有助於學生，也使學校看起來對學生更有意義。我們太注重為升大學做準備，使得我們的高中課程走向純粹的學術科目，遠離生活技能。教育的目的應該是使公民能夠獨立於工作，能夠過美好、積極、對社會有貢獻的生活。

教育始於家庭

我們能幫教師做的一件最重要大事就是盡量把父母親撮合在一起。從多數層面看，雙親家庭長大的子女會有比較好的成就。科技在這方面可能會有所幫助——我們們可以想像一個帶有影星摩根·佛里曼（Morgan Freeman）嗓音的人工智慧生活教練，試圖幫助人們解決他們的差異。基本上如果有人願意，政府應該提供或補助他們接受婚姻諮詢。如果你有孩子，也想要生活在一起，我們應該幫助你。即使是成功的已婚夫婦，如果提起他們孩子剛出生時如戰爭般的生活，也會感到不寒而慄。完整的婚姻或關係才是下一代的勝利。

我們還應確保父母有充足的時間陪伴孩子。我們沒給新父母提供育嬰假是野蠻的、反家庭的、性別歧視的、倒退的、經濟上不合理的，根本就是愚蠢。研究顯示，健

全的育嬰假政策可以改善兒童的健康狀況，提高女性的就業率，因為她們不需要完全離開工作才能獲得成功。美國是全世界 196 個國家中僅有的四個國家之一，也是唯一的工業化國家，竟然沒有聯邦立法規定新生兒母親可享休假。其他三個國家是賴索托、史瓦濟蘭和巴布亞紐幾內亞。就承認新父母可能需要時間陪伴他們的新生兒這一點而言，我們處於世界倒數的 2% 國家——這是我們以錯誤的方式對人性需求進行優先考慮的最明顯的例證。相較之下，丹麥為父母親提供 52 週的帶薪休假，他們可以自行分配這個育嬰假，另外也最少可支付母親 18 週的全薪。

如果目前的趨勢繼續下去，未來幾年將會有更多的單親媽媽——目前美國已經有 1,140 萬單親媽媽在養育 1,720 萬兒童，其中 40% 生活在貧困中。單親媽媽占單親父母的 82% 以上，其中 40% 從事低薪工作，這在世界上比例最高。理想情況下，我們會專門為單親媽媽打造公共生活安排，以便能夠集中資源、烹飪時間、保姆，並且能夠毫無顧慮的放下孩子。千禧年世代越來越流行「共同居住」（co- housing）的趨勢，美國已經有 150 個共同居住的社區。共同生活的安排已經證明可以增加社會凝聚力，這對兒童、父母和老年人都很有幫助。

我們也應該早點讓孩子上學念書。對兒童，特別是那些最需要幫助的兒童，其益處極大又很明顯。紐約、聖安東尼奧和其他城市，都出現「中、小班」（prekindergarten）的運動。英國現在為所有三歲和四歲兒童提供全面的「中、小班」選擇，中國和印度在這方面也正在進行大規模的擴張。

當孩子們上學時，有一些事情已經證明是有用和有效的。不幸的是，到目前為止，添加筆記型電腦和軟體等東西在很大程度上並無助於改善貧困學校。科技對現有環境大多錦上添花；在一所擁有優秀教師的強大學校裡，這很有幫助。在一所表現不佳的學校，它並沒有真正解決任何問題。我們知道什麼有用——更好的教師、更好的文化、團隊合作和個別的關注。我們只是不擅長提供這些東西。我們只愛大規模和解決方案，承諾的多，付出的少。

我經營過一家曼哈頓考試準備公司，它起初是一對一的個別輔導班，後來成長為每年為數萬名學生服務。我們採用最新的技術，但是我們成為同業中的翹楚，主要是因為找到最好的老師，付給他們最好的薪資，然後授權他們以他們認為最適合的方式教學。每個人都可以指導別人，如果你想教好數千名學生，你從教好一個學生做起。然後你重複好幾千次。

不一定非上大學不可

從小學階段開始，我們就過分強調為升大學做準備，瞧不起職業訓練。2013 年，美國高中生只有 6% 參加職業課程，而英國為 42%、德國為 59%、荷蘭為 67%。即

使經濟發生變化，許多就業類別還是屬於焊接、玻璃安裝、電工、機械師、維護、生產線維修、技術人員等非常態性的中級技能工作。喬治城有一個中心估計，有 3,000 萬個薪水不差的工作並不需要大學學位，其中許多需要一些專業訓練。前幾年夏天，我辦公室的空調系統壞了，我們不得不支付幾千美元才能盡快修好它。未來幾十年美國還會有很多老舊空調系統。

　　大學被過度宣揚，也被當做是解決所有與工作相關的經濟問題之藥方。就第一次、全職的大學本科學生而言，他們開始追求學士學位、在六年後才畢業的比率是 59%。換句話說，2009 年開始上大學的學生中，只有 59% 在 2015 年之前完成了學士學位，而且這個水平在過去幾年中或多或少相當一致。對於那些上私立、精選大學的人來說，這個數字看起來非常的低；精選大學的畢業率為 88%。實施開放招生政策的學校中，這一比率只有為 32%，在營利性大學中，念了六年畢業的比率為 23%。同樣，三年內由二年制副學士學位課程畢業的比率僅為 29.1%。大學比起高中，更是美國真正的輟學工廠。

　　學生輟學的主要原因是，沒想到學科功課這麼重，他沒有做好準備；他無法應對學習、家庭和工作的交相煎迫；他負擔不起學費。最糟糕的是，如果沒有拿到學位，也沒有學校會退還學費。數以百萬計的高中畢業生上大學或社區學院念書，承擔了巨額學貸，然後沒有畢業。我們

的學貸餘額已經達到創紀錄的 1 兆 4,000 億美元，局限了許多年輕人的未來。

與此同時，紐約聯邦準備銀行估計，近期大學畢業生的低度就業率高達 44%，而整體大學畢業生則為 34%。1/3 的大學畢業生從事的工作並不需要學位。我們假裝大學學位將為你的未來做好準備：並確保有機會，而事實並非如此。

為什麼大學如此昂貴？

這裡就出現一個核心問題──為什麼大學如此昂貴？我們沒有真正衡量大學效力的指標；這並不是說再讓你考一次 SAT，看看你有多進步就行了。可是，過去 20 年中，大學學費上漲的速度是通貨膨脹率的好幾倍，比包括醫療保健在內的所有其他費用都要大得多。現在有成千上萬的父母坐下來思考：「天哪，送兩個孩子上大學可能要花費 50 萬美元。」即使學位成本已經漲上了天，大學畢業生的實質所得卻在下降。

某些私立大學學費已經高達每年五萬美元，公立大學向本州居民收的學費上漲至約一萬美元，州外學生的學費上漲至 2 萬 5,000 美元，生活費全部另計。過去的 25 年裡，大學的平均學費上漲了 440%，學生被迫借政府提供的學生貸款去上大學也就不足為奇。

但是，教授們並沒有拿到更高的薪酬，學校也沒有

蓋新大樓或買新和設施，而是大學變得更加官僚化，增加好幾層行政管理。根據教育部和彭博社的統計，1993年至2009年期間，高等院校的行政職位增長了60%，是同期終身職教職員工職位的十倍。對加利福尼亞大學系統的一項分析顯示，在多年期間，行政管理人員增加了221%，即使全職教師只增長了5%。一份報告指出：「美國的大學現在有超過教學、研究和服務總和人數的全職員工，致力於行政管理。」

　　我明白。我經營一個非營利組織。如果你獲得更多資源，你可以雇用人員為你工作，每個人都用心良善和愉

美國消費者物價指數之變化（1978～2017）

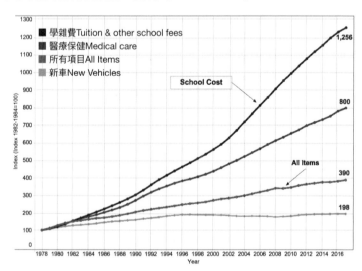

資料來源：U.S. Bureau of Labor Statistics, Consumer Price Index for All Consumers, retrieved from FRED, Federal Reserve Bank of St. Louis.

快。你做得很好。隨著時間的推移，組織的必要性成為它自身的成長和自我維護。但在這種情況下，為了自動化時代的公共利益，降低教育成本至關重要。

在高端方面，大學花了很多錢賺去更多的錢。2015年，一位法學教授指出，耶魯大學去年在私募股權基金管理上花費了更多的錢——4億8,000萬美元，而不是用於學費援助、獎學金和學生獎金，後者只有1億7,000萬美元。這導致馬爾孔‧葛拉德威爾（Malcolm Gladwell）開玩笑說，耶魯是一個240億美元的避險基金，底下有一所大學，它應該拋棄其舊有業務。

耶魯大學和其他每一家非營利性大學都免稅，並從政府那裡獲得數百萬美元計的研究資金，這代表美國納稅人為大學及其基金支付和補貼數十億美元的費用。有一個研究小組記錄了納稅人補貼社區大學學生的費用，每名學生每年在2,000美元到4,000美元之間，這個數字在一所典型的州立大學就升高為每年每名學生一萬美元。對於哈佛大學來說，納稅人補貼跳升到每年每名學生4萬8,000美元。耶魯大學每年每名學生攤到6萬9,000美元的納稅人補貼，普林斯頓大學更高達每年每名學生10萬5,000美元。免稅是更有價值的，你會帶進更多的錢。

這是對納稅人資源的不當使用——它實際上只是幫助富裕學校變得更富裕，而不是把錢花在教育上。有一個方法可以改變這種情況，就是制訂一項法律，規定任何

受贈基金超過 50 億美元的私立大學將失去其免稅地位，
除非它將上一年的全部捐贈收入用於直接教育費用、學生
支援或在國內擴張。這將刺激哈佛大學、耶魯大學、史丹
福大學、普林斯頓大學、麻省理工學院、賓州大學、西北
大學和其他學校，每年花費數十億美元直接用在學生身上
和在美國國內擴張。這樣在俄亥俄州或密西根州可能就會
出現一個哈佛中心，好像他們剛剛在上海開設的新中心一
樣。這也將促使即將達到 50 億美元門檻的學校，如達特
茅斯和南加州大學投資，它們會希望保持在這個水平以
下。另一種可能的方法就是乾脆對富裕大學的受贈基金徵
稅，把收來的錢用於補貼社區學院和公立學校的學生，至
少有一個以上的進步組織倡導這個辦法。我們還可以規定
他們每年花費一定比例的受贈基金——比如說 6% 到 8%。

最棘手的部分是引進成本紀律、阻止大學的行政臃
腫。限定成本增加的上限現在已經不管用，亡羊又如何補
牢？1975 年，大學每 50 名學生雇用一名專業的職員——
招生職員、資訊技術專家等。到了 2005 年，這個比例上
升至 138% 以上，每 21 名學生就有一位專業職員。媒體
報導討論行政效率／膨脹可以有幫助。但是政府還是有必
要圍繞行政管理人員與學生、行政管理人員與教師的適當
比例訂定標準，然後讓各個機構有時間朝著這個方向前
進。政府透過研究資金、大學的免稅地位以及提供數千億
美元的學校貸款來補貼教育——它需要合理化所有這些支

出，而不是盲目的說「廣設大學可以解決一切問題」。它不會的。

我們還需要修改或忽略《美國新聞和世界報導》（*US News and World Report*）的大學排行榜。目前，排行榜透過財務實力、學生與教師比例，以及校友捐贈等評量項目，鼓勵學校接受更多富家學生。也許並不奇怪，耶魯和普林斯頓錄取來自前 1% 所得家庭的學生，人數還多過來自所得位於最低 60% 的家庭之學生的總和。接納更多不同類型的學生、甚至更有效率運作的學校，反而在這種排行榜中受到懲罰。馬里蘭大學前任校長布里特·柯旺（Brit Kirwan）說：「如果一些外國勢力想要削弱美國的高等教育，他們創造《美國新聞和世界報導》這種排行榜就行。你需要更多的大學畢業生進入經濟當中，你也需要更多的低收入戶學生獲得高等教育的好處——《美國新聞和世界報導》的指標剛好和完成這兩件事背道而馳。」現在已經停刊的一份雜誌搞出來的排行榜，卻影響數十家數十億美元的組織採取違背公共利益的行為和政策，簡直是瘋狂。

新學校

隨著大學成本的上升，多年來我們一直在尋求更經濟的方式來教育人們。人們對於編寫程式訓練營寄以厚望，這些軟體開發訓練營可以訓練人們編寫程式，並在四個月內獲得高薪工作。Flatiron School 和 General

Assembly 風靡全球，學員的就業率高達 95%。但經歷一些初期成功和過度投資之後，一些較大的編寫程式訓練營最近關閉了，整個行業現在陷入整合期。全美 90 個編寫程式訓練營總共培養約 2 萬 3,000 名畢業生，幾乎完全透過身臨其境的虛擬程式取得成功。「大學創業投資公司」（University Ventures）的操盤人萊恩・克雷格（Ryan Craig）說：「線上訓練營是一種前後矛盾與混亂，還沒有人知道如何駕馭它。」

也許在大學教育中最有趣的技術應用是密涅瓦項目（Minerva Project），這是一所現在已經進入第五年的新創大學。在密涅瓦，學生們在網路上課，但是他們一起住在宿舍裡。密涅瓦的線上界面很不尋常，因為學生的臉一直會被展示出來，他們甚至會被點名，確保沒有翹課以及有參加討論。這個「露面時間」（facetime）甚至是主要的成績指標——因為學校沒有期末考試。教授們會對課程進行評估，看看個別學生是否表現出正確的「思想習慣」。密涅瓦因為不投資圖書館、體育設施、運動隊等來節省學校經費。學生們分別在舊金山、布宜諾斯艾利斯、柏林、首爾和伊斯坦堡的不同宿舍中最長住上一年。密涅瓦是精挑細選的——最近這一班的錄取率僅為 1.9%。學生通過共同生活和旅行來社交和建立交情。密涅瓦提供學習，它也提供學生渴望的資格認證、網絡、社交和身分認同。它每年收費 2 萬 8,000 美元，略高於同等精選大學收費的一

半。我去年在舊金山遇到了一群密涅瓦學生，讓我印象深刻的是他們異常自信和深思熟慮。

我喜歡密涅瓦的一點是它是一所新學校。創辦人兼執行長班‧尼爾森（Ben Nelson）強調，如果每個人都想進入一所偉大的大學，我們為什麼不創造更多這樣的大學呢？奇怪的是，即使錄取率已經低到不能再低，我們在精選學校還是保持相似數量的名額。學校保持小規模和精挑細選學生或許合乎學校利益，但如果它們試圖擴大，對社會會更好。達特茅斯學院最近宣布可能會增加 25％的新招生名額，這是朝著正確方向邁出的一步。

重新發現理想

大學能做的最大一件好事就是重新發現他們的原始使命。你代表什麼？你們學校畢業的每個學生應該堅守什麼或相信什麼？教導他們、並展現某些價值觀。他們不是你的客戶或你的評審官，甚至也不是你的社區成員，他們是你的學生。他們可以判斷你是否主要坐在那裡選擇他們，試圖將他們聯繫到就業機會，或是為你未來的受贈基金打算，並鼓勵他們捐獻。

哈佛最初成立的目的是培訓神職人員，現在它的主要目的似乎是確保每年至少有一位銀行家曾經在樂團演奏大提琴。不久前我在普林斯頓大學演講，有人提到他們的座右銘「服務國家、服務人群」時，學生們真的笑了。我

敢肯定，若是有人說這是「為了普林斯頓財富」或是「為市場服務」，他們也會大笑——只是原因不同。。

維吉尼亞大學教授馬克・艾德蒙森（Mark Edmundson）在他的《自我與靈魂》（*Self and Soul*）一書中寫道，西方文化歷來珍視三大理想：

1. 戰士。他／她最棒的特質是勇氣。歷史上的原型人物包括阿基里斯（Achilles）、赫克托爾（Hector）和聖女貞德（Joan of Arc）。

2. 聖人。他／她最棒的特質是同情心。歷史上原型人物包括耶穌基督和德瑞莎修女（Mother Theresa）。

3. 思想家。他／她最棒的特質是沉思。歷史上的原型人物包括柏拉圖（Plato）、康德（Kant）、盧梭（Rousseau）和艾恩茵・蘭德（Ayn Rand）。

艾德蒙森哀悼這些理想今天大體上已經遭到拋棄。新的理想是他所謂的「中產階級價值觀的世俗自我」——要能和別人和善相處、並出人頭地。要成功、也要能夠自我複製。這三種偉大的理想以稀釋的形式存在（譬如，飛輪課 [spin classes] 和斯巴達障礙跑競賽 [Spartan Races] 代表戰士；非營利組織和社會企業家代表聖人；塔—納賀西・柯茨[7]和部落格圈代表思想家）。但是，任何人在現代生活中若是追求這些理想之一，都會顯得荒謬、不切實際，不真實，甚至不平衡。我相信大多數大學生會同意我這樣說。

個人特質已經越來越被邊緣化，轉而有利於技術專家、市場驅動的技能。金融變成新的勇氣，品牌是新的同情，程式編碼是新的思考。今天的學校不相信它們應該是教導學生思考大問題的地方，它們只能勉強記住理想是什麼樣貌，但如果它們記得，大家的前途都會更有希望。

---

7 譯注：塔─納賀西・柯茨（Ta-Nehisi Coates）是美國近年崛起的新銳黑人作家，文章探討文化、社會和政治議題，尤其著重黑人處境及白人至上主義。2008 年，他出版的回憶錄《美麗的奮鬥》（*The Beautiful Struggle: A Father, Two Sons and an Unlikely Road to Manhood*）洛陽紙貴。2015 年 7 月出版的第二本書《世界和我之間》（*Between World and Me*）得到 2015 年全美書獎非小說類第一名。

結論
主人或僕人

　　我知道我在這本書中所描繪的、有關目前和未來我們面臨的挑戰，讓人很難消受。這個時代的挑戰真的非常巨大。自動化所帶動的工作破壞已經開始削弱我們的社會。我們感到癱瘓，因為我們擔心我們的體制和領導人不再能夠運作，而解決方案放棄許多人違背自己的當前利益。即使水位上升，我們努力使更多的人和社區具有資本效率和市場友好性。市場邏輯已經控制我們大部分的清醒生活，一般的美國人將越來越受到市場的影響，市場正在剷除我們通往美好生活的機會和途徑。

　　我曾經交談過的大多數科技人員百分之百確定，自動化浪潮即將來臨。他們直接跳到邏輯末端。時間軸雖然不清楚，不管是五年、十年或十五年，其實無關宏旨。他們心中已經很清楚，大多數人更準備躲到山上。

　　我為我的靈魂而戰，因為我和他們在一起。我也看到了。我看到從這裡到那裡的路上充滿了破碎的人民和社區，以及一個被不斷惡化的貧困和殘障所撕裂的社會。人們將會相互指責，因為他們陷入了因匱乏而爭的戰鬥。專家們吵成一團，平民百姓受苦受難。家庭將惡化、無法運

行。孩子們會長大，卻沒有真正過上更好的生活，而體制還向他們兜售虛假的承諾。

自動化時代將導致許多非常惡劣的事情。但它也有可能促使我們更深入的去思考人類之所以是人類的一些事情。

過去六年，我培養一群懷抱理想主義的創業家，他們已經散布到全美18個城市。我們的數十名校友已經創辦了各種公司，從小龍蝦餐廳到串連品牌贊助商、少棒聯盟、鷹嘴豆麵食公司，以及幫助營建工程更環保的公司。我們協助創造了2,500多個就業機會。太奇妙，也太鼓舞人心了。

但是這一切都還不夠。它只是潮水來臨之前的一堵沙牆。

我投入人力和理想創造了一個價值數百萬美元的組織。我一面住在曼哈頓、矽谷和舊金山，一面奔走於普羅維登斯、底特律、紐奧爾良、辛辛那提、拉斯維加斯、巴爾的摩、克里夫蘭、費城、匹茲堡、聖路易、邁阿密、哥倫布、聖安東尼奧、夏洛特、亞特蘭大、納什維爾、伯明翰、丹佛、堪薩斯城和華盛頓特區等地工作。

我和那些領導我們社會的人同居一室。政府機構很薄弱，體制化的程度很高。你害怕會成真的事情往往真的會發生。

我寫這本書是因為我希望別人也能看到我所看到的。

我們集合起來就能夠做得更好。

有一個非常普遍的見解是認為觀念可以改變世界。這是錯的。人們改變世界。人們做出承諾和犧牲，並針對撕裂我們社會的力量採取行動。我們為誰服務，人本還是市場法則？

我們是被麻醉的群眾，陷身方寸之地的菁英，倒向一個我們無力制止的、共同淒涼的命運？

我們是否還有足夠的品格、意志和信心，以及獨立性來建設世界，並做必須要做的事情？我們是否有足夠的同理心？資本不關心我們。我們必須自我演進，超越資本市場，不再依賴它做為所有價值的主要衡量標準。人本資本主義將使我們有機會定義什麼是重要的，並且追求它。

我現在是一個有家有小的成年人。我知道談論某件事和實際去做某件事之間的區別。我們無法隱瞞。我甚至知道寫一本關於某件事的書和為它奮鬥之間的區別。基本上我們的選擇只有切斷、快跑，或是站定腳跟戰鬥。我們必須從匱乏的心態轉變為富足的心態。革命將在社會崩潰之前或之後發生，我們必須選擇在社會崩潰之前奮力一搏。

事情當然不會那麼簡單。我們內心都有功能障礙，黑暗和痛苦、蔑視和怨恨、貪婪和恐懼、驕傲和自我意識。甚至理智都會阻礙我們。

通過所有的懷疑、憤世嫉俗、嘲笑、仇恨和憤怒，

我們必須為仍然有可能的世界放手一搏。讓我們好好思考，也用心想像一下，然後為它而戰。拿出我們的全心全力。當別人伸出雙手緊緊抓住我們的手臂時，抓住它們，拉動它們。我們要擊退自私、失望和聽天由命的心態。我們要為彼此而戰，因為我們的心靈互相寄託。爬到山頂，同時告訴背後的人我們看到了什麼。

你看到了什麼？

然後在山的另一邊建立我們想要的社會。

伊芙琳，謝謝妳為我和我們的孩子所做的一切。他們將長大成為堅強、完整的大人。

剩下的人，起來吧。該走了。是什麼讓你成為人類？美好的世界仍然是可能的。跟我一起戰鬥吧！

致謝

感謝我的編輯 Paul Whitlatch，一位令人難以置信的讀者和合作夥伴。感謝我的經紀人 Byrd Leavell，一位偉大的朋友，也是同行的頂尖好手。信任某人可以成就很多大事。

感謝多年來幫助「為美國創業」的所有朋友人。我希望你們認識到這本書中的想法是從我們的使命中產生的。一群專心致志的人士確實可以改變這個世界。感謝各位，我經歷過它、也是這個真理的受益者。

身為一名創業家，我最愛借貸好主意。Martin Ford 從知識面啟發我、奠定基礎。Andy Stern 則指引我找到解決方案。David Freedman 啟發了這本書的書名。Lauren Zalaznick, Cheryl Houser, Eric Bahn, Miles Lasater, Bernie Sucher, Kathryn Bendheim, Daniel Tarullo, Miika Grady, Scott Krase, Eric Cantor, Lawrence Yang, Owen Johnson, Chip Hazard, Chris Boggiano, Marian Salzman 和其他許多人就初稿提供卓見。

Albert Wenger, Josh Kopelman, Rutger Bregman, David Brooks, J.D. Vance, Jean Twenge, Lisa Wade, Victor Tan Chen, Yuval Harari, Steve Case, David Autor, Krystal

Ball, Ryan Avent, Alec Ross, Mark Zuckerberg, Sam Altman, Chris Hughes, Derek Thompson, Steve Glickman, John Lettieri, Rana Foroohar, Tim O'Reilly, Dylan Matthews, Annie Lowrey, Ross Baird, Nick Hanauer 和 Scott Santens 在不知不覺中影響我許多觀點。

感謝 Zeke Vanderhoek，一位偉大的合作夥伴和朋友。這也是你留下的豐碑。

感 謝 Muhan Zhang, Zach Graumann, Katie Bloom, Matt Shinners, Lisa Cervenka 和 Jason Seidman 早早就參與了這個新故事。我相信我們很快就會再創辦許多公司。

感謝我的研究員 Ovidia Stanoi 追查了這麼多的資訊，幫助我把數據視覺化，並且忍耐我。

感謝伊芙琳，妳是任何人打著燈籠都找不到的賢妻和夥伴。身為母親，妳彷彿全民基本收入，讓一切問題迎刃而解。Christopher 和 Damian，我希望這本書有助於你的國家在重大議題方面更加茁壯。

參考資料

導論 勞工大汰換

1. Emmie Martin, "70 Percent of Americans Consider Themselves Middle Class—but Only 50 Percent Are," CNBC.com, June 30, 2017.

2. "Artificial Intelligence, Automation, and the Economy," Executive Office of the President, December 2016.

3. Barbara Kollmeyer, "Somewhere along the Way the U.S. Became a Nation of Truck Drivers," Marketwatch, February 9, 2015.

4. Federica Cocco, "Most US Manufacturing Jobs Lost to Technology, Not Trade," Financial Times, December 2, 2016.

5. Data and table retrieved from the Bureau of Labor Statistics at https://data.bls.gov.

6. National Center of Health Statistics, Centers for Disease Control and Prevention. Data retrieved from https://www.cdc.gov/nchs/fastats/unmarried-childbearing.htm.

7. Drug Overdose Deaths in the United States, 1999–2015,Centers for Disease Control and Prevention. For suicides, see Alexander Abad-Santos, "3,026 More People Die from Suicide in America Each Year Than in Car Crashes," The Atlantic, May 2, 2013.

8. George Will, "Our Mushrooming Welfare State," The National Review, January 21, 2015.

9. Brendan Greeley, "Mapping the Growth of Disability Claims in America," Bloomberg Businessweek, December 16, 2016.

10. Email exchange with senior Obama official Thomas Kalil. Research and Development does not appear as a budget category on the Department of Labor website https://www.dol.gov/general/budget.

第一章 我的成長歷程

1. Ben Schiller, "Is This the Golden Age of Entrepreneurialism?The Statistics Say No," Fast Company, June 1, 2017.

2. Patrick Gillespie, "Rise of the Machines: Fear Robots, Not China or Mexico," CNNMoney, January 30, 2017.

第二章 我們怎麼走到今天這個地步

1. Rana Foroohar, Makers and Takers: The Rise of Finance and the Fall of American Business (New York: Crown Business, 2016), p. 14.

2. Quoctrung Bui, "50 Years of Shrinking Union Membership, in One Map," Planet Money, National Public Radio, February 23, 2015.

3. Drew Desilver, "For Most Workers, Real Wages Have Barely Budged for Decades," Pew Research Center, October 9, 2014.

4. Dan Kopf, "Almost All the US Jobs Created since 2005 Are Temporary," QZ.com, December 5, 2016.

5. Tim O'Reilly, WTF: What's the Future and Why It's Up to Us (New York: Harper Business, 2017),p. xxi.

6. Lawrence Mishel and Jessica Schnieder, "CEO Pay Remains High Relative to the Pay of Typical Workers and High-

7. Wage Earners," Economic Policy Institute, July 20, 2017.

8. Rana Foroohar, Makers and Takers (New York: Crown Business, 2016), p. 9.

9. Sarah P. Scott, "Activities of Multinational Enterprises in 2013," Bureau of Economic Analysis report, August 2015.

10. Tim O'Reilly, WTF: What's the Future and Why It's Up to Us (New York: Harper Business, 2017), p. 246.

11. Rana Foroohar, Makers and Takers (New York: Crown Business, 2016), p. 9. Citing Emmanuel Saez, "Striking It Richer:The Evolution of Top Incomes in the United States," June 30, 2016.

12. Rutger Bregman, Utopia for Realists: The Case for a Universal Basic Income, Open Borders, and a 15-Hour Workweek (Boston: Little, Brown and Company, 2016), p. 67.

13. Alec Ross, The Industries of the Future (New York: Simon and Schuster, 2015), p. 40.

第三章 在美國誰是一般人

1. Camille L. Ryan and Kurt Bauman, "Educational Attainment in the United States: 2015," U.S. Census Bureau, Department of Commerce, Economics and Statistics Administration, March 2016.

2. See Bureau of the Census for the Bureau of Labor Statistics, Current Population Survey, 2017

3. Annual Social and Economic Supplement, U.S. Census Bureau, 2017.

4. Median personal income retrieved from the Federal Reserve Bank of St. Louis website at https://fred.stlouisfed.org. Also see Bureau of the Census for the Bureau of Labor Statistics, Current Population Survey, 2017 Annual Social and Economic Supplement, U.S. Census Bureau, 2017.

5. Jed Kolko, "How Suburban Are Big American Cities?" Fivethirtyeight.com, May 21, 2015.

6. Data retrieved from the U.S. Census Bureau at https://www.census.gov/data/tables/time-series/demo/income-poverty/historical- income-households.html.

7. Jill Confield, "Bankrate Survey: Just 4 in 10 Americans Have Savings They'd Rely on in an Emergency," Bankrate, January 12,2017.

8. U.S. Bureau of the Census, Homeownership Rate for the United States, retrieved from FRED, Federal Reserve Bank of St. Louis,November 6, 2017.

9. Data retrieved from the U.S. Census Bureau at https://www.census.gov/data/tables/time-series/demo/income-poverty/historical-income-households.html.

10. Danielle Kurtzleben, "While Trump Touts Stock Market, Many Americans Are Left Out of the Conversation." National Public Radio,March 1, 2017.

第四章 我們依賴什麼為生

1. McKinsey Global Institute, A Future That Works: Automation, Employment, and Productivity, January 2017.

2. Rob LoCascio, "We Need a New Deal to Address the Economic Risks of Automation," TechCrunch, March 31, 2017.

3. Tyler Durden, " 'The Retail Bubble Has Now Burst': A Record 8,640 Stores Are Closing In 2017," Zero Hedge, April 22, 2017.

4. Sharon O'Malley, "Shopping Malls: Can They Survive in the 21st Century?" Sage Business Research, August 29, 2016.

5. Hayley Peterson, "A giant wave of store closures is wreaking havoc on shopping malls," Business Insider, January 9, 2017.

6. Hayley Peterson, "Dying Shopping Malls Are Wreaking Havoc on Suburban America," Business Insider, March 5, 2017.

7. Louis Hyman, "The Myth of Main Street," New York Times, April 8, 2017.

8. "Crafting the Future of Work: The Big Impact of Microbusinesses." 2017

Seller census report. Etsy.com, 2017.

9. Tae Kim, "McDonald's Hits All-Time High as Wall Street Cheers Replacement of Cashiers with Kiosks," CNBC, June 20, 2017.

10. Tim Worstall, "McDonald's Ex-CEO Is Right When He Says A $15 Minimum Wage Would Lead to Automation," Forbes, May 26, 2016.

11. Kat Lonsdorf, "Hungry? Call Your Neighborhood Delivery Robot," National Public Radio, March 23, 2017.

第五章 工廠工人和卡車司機

1. Federica Cocco, "Most US Manufacturing Jobs Lost to Technology, Not Trade," Financial Times, December 2, 2016.

2. Natalie Schilling, "The Coming Rise of Women in Manufacturing," Forbes, September 20, 2013.

3. Derek Thompson, "The Missing Men," The Atlantic, June 27, 2016

4. "Where Did All the Displaced Manufacturing Workers Go?" Manufacturers Alliance for Productivity and Innovation, May 21, 2013.

5. Alana Semuels, "America Is Still Making Things," The Atlantic, January 6, 2017.

6. Ben Schiller, "Is This the Golden Age of Entrepreneurialism? The Statistics Say No," Fast Company, June 1, 2017.

7. Social Security Agency, "Selected Data from Social Security's Disability Program," Graphs of disabled worker data (number 2), Social Security Agency, August 2017.

8. Chad Halcon, "Disability Rolls Surge in State: One in 10 Workers in Michigan Collecting Checks," Crain's Detroit Business, June 26, 2015.

9. Sean Kilcarr, "Demographics Are Changing Truck Driver Management," FleetOwner, September 20, 2017.

10. Olivia Solon, "Self-Driving Trucks: What's the Future for America's 3.5 Million Truckers?" The Guardian, June 17, 2016.

11. W. Karl Sieber et al., "Obesity and Other Risk Factors: The National Survey of U.S. Long-Haul Truck Driver Health and Injury," American Journal of Industrial Medicine, January 4, 2014.

12. Michael Grass, "What Will Happen to Truck Stop Towns When Driverless Truck Technology Expands?" Free Republic, May 18, 2015.

13. David McGrath, "Truckers Like My Friend Claude Are Extinct—and the Reason Is Sad," Chicago SunTimes, September 1, 2017.

14. Owner Operator Independent Drivers Association, ttps://www.ooida.com/MediaCenter/trucking-facts.asp.

15. Linda Longton, "Fit for Duty: Vets Find New Life in Trucking," Overdrive, August 9, 2012.

第六章 白領工作也會消失

1. Joe Fassler, "Can the Computers at Narrative Science Replace Paid Writers?" The Atlantic, April 12, 2012.

2. Annie Sneed, "Moore's Law Keeps Going, Defying Expectations," Scientific America, May 19, 2015.

3. Russ Juskalian, "Practical Quantum Computers: Advances at Google, Intel, and Several Research Groups Indicate That Computers with Previously Unimaginable Power Are Finally within Reach," MIT Technical Review,2017.

4. Bernard Marr, "Big Data: 20 Mind-Boggling Facts Everyone Must Read," Forbes, September 30, 2015.

5. Claer Barrett, "Wealth Management Industry in Disruption" Financial Times, May 6, 2016.

6. Nanette Byrnes, "As Goldman Embraces Automation, Even the Masters of the Universe Are Threatened," MIT Technology Review, February 7, 2017.

7. Deirdre Fernandes, "State Street Corp. Eyes 7,000 Layoffs by 2020," Boston Globe, March 29, 2016.

8. Nathaniel Popper, "The Robots Are Coming for Wall Street," New York Times, February 28, 2016.

9. Hugh Son, "We've Hit Peak Human and an Algorithm Wants Your Job.Now What?" loomberg Markets, June 8, 2016.

10. "Number of Employees in the Insurance Industry in the United States from 1960 to 2015 (in millions)." Statista, 2016.

11. Sylvain Johansson and Ulrike Vogelgesang, "Automating the Insurance Industry," McKinsey Quarterly, January 2016.

12. Bureau of Labor Statistics, "Bookkeeping, Accounting, and Auditing Clerks," U.S. Occupational Outlook Handbook, 2016–2017 edition (Washington, DC: Bureau of Labor Statistics, U.S. Department of Labor,2017).

13. Deloitte Insight, "Developing Legal Talent: Stepping into the Future Law Firm," Deloitte, February 2016.

14. Jane Wakefield" Intelligent Machines: AI Art Is Taking on the Experts,' BBC News, September 18, 2015.

第七章 人性與工作

1. Yuval Harari, Homo Deus: A Brief History of Tomorrow (New York:HarperCollins, 2017), p. 315.

2. Henry Blodget, "CEO of Apple Partner Foxconn: 'Managing One Million Animals Gives Me a Headache,'" Business Insider, January 19, 2012.

3. Employee Engagement Insights and Advice for Global Business Leaders: State of the Global Workplace, Gallup Research, October 8, 2013.

4. Derek Thompson, "A World without Work," The Atlantic, July– August 2015.

5. Bob Sullivan, "Memo to Work Martyrs: Long Hours Make You Less Productive, CNBC,January 26, 2015.

第八章 常見的反對意見

1. Andrew Ross Sorkin, "Partisan Divide over Economic Outlook Worries Ben Bernanke," New York Times, April 24, 2017.

2. Shift: The Commission on Work, Workers, and Technology, "Report of Findings," May 16, 2017.

3. Nicholas Eberstadt, Men without Work: America's Invisible Crisis (West Conshohocken, PA: Templeton Press, 2016),p. 95.

4. Alana Semuels, "Who Will Care for America's Seniors?" The Atlantic, April 27, 2015.

5. Ronald D' Amico and Peter Z. Schochet, "The Evaluation of the Trade Adjustment Assistance Program: A Synthesis of Major Findings," Mathematica Policy Research, December 2012.

6. Victor Tan Chen, Cut Loose: Jobless and Hopeless in an Unfair Economy (Berkeley: University of California Press, 2015), pp. 63–71.

7. Nicholas Eberstadt, Men without Work: America's Invisible Crisis (West Conshohocken, PA: Templeton Press, 2016), p. 39.

8. "The Labor Market for Recent College Graduates," Federal Reserve Bank of New York, October 4, 2017.

9. "Unemployment Rate—U6 (2000–2017)," PortalSeven.com, September 2017.

第九章 泡沫人生

1. Harvard Crimson Report: Harvard Crimson Report, "The GraduatingClass of 2016 by the numbers," http://features.thecrimson.com/2016/senior-survey/post-harvard/, retrieved May 15, 2017.

2. Yale Office of Career Strategy, "First Destination Report: Class of 2016," http://ocs.yale.edu/sites/default/files/files/OCS, retrieved May 15, 2017.

3. Princeton Career Services, "Annual Report 2014–2015," https://careerservices.princeton.edu/sites/career/files/Career Services, retrieved May 15, 2017.

4. University of Pennsylvania Career Services, "Class of 2016 Career Plans Survey Report," http://www.vpul.upenn.edu/careerservices/files/CAS_CPSurvey2016.pdf, retrieved May 15, 2017.

5. Massachusetts Institute of Technology, "Students after Graduation," http://web.mit.edu/facts/alum.html, retrieved May 15, 2017.

6. Office of the Provost, MIT Institutional Research, "2016 MIT Senior Survey," http://web.mit.edu/ir/surveys/senior2016.html, retrieved May 15,2017.

7. Stanford BEAM, "Class of 2015 Destinations Report," https://beam.stanford.edu/sites/default/files/stanford-_destinations_final_web_view.pdf, retrieved May 15, 2017.

8. Brown University Center for Careers, "CareerLAB by the Numbers,2015–2016Academic Year," https://www.brown.edu/campus-life/support/careerlab/sites/brown.edu.campus-life.support.careerlab/files/uploads/15166_CLAB_By the Numbers Flyer_FNL_0.pdf, retrieved May 15, 2017.

9. Dartmouth Office of Institutional Research, "2016 Senior Survey," https://www.dartmouth.edu/~oir/2016seniordartmouth.html, retrieved May 15,2017.

10. Dartmouth Office of Institutional Research, "2016 Cap and Gown Survey—Final Results," https://www.dartmouth.edu/~oir/2016_cap_and_gown_survey_results_infographic_final.pdf, retrieved May 23, 2017.

11. Cornell Career Services, "Class of 2016 Postgraduate Report," http://www.career.cornell.edu/resources/surveys/upload/2016_PostGrad- Report_New.pdf, retrieved May 15, 2017.

12. Columbia University Center for Career Education, "2016 Graduating

Student Survey Results," https://www.careereducation.columbia.edu/sites/
default/files/2016 GSS—CC%26 SEAS-UG.pdf, retrieved May 15,2017.

13. Johns Hopkins University Student Affairs, "Post Graduate Survey Class of
    2013 Highlights," https://studentaffairs.jhu.edu/careers/wp-content/uploads/
    sites/7/2016/03/JHU-PGS-2013-Copy.pdf, retrieved May 15,2017.

14. University of Chicago College Admissions, "Class of 2016 Outcomes
    Report," http://collegeadmissions.uchicago.edu/sites/default/files/uploads/
    pdfs/uchicago-class-of-2016-outcomes.pdf, retrieved May 15, 2017.

15. Georgetown Cawley Career Education Center, "Class of 2016 Class
    Summary," https://georgetown.app.box.com/s/nzzjv0ogpr7uwplifb4w20j5a4
    3jvp3a, retrieved May 15, 2017.

16. Duke University Student Affairs, "Class of 2011 Statistics," https://
    studentaffairs.duke.edu/career/statistics-reports/career-center-senior- survey/
    class-2011-statistics,retrieved May 15, 2017.

17. Isabel Kwai, "The Most Popular Office on Campus," The Atlantic, October
    9, 2016.

18. American College Health Association, "National College Health
    Assessment, Spring 2014, Reference Group Executive Summary."

19. Lisa Wade, American Hookup:The New Culture of Sex on Campus (New
    York: W. W. Norton Company,2017), p. 15.

20. Ruth Simon and Caelainn Barr, "Endangered Species: Young U.S.
    Entrepreneurs. New Data Underscore Financial Challenges and Low
    Tolerance for Risk among Young Americans," Wall Street Journal, January
    2, 2015.

21. A Memoir of a Family and Culture in Crisis (New York: Harper Collins,
    2016), pp. 56–57.

22. David Freedman, "The War on Stupid People," The Atlantic, July–August
    2016.

23. Yuval Harari, Homo Deus:A Brief History of Tomorrow (New York:
    HarperCollins, 2017), p. 100.

第十章 匱乏與富裕的心態

1. David G. Blanchflower and Andrew J. Oswald, "Wh Makes an
   Entrepreneur?" 1998, retrieved from http://www.andrewoswald.com/docs/
   entrepre.pdf.

2. Carly Okyle, "The Year in Startup Funding (Infographic)," Entrepreneur,

January 3, 2015.

3. Jordan Weissman, "Entrepreneurship: The Ultimate White Privilege?" The Atlantic, August 16, 2013.

4. Kim Lachance Shandrow, "How Being Dyslexic and 'Lousy in School' Made Shark Tank Star Barbara Corcoran a Better Entrepreneur," Entrepreneur, September 19, 2014.

5. Patricia Cohen, "Steady Jobs, with Pay and Hours That Are Anything But," New York Times, May 31, 2017.

6. Alexandre Mas and Amanda Pallais, "Valuing Alternative Work Arrangements," National Bureau of Economic Research, September 2016.

7. Sendhil Mullainathan and Eldar Shafir, Scarcity: Why Having Too Little Means So Much (New York: Times Books, 2013), pp. 49–56. Also see Amy Novotney, "The Psychology of Scarcity," Monitor on Psychology 45, no. 2 (February 2014).

第十一章 地理決定命運

1. Sean Posey, "America's Fastest Shrinking City: The Story of Youngstown, Ohio," Hampton Institute, June 18, 2013.

2. The history of Youngstown is from Sherry Lee Linkon and John Russo, Steeltown U.S.A.: Work and Memory in Youngstown, Culture America (Lawrence: University Press of Kansas, 2002), pp. 47–53.

3. Derek Thompson, "A World without Work," The Atlantic, July–August 2015.

4. PBS News Hour, "How Rust Belt City Youngstown Plans to Overcome Decades Of Decline," https://www.youtube.com/watch?v=IKuGNt1w0tA.

5. Chris Arnade, "White Flight Followed Factory Jobs out of Gary, Indiana. Black People Didn't Have a Choice," The Guardian, March 28, 2017.

6. Chris Arnade, "White Flight Followed Factory Jobs out of Gary, Indiana. Black People Didn't Have a Choice," The Guardian, March 28, 2017.

7. Howard Gillette, Jr., Camden after the Fall: Decline and Renewal in a Post-Industrial City (Philadelphia: University of Pennsylvania Press, 2006), pp.12–13.

8. Matt Taibbi, "Apocalypse, New Jersey: A Dispatch from America's Most Desperate Town," Rolling Stone, December 11, 2013.

9. Tyler Cowen, Average Is Over: Powering America beyond the Age of the Great Stagnation (New York: Penguin Books, 2013), pp.172–173.

10. "Dynamism in Retreat: Consequences for Regions, Markets and Workers," Economic Innovation Group, February 2017.

11. Richard Florida, "A Closer Look at the Geography of Venture Capital in the U.S." CityLab, February 23, 2016.

12. Raj Chetty and Nathaniel Hendren, "The Impacts of Neighborhoods on Intergenerational Mobility: Childhood Exposure Effects and County-Level Estimates," Equality of Opportunity, May 2015.

13. David Brooks, "What's the Matter with Republicans?" New York Times, July 4, 2017.

第十二章 男人、女人與小孩

1. David Autor, David Dorn, and Gordon Hanson, "When Work Disappears: Manufacturing Decline and the Falling Marriage-Market Value of Men," National Bureau of Economic Research, February 2017.

2. Jared Bernstein, "Real Earnings, Real Anger," Washington Post, March 9, 2016.

3. Kim Parker and Renee Stepler, "As U.S. Marriage Rate Hovers at 50 percent, Education Gap in Marital Status Widens," Pew Research Center, September 14, 2017. Also see Wendy Wang and Kim Parker, "Record Share of Americans Have Never Married," Pew Research Center, September 24, 2014.

4. Derek Thompson, "The Missing Men," The Atlantic, June 27, 2016.

5. Ana Swanson, "Study Finds Young Men Are Playing Video Games Instead of Getting Jobs," Chicago Tribune, September 23, 2016.

6. Alex Williams, "The New Math on Campus," New York Times, February 5, 2010.

7. Anthony Cilluffo, "Share of Married Americans Is Falling, but They Still Pay Most of the Nation's Income Taxes," Pew Research Center, April 12, 2017.

8. "2016 Current Population Survey Annual Social and Economic Supplement," U.S. Census Bureau.

9. William J. Doherty, Brian J. Willoughby, and Jason L. Wilde, "Is the Gender Gap in College Enrollment Influenced by Nonmarital Birth Rates and Father Absence?" Family Relations, September 24, 2015.

10. A Memoir of a Family and Culture in Crisis (New York: Harper Collins, 2016), pp. 245–246.

11. National Center of Health Statistics, Centers for Disease Control and Prevention, "Attention Deficit Hyperactivity Disorder (ADHD)," https://

www.cdc.gov/nchs/fastats/adhd

12. Jon Birger, Date-onomics: How Dating Became a Lopsided Numbers Game (New York: Workman, 2015), p. 32.

13. Quoctrung Bui and Claire Cain Miller, "The Typical American Lives Only 18 Miles from Mom," New York Times, December 23, 2015.

第十三章 永久活在有陰影下的階級：勞工大汰換的慘狀

1. Jessica Boddy, "The Forces Driving Middle-Aged White People's 'Deaths of Despair,'" National Public Radio, March 23, 2017.

2. Kimiko de Freytas-Tamura, "Amid Opioid Overdoses, Ohio Coroner's Office Runs Out of Room for Bodies," New York Times, February 2, 2017.

3. Josh Katz, "Drug Deaths in America Are Rising Faster Than Ever," New York Times, June 5, 2017. Also see Center for Behavioral Health Statistics and Quality, "2015 National Survey on Drug Use and Health: Detailed Tables," Substance Abuse and Mental Health Services Administration, Rockville, MD, 2016.

4. Laura Newman, "As Substance Abuse Rises, Hospitals Drug Test Mothers, Newborns," Clinical Laboratory News, March 1, 2016.

5. Mike Mariani, "How the American Opiate Epidemic Was Started by One Pharmaceutical Company," The Week, March 4, 2015.

6. Sonia Moghe, Opioid History: From 'Wonder Drug' to Abuse Epidemic," CNN, October 14, 2016.

7. "The Heroin Business Is Booming in America," Bloomberg Businessweek, May 11, 2017.

8. Steve Kroft, "Disability, USA," CBS News, October 10, 2013.

9. "Annual Statistical Report on the Social Security Disability Insurance Program, 2015," U.S. Social Security Administration.

10. Chana Joffe-Walt, "Unfit for Work: The Startling Rise of Disability in America," National Public Radio, http://apps.npr.org/unfit-for-work, retrieved November 8, 2017.

11. David H. Autor and Mark G. Duggan, "The Growth in the Social Security Disability Rolls: A Fiscal Crisis Unfolding," Journal of Economic Perspectives, Summer 2006.

12. "If the American public knew what was going on in our system, half would be outraged and the other half would apply for benefits."

13. Steve Kroft, "Disability, USA," CBS News, October 10, 2013.

14. Nicholas Eberstadt, Men without Work: America's Invisible Crisis (West Conshohocken, PA: Templeton Press, 2016), p. 118.

第十四章 電玩遊戲與（男性的）生活意義

1. Ana Swanson, "Study Finds Young Men Are Playing Video Games Instead of Getting Jobs," Chicago Tribune, September 23, 2016.

2. Peter Suderman, "Young Men Are Playing Video Games Instead of Getting Jobs. That's OK. (For Now.)," Reason, July 2017.

3. Kim Parker and Renee Stepler, "As U.S. Marriage Rate Hovers at 50 Percent, Education Gap in Marital Status Widens," Pew Research Center, September 14, 2017.

4. Nicholas Eberstadt, Men without Work: America's Invisible Crisis (West Conshohocken, PA: Templeton Press, 2016), p. 93.

第十五章 我們的情況／解體

1. Robert D. Putnam, "The Strange Disappearance of Civic America," American Prospect, winter 1995.

2. Bryan Burrough, "The Bombings of America That We Forgot," Time, September 20, 2016.

3. "A Minority of Americans Own Guns, but Just How Many Is Unclear," Pew Research Center, June 4, 2013.

4. Peter Turchin, Ages of Discord: A Structural-Demographic Analysis of American History (Chaplin, CT: Beresta Books, 2016), pp.200–202.

5. Alec Ross . . . described the Freddie Gray riots in 2015 as partially a product of economic despair: Alec Ross, The Industries of the Future (New York: Simon and Schuster, 2015), p. 38.

6. Sharon Bernstein, "More Californians Dreaming of a Country without Trump: Poll," Reuters, January 23, 2017.

第十六章 自由紅利

1. Derek Thompson, "A World without Work," The Atlantic, July–August 2015.

2. Simon Birnbaum and Karl Widerquist, "History of Basic Income," Basic

Income Earth Network, 1986.

3. Martin Luther King Jr., "Final Words of Advice," Address made to the Tenth Anniversary Convention of the SCLC, Atlanta, on August 16, 1967.

4. Richard Nixon, August 1969: Richard Nixon, "324—Address to the Nation on Domestic Programs," American President Project, August 8, 1969.

5. "Brief History of Basic Income Ideas," Basic Income Earth Network, 1986.

6. Bernie Sanders, May 2014: Scott Santens, "On the Record: Bernie Sanders on Basic Income," Medium, January 29, 2016.

7. Stephen Hawking, July 2015: "Answers to Stephen Hawking's AMA Are Here," Wired, July 2015.

8. Chris Weller, "President Obama Hints at Supporting Unconditional Free Money Because of a Looming Robot Takeover," Business Insider, June 24, 2016.

9. Scott Dadich, "Barack Obama, Neural Nets, Self-Driving Cars, and the Future of the World," Wired, November 2016.

10. Charlie Rose, interview with Bill Gates and Warren Buffett, Columbia University, January 2017.

11. Chris Weller, "Elon Musk Doubles Down on Universal Basic Income: 'It's Going to Be Necessary,'" Business Insider, February 13, 2017.

12. Mark Zuckerberg, commencement speech, Harvard University, May 2017.

13. Michalis Nikiforos, Marshall Steinbaum, and Gennaro Zezza, "Modeling the Macroeconomic Effects of a Universal Basic Income," Roosevelt Institute, August 29, 2017.

14. "Fortune 500 Companies Hold a Record $2.6 Trillion Offshore," Institute on Taxation and Economic Policy, March 2017.

15. https://www.facebook.com/basicincomequotes/videos/1365257523593155.

第十七章 真實世界的普遍基本收入

1. Lila MacLellan, "That Time When Dick Cheney and Donald Rumsfeld Ran a Universal Basic Income Experiment for Nixon," Quartz, March 13, 2017.

2. Mike Albert and Kevin C. Brown, "Guaranteed Income's Moment in the Sun," Remapping Debate, April 24, 2013.

3. Gary Christophersen, Final Report of the Seattle-Denver Income Maintenance Experiment (Washington, DC.: U.S. Dept. of Health and Human Services, 1983).

4. The Case for a Universal Basic Income, Open Borders, and a 15-hour Workweek (Boston: Little, Brown and Company, 2016), p. 37.

5. Brian Merchant, "The Only State Where Everyone Gets Free Money," Motherboard Vice,September 4, 2015.

6. Wankyo Chung, Hyungserk Ha, and Beomsoo Kim, "Money Transfer and Birth Weight: Evidence from the Alaska Permanent Fund Dividend," Economic Inquiry 54 (2013).

7. Scott Goldsmith, "The Alaska Permanent Fund Dividend: A Case Study in the Direct Distribution of Resource Rent," Alaska Permanent Fund Dividend Program, January 2011.

8. Rachel Waldholz, "Alaska's Annual Dividend Adds Up for Residents," Marketplace, March 16, 2016.

9. Roberto A. Ferdman, "The Remarkable Thing That Happens to Poor Kids When You Give Their Parents a Little Money," Washington Post, October 8, 2015.

10. Annie Lowrey, "The Future of Not Working," New York Times, February 26, 2017.

11. East Africans Buoyed by Novel Way of Giving," The Guardian, December 12, 2013.

12. Ashifa Kassam, "Ontario Plans to Launch Universal Basic Income Trial Run This Summer," The Guardian, April 24, 2017.

13. Jeff Ihaza, "Here's What Happened When Iran Introduced a Basic Income," Outline, May 31, 2017.

第十八章 時間是新型金錢

1. George Orwell, Down and Out in Paris and London (New York: Mariner Books, 1972), p. 129.

2. Rachel M. Cohen, "The True Cost of Teach for America's Impact on Urban Schools," American Prospect, January 5, 2015.

3. "Growth in DoD's Budget from 2000 to 2014," Congressional Budget Office, November 2014.

4. "Performance and Accountability Report," Peace Corps, November 15, 2015.

5. Susan Currell, The March of Spare Time: The Problem and Promise of Leisure in the Great Depression (Philadelphia: University of Pennsylvania Press, 2005), pp. 51–53.

6. Time Banks Brattleboro Time Trade, Time Banks, accessed on September 8, 2017.

7. "Real Women's Stories: 'We Make Ends Meet without Money'" AllYou. com.

8. The New Currency That Enables Americans to Turn Their Hidden Resource— Time—into Personal Security and Community Renewal (Emmaus, PA: Rodale Press, 1992).

第十九章 人本資本主義

1. The Federal Reserve of St. Louis, Discover Economic History, National Income, 1929–32.Letter from the Acting Secretary of Commerce Transmitting in Response to Senate Resolution No. 220 (72D CONG.)A Report on National Income, 1929–32 (Washington, DC: Government Printing Office, 1934).

2. www.USAFacts.org

第二十章 強國家與新公民

1. Jeff Jacoby, "Harry Truman's Obsolete Integrity," New York Times, March 2, 2007.

2. Scott Wilson, "In Demand: Washington's Highest (and Lowest) Speaking Fees," ABC News, July 14, 2014.

3. Ben Protess, "Slowing the Revolving Door between Public and Private Jobs," New York Times, November 11, 2013.

4. Alex Morrell, "The OxyContin Clan: The $14 Billion Newcomer to Forbes 2015 List of Richest U.S. Families," Forbes, July 1, 2015.

5. The big banks eventually settled with the Department of Justice for billions of dollars . . . : Kate Cox, "How Corporations Got the Same Rights as People (but Don't Ever Go to Jail)," Consumerist.com, September 12, 2014.

6. Samuel Gibbs, "Elon Musk: Regulate AI to Combat 'Existential Threat' before It's Too Late," The Guardian, July 17, 2017.

7. Tristan Harris, "How Technology Is Hijacking Your Mind—from a Magician and Google Design Ethicist," Thrive Global, May 18, 2016.

8. Drake Baer, "Why Data God Jeffrey Hammerbacher Left Facebook to Found Cloudera," Fast Company, April 18, 2013.

第二十一章 失去工作的醫療照護

1. Dan Mangan, "Medical Bills Are the Biggest Cause of US Bankruptcies: Study," CNBC.com, June 24, 2013.

2. Courtney Baird, "Top Healthcare Stories for 2016: Pay-for-Performance," Committee for Economic Development, March 8, 2016.

3. Steven Brill, "Bitter Pill: Why Medical Bills Are Killing Us: How Outrageous Pricing and Egregious Profits Are Destroying Our Health Care," Time, March 4, 2013.

4. Joshua Holland, "Medicare-for-All Isn't the Solution for Universal Health Care," The Nation, August 2, 2017.

5. Meghan O'Rourke, "Doctors Tell All—and It's Bad," The Atlantic, November 2014.

6. "Survey: Many Doctors Looking to Leave Profession amid Burnout, Low Morale," Advisory Board, September 26, 2016.

7. Aaron E. Carroll, "A Doctor Shortage? Let's Take a Closer Look," New York Times, November 7, 2016.

8. Emma Court, "America's Facing a Shortage of Primary-Care Doctors," MarketWatch, April 4, 2016.

9. "The Complexities of Physician Supply and Demand: Projections from 2014 to 2025," Association of American Medical Colleges, April 5, 2016.

10. Dom Galeon, "IBM's Watson AI Recommends Same Treatment as Doctors in 99 percent of Cancer Cases," Futurism.com, October 28, 2016.

11. Megan McArdle, "Can the Cleveland Clinic Save American Health Care?" Daily Beast, February 26, 2013.

12. Joanne Silberner, "The Doctor Will Analyze You Now," Politico, August 9, 2017.

第二十二章 培養民眾

1. David Brooks, "Becoming a Real Person," New York Times, September 8, 2014.

2. SAT scores have declined significantly in the last 10 years: Nick Anderson,

3. "SAT Scores at Lowest Level in 10 Years, Fueling Worries about High Schools," Washington Post, September 3, 2015.

4. Jean M. Twenge, iGen: Why Today's Super-Connected Kids Are Growing Up Less Rebellious, More Tolerant, Less Happy—and Completely Unprepared for

Adulthood—and What That Means for the Rest of Us (New York: Atria Books, 2017).

5. John Battelle, "Max Ventilla of AltSchool: The Full Shift Dialogs Transcript," NewCo Shift, July 13, 2016.

6. Matt Phillips, "Countries without Paid Maternity Leave: Swaziland, Lesotho, Papua New Guinea, and the United States of America," Quartz, January 15, 2014.

7. Chris Weller, "These 10 Countries Have the Best Parental Leave Policies in the World," Business Insider, August 22, 2016.

8. Barbara Gault et al., "Paid Parental Leave in the United States: What the Data Tell Us about Access, Usage, and Economic and Health Benefits," U.S. Department of Labor Women's Bureau, Institute for Women's Policy Research, January 23,2014.

9. "Table C2, Household Relationship and Living Arrangements of Children Under 18 Years, by Age and Sex: 2016," U.S. Census Bureau,2017.

10. Saskia De Melker, "Cohousing Communities Help Prevent Social Isolation," PBS News Hour, February 12, 2017.

11. Dana Goldstein, "Seeing Hope for Flagging Economy, West Virginia Revamps Vocational Track," New York Times, August 10, 2017.

12. Anthony P. Carnevale et al., "Good Jobs That Pay without a BA," Georgetown University Center on Education and the Workforce, 2017.

13. "Undergraduate Retention and Graduation Rates," Condition of Education 2017. National Center for Education Statistics, April 2017.

14. Lou Carlozo, "Why College Students Stop Short of a Degree," Reuters, March 27, 2012.

15. Kerry Rivera, "The State of Student Loan Debt in 2017," Experian.com, August 23, 2017.

16. Steve Odland, "College Costs out of Control," Forbes, March 24,2012.

17. Lynn O'Shaughnessy, "Higher Education Bubble Will Burst," U.S. News and World Report, May 3, 2011.

18. John Hechinger, "The Troubling Dean-to-Professor Ratio," Bloomberg Businessweek, November 21, 2012.

19. Victor Fleischer, "Stop Universities from Hoarding Money," New York Times, August 19, 2015.

20. Jorge Klor de Alva and Mark Schneider, Rich Schools, Poor Students: Tapping Large University

21. Benjamin Ginsberg, "Administrators Ate My Tuition," Washington Monthly, September–October 2011.

22. Steve Lohr, "As Coding Boot Camps Close, the Field Faces a Reality Check," New York Times, August 24, 2017.

23. Claire Cain Miller, "Extreme Study Abroad: The World Is Their Campus," New York Times, October 30, 2015.

24. Frederick M. Hess, "Teacher Quality, Not Quantity," National Review, October 28, 2014.

25. Patti Neighmond, "1 Tutor + 1 Student = Better Math Scores, Less Fear," National Public Radio, September 8, 2015.

26. David Bornstein, "A Team Approach to Get Students College Ready," New York Times, May 13, 2017.

國家圖書館出版品預行編目（CIP）資料

為一般人而戰／楊安澤 (Andrew Yang) 著；林添貴譯 . -- 初版 . -- 臺北
市 : 遠流 , 2019.08
　　面；　公分
譯自 : The war on normal people : the truth about America's disappearing
jobs and why universal basic income is our future

ISBN 978-957-32-8614-1(平裝)

1. 經濟發展 2. 經濟政策 3. 美國

552.52　　　　　　　　　　　　　108011273

為一般人而戰
The War on Normal People

作　　者：楊安澤（Andrew Yang）
譯　　者：林添貴
總監暨總編輯：林馨琴
文字編輯：楊伊琳
行銷企畫：趙揚光
封面設計：張士勇
內頁排版：王信中
發行人：王榮文
出版發行：遠流出版事業股份有限公司
　　　　　地址：100 台北市南昌路二段 81 號 6 樓
　　　　　郵撥：0189456-1
　　　　　電話：2392-6899　傳真：2392-6658
著作權顧問：蕭雄淋律師

2019 年 8 月 1 日　初版一刷
售價新臺幣 380 元
ISBN　978-957-32-8614-1
有著作權・侵害必究　Printed in Taiwan
（缺頁或破損的書，請寄回更換）

yl*ib*-遠流博識網
http://www.ylib.com　E-mail:ylib@ylib.com